사회학총서 5

한국사회의 사회운동

김동노 · 노중기 · 노진철
신진욱 · 이승훈 · 이정옥
이혜숙 · 조대엽 · 홍성태

다산출판사

인사말

정진성(서울대/한국사회학회장)

사회학은 언론, 행정, 사법, 기업, 복지, 시민사회 분야 전반에 골고루 필요한 지식을 교육하여 취업 분야가 넓을 뿐만 아니라 사회과학 여러 분과학문에 가장 유용한 이론의 공급원이기도 합니다. 최근 법학전문대학원을 비롯하여 여러 새로운 형태의 대학원이 설립되면서, 학부 교육과정에서 사회학이 갖고 있는 종합성과 논리성, 이론적 강점이 새롭게 주목받기 시작했습니다. 더욱이 엄청난 속도의 과학기술 발전과 글로벌리제이션의 진전으로 사회가 더 이상 하나의 분과학문으로 설명할 수 없는 복합적 양상으로 변화하는 상황에서, 사회학의 종합성과 유연성이 학문 간의 융복합을 추동하는 역할을 할 수 있다는 점도 새롭게 조명되기 시작했습니다. 다만 실용적이고 전문화되어 가는 세태에서 '사회'라는 개념이 추상적이고 모호하게 인식되고 있기 때문에, 사회학을 공부하는 학생들에게, 그리고 일반인들에게도 사회학의 개념과 위상을 명확히 정립하여 인식하도록 할 필요가 있다는 것이 사회학총서 기획의 기본 취지입니다.

2011년 6월 사회학회 총회에서 2013년 회장이 선출되고, 곧바로 구성된 새로운 회장단은 사회학총서를 만들자는 데 뜻을 모았습니다. 2011년 회장단에서 '21세기 사회학혁신 특별위원회'를 만들어서 사회학의 영역과 커리큘럼을 조사했으며, 2012년 회장단은 일본에서 사회학총서가 두 차례에 걸쳐 발간되었고 최근 중국사회학회도 총서 발간에 관심을 기울이고 있는 것을 확인하고 한국사회학회에서도 총서작업을 시도하면 좋겠다는 의지를 보인 바 있습니다.

총서 기획은 사회학회 내에서 활동하고 있는 20여 개의 분과학회를 기반으로 이루어졌습니다. 1990년대 후반부터 사회학의 규모가 늘어나면서 여러 분과학회가 속속 만들어졌는데, 이 분과학회들이 전·후기 사회학대회의 발표 세션 구성의 주체가 되고 있습니다. 대부분의 분과학회들은 그 분야의 전반적인 내용을 체계적으로 보여주는 저술의 필요성을 인지하고 있었으며, 사회학회 차원에서 각 분야를 아우르는 총서를 기획하는 데에 매우 적극적인 의사를 표명했습니다. 이미 개설서를 출판한 문화사회학회, 비판사회학회 등을 제외한 16개 분과학회가 2012년 11월에 1차 기획회의를 가지고 총서의 기본적인 가이드라인을 결정했습니다. 총서는 각 사회학 영역의 내용과 방법론 등을 포괄하며 사회학 학부 고학년과 대학원 신입생 수준의 학생들이 그 분야 사회학에 대해 전문지식을 습득할 수 있는 수준과 방식으로 집필하는 것으로 의견을 모았습니다.

총서작업 과정에서 사회학회는 전 분과학회가 참여하는 학술회의를 열었습니다. 모든 분과학회가 발표와 토론에 참여하여 총서 추진과정에서 실제로 집필의 한 부분이 이루어지고 집필의 추진력도 받을 수 있도록 한 것입니다. 4월에 '복지'를 주제로 하여 8개의 학회가 참여하는 심포지엄을 개최했고, 5월에는 '경제민주화' 대토론회를 7개 학회의 참여로 진행했습니다. 각 분과학회들은 매우 성실하고 진지하게 발표원고를 준비하여, 복지와 경제민주화와 같은 사회 전체에 큰 영향을 미치는 문제에 대해서 기존의 좁은 학문의 울타리를 넘어 융복합의 분석을 주도할 수 있는 사회학의 강점을 최대한으로 발휘했습니다.

사회학총서는 사회학의 학문적 특성과 내용을 확실히 할 뿐만 아니라, 각 분과학회가 총서작업을 통해 학문적 수준과 결속력을 높일 것으로 기대합니다. 나아가 분과학회 상호 간의 학문적 교류와 신뢰를 강화하여 한국

사회학회 전체의 정체성과 참여도를 높이고 결과적으로 한국사회학 전체의 수준을 높일 것이라고 믿습니다. 특히 서구의 학문적 업적에 기대온 과거의 관행에서 크게 벗어나 한국사회의 맥락에서 학자들의 문제의식과 시각, 문제해결의 방식을 정립할 수 있는 효과적인 계기가 될 것으로 생각됩니다.

그간에 각 학회장들의 회합이 계속 이어졌고, 6월 전기사회학대회에서는 총서 집필 현황을 서로 점검하는 공동 세션이 열렸으며, 이제 12월 사회학대회에서는 출판기념회를 계획하고 있습니다. 현재, 함께 시작한 16개 학회(몇 개는 개인들의 집필로 이루어지고 있음) 전체가 실제로 12월 사회학회에서 출판된 책을 가질 수 있기를 기대합니다만, 혹시 미처 끝내지 못한 학회는 다음 해를 기약하면 될 것입니다. 또 여러 다른 분과학회나 개인 학자들이 속속 총서 작업에 합류하여 사회학총서가 점점 더 완성된 모습을 갖추게 되기를 기원합니다.

집필에 참여하신 사회학회 여러분들께 감사드리며, 총서의 기획으로부터 실무에 이르는 전체 과정을 책임져 주신 강정한 교수와 총서의 출판을 선뜻 맡아주신 다산출판사 분들께 진심으로 고마움을 전합니다.

아무쪼록 수준 높은 책들이 출판되어, 한국사회학의 발전에 큰 기여를 하게 되기를 기대합니다.

발간사

송호근(사회학총서 발간위원장)

한국사회학회에서 처음 시도하는 총서 발간을 진심으로 환영하고 축하한다. 그동안 학회 차원에서, 그리고 뜻있는 사회학자들 간에 총서 발간의 필요성이 심심치 않게 제기된 바 있고, 영역별로 총서 형태의 연구서를 이미 발행한 분과학회가 더러 있지만, 사회학회 차원에서 총서 발간이라는 대사업을 시작한 것은 처음 있는 일이다. 그런 의미에서 조금 늦은 감이 없지 않지만, 20세기 한국사회의 발전상을 바탕으로 21세기 세계화와 더불어 진행되는 한국사회의 변화상을 각 분과별로 정리, 조망해 보는 일은 그야말로 한국사회학의 토대를 다지는 기초 작업이다. 21세기 한국사회는 더 이상 일국경계에 한정된 사회가 아니라 전 지구적 차원의 변화와 맞물린 다국적 · 혼합적 변동의 중심에 놓여 있으며, 그에 따라 20세기 사회학 패러다임으로는 포착되지 않는 신종의 변동 요인들이 대거 집중되거나 자체 생산되고 있다고 봐도 과언이 아니다. 신종 요인들의 유입과 동화과정, 자체 생산되는 신요인들의 본질을 파악하려면 새로운 이론과 분석방법이 필요하다. 고전사회학의 기본 원리와 20세기 사회학 패러다임을 기초로 하되 구본신참, 신구절충의 정신으로 글로벌화의 와중에 있는 한국사회의 변동원리를 포착하고 정립하는 것이 절실한 과제이다. 총서 발간의 가장 중요한 의미는 바로 여기에 있다.

돌이켜보건대, 한국사회학은 사회변동의 척후역할을 담당하던 '호황의 시대'를 지나 사회적 수요가 현격히 줄어든 '위축의 시대'를 맞고 있다. 누구나 사회학적 지혜를 필요로 했던 '격동의 시대'에 오늘날의 수요위기를 예측하고 적절한 대비책을 준비해야 했다는 뒤늦은 반성이 총서를 발간하게 된 주요한 계기일 것이다. 사회학은 수요 위기와 함께 정체성 위기라는 이중적 위기에 당면하고 있다. 인접학문으로 주제와 쟁점이 이관되는 자연스런 학문분화, 산업화와 민주화가 어느 정도 정착함에 따라 변동론적 비전이 상대적으로 설득력을 잃는 현상, 그리고 무엇보다 사회학 내부에서 진행된 과잉전문화로 연구자와 대중이 분리되는 현상 등이 대중독자와 지지기반을 약화시킨 요인들로 보인다. 이는 사회과학 전반에서 목격되는 일반적 모습인데 사회학에서 그 중첩효과가 극대화되었다. 아카데미아에서 사회학의 위상을 회복하는 일, 대중독자들로부터 사랑과 신뢰를 회복하는 일이 무엇보다 절실한 요즘, '풍요한 사회'의 내부 역학을 파헤치고 시민과 시민사회, 그리고 국가권력의 양지와 음지를 날카로운 분석기제와 생생한 언어로 조명하는 것은 사회학의 정체성을 살려내고자 하는 이 시대 사회학자들의 가장 중대한 과제라고 생각한다.

총서발간이 바로 그 작업의 기초를 마련할 것으로 기대한다. 21세기 한국사회의 변동역학과 인과법칙, 그리고 시민생활을 관할하는 객관적 법칙을 밝혀내는 작업이야말로 미시적 지식생산에 함몰된 아카데미아의 근시안적 연구경향을 극복하고 시민사회를 이끌 집단적 지혜와 교양을 증진하는 지름길이기 때문이다. 21세기 사회학이 바로 그 일을 담당해야 한다. 이는 정체성 위기에 처한 사회과학 일반의 지식저변을 넓혀 그 기초를 다지는 공동체적 과업의 첫걸음이라 할 수 있다. 이런 의미에서 총서 발간에 참여하는 집필진들은 사회과학의 공익함양과 공공성 증대라는 시대적 요구를 실천하는 사회학 전사라 해도 과언이 아니다.

총서 발간을 통해 사회학이 새로 태어나고 현재와 미래의 연구과제와 원리를 새롭게 갱신할 수 있기를 기대한다. 21세기 한국사회는 사회학과 더불어 숨 쉬고 사회학과 더불어 진화해 나갈 것을 희망한다. 사회학은 언제나 시민들이 발 딛고 있는 삶의 현장에서 시작해서 새로운 기획을 들고 다시 현장으로 돌아오는 실천적 학문이다. 시민들의 생생한 삶을 생동력 있는 이론과 신선한 언어로 퍼 올리는 것이야말로 21세기 사회학의 정체성을 구축하는 기본 원리다. 집필진들의 열정과 헌신을 기대한다.

기획의 글

김동노(연세대 사회학과)

한국사회만큼이나 급격한 변화를 겪은 사회도 많지 않을 것이다. 근대가 시작하면서 엄청난 변화의 소용돌이 속으로 빠져들었고, 그 이후 서구사회에서는 수 세기에 걸쳐 일어났던 변화가 한국사회에서는 백여 년 동안 중첩적으로 그리고 압축적으로 진행되었다. 제국주의의 침략과 함께 근대가 열리게 되면서 식민지배로부터 벗어나려는 움직임이 필사적으로 시도되었고, 제국주의의 지배가 끝나면서 맞은 해방정국에서 민족국가를 수립하려는 노력은 분단과 전쟁으로 이어졌다. 분단된 국가체제 속에서 산업화가 추진되면서 빈곤의 국가에서 선진국의 문턱으로 들어섰고, 정부수립 이후 계속되던 독재체제도 마침내 민주화의 길로 넘어섰다. 최근에 나타난 글로벌리제이션은 이런 모든 변화를 새로운 환경 속으로 밀어넣고 있다.

때로는 이 변화들이 한국사회의 바깥에서 온 외부의 힘에 의해 추진되기도 했고, 때로는 내부의 움직임에 의해 이루어지기도 했다. 변화의 근원이 어디에서 왔든 간에 이 모든 변화에 있어 한국사회의 구성원들은 사회변화를 바람직한 방향으로 이끌어 가기 위해 모든 노력을 다했다. 이러한 노력은 흔히 사회운동의 형태로 표현되었다. 농업사회의 농민들은 경제적 약탈에 맞서기 위해 농기구와 죽창으로 무장한 채 집합행동에 참여했고, 현대사회의 시민들은 거리에서 촛불을 들고 불의에 맞서고 있다. 이러한 노력과 희생이 오늘날의 한국사회를 있게 하는 데 결정적으로 기여했음은 더 이상 말할 필요가 없을 것이다.

사회운동이 한국사회의 변화에 미친 사회운동의 기여가 큰 만큼 많은 희생자를 필요로 하기도 했다. 동학농민전쟁에서 일본군의 무력 앞에 목숨을 던지며 저항했던 농민과 광주민주화운동에서 계엄군의 무자비한 진압에 온몸으로 맞섰던 시민, 그리고 6월항쟁에 참여한 수많은 학생, 노동자, 시민의 기여를 통해 오늘의 한국사회가 존재하게 되었던 것이다. 그렇기 때문에 이들이 무엇을 위해 사회운동에 참여했고, 사회운동을 통해 어떤 사회를 만들려고 했으며, 이들의 희생과 기여는 어떤 결과를 가져왔는가를 밝히는 것은 오늘날 한국사회를 살아가는 우리들의 몫이며 도덕적 책임이기도 하다.

이 책은 이러한 책임을 다하기 위한 하나의 작은 노력이다. 한국사회에서 일어났던 다양한 사회운동을 새롭게 조명해 봄으로써 그 의미를 찾아보려고 한다. 때로는 과거의 사회운동에 담긴 역사적 의미를 찾고, 때로는 현재의 사회운동에 내포된 사회적 특성을 찾으려고 하며, 그리고 또 때로는 미래의 사회운동이 어떠해야 할지를 탐색하려고 한다. 이러한 노력들의 결집을 통해 한국사회에서 사회운동이 어떻게 바람직한 사회발전에 기여할 수 있는지를, 그리고 이러한 탐색에 있어 사회운동의 연구는 어떤 도움을 줄 수 있는지를 밝혀보려고 한다.

모두 아홉 편의 글을 모아서 책을 묶었다. 오랫동안 사회운동에 관심을 두면서 실제로 운동에 참여하기도 했고 그보다는 더 열심히 사회운동에 대해 연구했던 학자들의 글을 모았다. 사회운동에 대한 기존의 대부분 연구서가 택했던 것과는 다른 방식으로 이 책을 구성했다. 개별 사회운동 사례에 관심을 두기보다는 사회운동의 연구에서 나타나는 주된 이슈를 중심으로 글을 썼다. 물론 한국사회의 획기적 전환점이 되었던 사회운동 사례의 연구는 아무리 많이 축적이 되어 있다고 하더라도 새롭게 다시 쓰여질 필요는 있을 것이다. 그러나 현재 한국사회의 사회운동연구에 있어 오히려 더 절실히 요청되는 것은 사회운동의 실천과 연구에 있어 중심되는 이슈들을 찾아내려는 시도이다. 사회운동에서 참여자의 동원은 어떻게 일어나며, 운동의 정체성은 어떻게 구성되며, 사회운동 사이의 연계는 어떻게 가능한가와 같은 문제들이 보다 더 관심을 갖고 연구될 필요가 있다. 이러한 의도를 충족시키는 것이 이 책의 목표이다. 이 책에 실린 글들 가운데 일부는 이러한 이슈들을 이론적으로 접근하고 있으며 다른 일부는 사례를 통해 접근하고 있다.

사회운동의 연구에 있어서는 다양한 이슈가 관련되어 있는 만큼 한 책에서 모든 주제를 포함할 수 없기 때문에 이 책에서 다루는 주제는 다음과 같은 것들로 구성된다. 책의 가장 앞머리에 실린 김동노의 글은 한국에서 일어나는 사회운동의 정체성에 관한 것으로 "왜 한국사회의 사회운동은 국가를 대상으로 하는 정치지향성이 강한가?"라는 문제에 답하려 한다. 그는 이 글에서 농민운동, 노동운동, 그리고 시민운동이 공통적으로 국가를 대상으로 진행되는 모습을 찾아내고 이를 통해 사회를 압도하는 강한 국가의 지속이 한국사회를 어떻게 규정해 왔는지를 살펴보고 있다. 한국사회의 사회운동이 국가를 대상으로 하는 정치지향성이 강했음은 이러한 사회적 특성의 반영이기도 한 것이다.

두 번째로 실린 조대엽의 글은 사회운동에서 핵심적인 영역인 참여자의 동원에 관한 이슈를 다루고 있다. 그는 시민운동을 주요 분석대상으로 삼고 다양한 요인들이 새로운 동원방식에 어떻게 영향을 미치고 있는가를 살펴보고 있다. 그가 주목한 것은 최근 사회운동에 새롭게 나타나고 있는 탈조직화된 동원방식이며, 흔히 유연자발집단이라 불리는 이 새로운 동원모델을 가능하도록 한 요인으로는 정보통신 기술의 발전과 세계화, 시장화, 민주화와 같은 거대 효과와 더불어 전문 운동조직의 결집력 둔화, 이슈에 따른 온라인 네트워크의 확산, 생활정치 이슈의 확산을 지적하고 있다.

뒤이은 신진욱의 글은 사회운동에 미치는 문화의 영향을 연구하고 있다. 그는 문화적 입장에서 사회운동을 사람들의 삶과 사회적 관계에서 작동하는 지적 · 도덕적 원리를 성찰하고 혁신하는 창조적 행위로 규정하고 있다. 이 규정에 근거하여 문화가 운동 참여자의 역사의식과 현실인식, 가치지향과 정체성, 적대자들과의 상징투쟁, 대안사회에 대한 상상에 어떻게 작용하는가를 이론적으로 검토하고 있다. 특히 유럽의 사회운동 이론과 미국의 이론을 비교함으로써 기존 이론에 대한 검토와 더불어 새로운 이론화의 가능성을 찾을 수 있다는 점에서 그의 글이 갖는 의미는 크다고 생각된다.

이론적 분석을 주로 하는 글과 함께 경험적 연구를 주된 과제로 삼은 글들도 이 책에 포함되어 있다. 다양한 경험적 분석이 다루어지고 있는데, 전통적 사회운동의 대표적 영역인 노동운동과 함께 '위안부' 문제를 해결하려는 지역여성운동, 기독교 보수주의를 둘러싼 종교운동, 정보화 사회의 이슈를 다루는 정보사회운동, 후쿠시마 원전사태 이후 핵심적 이슈로 떠오른 탈핵운동이 분석의 대상이 되고 있다. 노중기의 글은 1987년의 노동자 대투쟁 이후 25년에 걸친 노동정치를 거시적으로 분석하면서 민주노조운동의 위기와 현실에 대한 논의를 담고 있다. 1987년 민주화 이후 1997년의 경제위기 그리고 그 이후의 종속적 신자유주의를 거치면서 노동운동에 있어 새로운 주체, 새로운 의제, 새로운 운동방식, 새로운 투쟁과 조직의 필요성이 제기되고 있음을 그의 글에서 확인할 수 있다.

사회운동에 있어 노동운동만큼이나 오래된 이슈는 역사의 과제를 풀려는 운동과 종교운동일 것이다. 이혜숙의 글은 '위안부' 문제라는 역사의 이슈를 현재화하여 해결하려는 지역여성운동을 다루고 있다. '위안부' 문제에 관한 연구는 이미 상당수가 축적되었음에도 불구하고 이 연구가 갖는 새로운 의미는 지구화 · 지방화 시대에 국가 수준, 글로벌 수준의 이슈가 지역에서 어떻게 다루어지고 있는가를 잘 보여주고 있다는 것이다. 경남지역을 중심으로 하는 지역여성운동의 분석을 통해 그는 세계, 국가,

지역이라는 다층적 구조 속에 '위안부' 문제와 이에 관한 여성운동을 위치시킴으로써 지역여성운동을 이해하는 데 있어 중요한 시사점을 제시해주고 있다.

이승훈의 글도 역시 오래된 사회운동의 이슈를 새로운 시각에서 접근하고 있다. 한국 기독교 보수주의 운동을 분석하면서 그는 사회운동에서 개인의 감정이 차지하는 의미를 찾고 있다. 대부분의 기존 연구에서 사회운동을 인간의 합리성이나 도덕성에 근거해서 풀이하고 있는 데 반해 그의 연구는 인간의 가장 원초적인 요인이면서도 사회운동 설명에 잘 융합되지 못했던 감정을 설명요인으로 삼음으로써 새로운 분석 가능성을 제시하고 있다. 상황인식, 이데올로기와 집단 정체성의 형성, 동원과 운동의 전략에 있어 분명 감정은 중요한 요인으로 작용하며 특히 종교운동에서는 도덕 감정이 그 밑바탕에 깔려 있음을 그는 설득력 있게 보여주고 있다.

전통적 이슈를 새로운 시각에서 분석하려 한 위의 연구들에 반해 홍성태와 노진철의 연구는 현대사회 들어 새롭게 이슈로 떠오르고 있으며 앞으로 한국사회에서 핵심적 중요성을 가질 정보사회운동과 탈핵운동을 각각 다루고 있다. 홍성태는 정보사회의 운동을 정보자유운동, 정보보호운동, 정보공개운동으로 나누면서 세 영역에서 정보기술 이용을 규정하는 법률의 제·개정이 어떻게 운동의 중심을 차지하게 되었는지 보여주고 있다. 동시에 그는 정보사회운동이 정보사회의 문제를 올바르게 인식하도록 전파하기 위해서는 이러한 법률에 관한 운동 못지않게 교육과 문화의 도움이 필요함을 강조하고 있다. 노진철의 글은 위험사회로 규정되는 현대사회의 핵심에 놓인 핵발전소의 문제를 다루고 있다. 그는 반핵과 탈핵, 위험과 위해, 신뢰와 불신의 차이를 사회적 문맥으로 삼고 그 속에 핵문제가 어떻게 논의되고 어떤 식으로 해결될 수 있을지를 검토하고 있다. 한국사회에서 반핵운동이 탈핵운동으로 전환될 수 있는 가능성을 조심스레 내놓고 있는 그의 글은 앞으로 한국사회의 나아갈 길을 제시하는 것이기도 하다.

마지막에 실린 이정옥의 글은 사회운동의 국제적 연계에 관해 논의하고 있다. 일국 체제를 넘어서는 사회운동의 연계 필요성에 입각하여 그는 아시아를 세계체제 속에 위치시킴으로써 시각을 확장시킴과 동시에 그 속에서 아시아 시민사회와 NGO의 연대활동이 민주화운동, 노동운동, 환경운동, 여성인권연대, 평화운동에서 어떻게 진행되고 있는지 잘 보여주고 있다. 세계화와 함께 급속도로 진전되고 있는 자본의 이동과 새로운 신자유주의의 침투에 맞서는 시민운동의 연대는 일국 중심의 사회적 환경 속에서 해결할 수 없는 문제들의 대안적 해결책을 제시할 수 있다는 점에서 그의 연구가 갖는 의미는 크다.

이 책에 실린 여러 글들은 뚜렷한 목적의식을 갖고 쓰여졌으며, 현재의 사회운동에 대한 평가와 더불어 앞으로 사회운동이 나아갈 지향점을 제시하고 있다. 이러한 시도를 함에 있어 다양한 접근 방법들이 활용되었다. 어떤 글들은 이론적 입장에서 순수한 학문적 관심으로 연구를 진행했으며, 다른 글들은 실천적 입장에서 현상에 대한 비판적 관점을 제시하기도 했다. 어느 경우에나 이들의 주장은 분명한 경험적 근거 위에 제시되고 있다. 그런 점에서 이들이 공헌할 수 있는 여지는 상당히 크다고 생각된다. 이 글들이 지금까지 한국사회가 겪어 온 길에서 반성해야 할 것이 무엇인지를 밝히고 동시에 앞으로 한국사회가 나아가는 데 사회운동이 할 수 있는 것이 무엇인지를 밝힘으로써 학문적으로나 실천적으로나 크게 기여할 수 있기를 기대한다.

차 례

제1부 사회운동의 조건과 구조

제 3 부 사회운동의 현재와 미래

제 1 부

사회운동의 조건과 구조

제 1 장

한국의 사회운동과 국가 : 국가의 사회개입과 사회운동의 정치지향성

| 김동노(연세대 사회학과) |

1. 들어가는 말

근대 이후 한국사회는 끊임없는 격동의 시기를 거쳐 왔다. 1876년 조선이 외압에 의해 문을 연 이후 제국주의의 침략과 억압적 식민통치, 해방 이후의 민족국가 건설노력과 분단 그리고 전쟁, 정치적 독재체제의 지속과 민주화, 급속한 경제발전과 위기와 같은 거대한 변화의 계기들을 경험했다. 이러한 변화의 고비마다 여러 형태의 사회운동이 나타났고, 그 중심에는 사회변화의 주체로 참여하려는 민중의 외침이 있었다. 때로는 농민이, 때로는 노동자가, 때로는 학생이, 그리고 때로는 시민이 사회변화를 이끄는 운동의 주체가 되었다. 이렇듯 한국사회에 나타난 서로 다른 형태의 사회운동들은 운동주체의 다양성만큼이나 다양한 특징들을 보여주고 있다.

그 가운데 다른 나라에서는 찾기 힘든 한 가지 독특성이 나타나는데, 이는 사회운동의 종류에 상관없이 이 운동들이 공통적으로 국가나 혹은 국가를 운영하는 정치적 권력집단을 대상으로 하는 경향이 있다는 것이다. 개인이 사회운동에 참여하는 원인은 여러 영역에서 발견된다. 때로는 경제적 이익의 침해로부터 운동이 발생할 수도 있고, 혹은 자신이 옳다고 생각하는 이념이나 가치관을 실현시키기 위해 운동을 일으킬 수도 있다. 이렇게 다양한 참여동기로부터 운동이 일어날 수 있지만 한국사회의 사회운동은 운동의 원인에 상관없이 국가를 대상으로 하는 경향을 보여주고 있다. 물론 예외적인 경우가 없는 것은 아니지만 이는 시대를 초월하여 그리고 운동의 종류를 넘어서는 공통적 현상이다.

한국사회의 대표적인 사회운동으로는 농민운동, 학생운동, 노동운동 그리고 시민운동을 꼽을 수 있다. 전통에서 현대로 넘어서는 시간의 경과에 따라 우리 사회의 주도적 운동 주체도 농민에서 학생, 노동자, 시민으로 변화했고 이들의 불만내용과 그 해결방식도 분명히 바뀌었다. 그러나 한

세기에 걸친 시간의 흐름을 가로지르는 공통점이 내재해 있는데, 그것은 국가나 국가의 권력집단이 운동의 공격대상이 되어 왔다는 것이다. 학생운동은 처음부터 민주화나 통일과 같은 정치적 공공선을 추구했기 때문에 운동 자체가 국가를 대상으로 할 수밖에 없었을 것이다. 그러나 다른 종류의 운동에서는 국가가 운동의 대상으로 설정되어야 할 선험적 이론적 이유를 찾기 힘들다. 오히려 이 운동들에서는 한국의 독특한 역사적 경험과 사회적 조건으로 인해 국가가 운동의 대상으로 설정될 수밖에 없었다.

이런 관점에서 볼 때, 특히 농민운동이나 노동운동과 같이 계급투쟁 성격의 사회운동이 국가를 대상으로 한다는 것은 중요한 문제를 제기하고 있다. 이론적으로 생각할 때 전통사회에서 농민의 적은 이들의 경제적 잉여를 약탈해 가는 지주 계급이며, 현대사회에서 노동자와 대립관계를 형성하는 것은 자본가 계급이어야 할 것이다. 이것이 계급대립의 기본구도이며, 이 대립이 곧 계급투쟁으로 발전되면서 농민운동과 노동운동이 나타날 것으로 기대할 수 있다. 맑스(Karl Marx) 이래로 많은 계급 연구자들이 예상했던 사회운동의 기본 형태가 바로 이것이다. 이러한 기대와 예상을 충족시키는 대표적인 경우는 아마도 일제시대의 농민운동일 것이다. 지주와 소작인 사이의 계급투쟁 성격이 강했던 당시의 농민운동은 한국사회의 전반적인 사회운동의 관점에서 볼 때 오히려 예외적이다. 식민통치 이전 조선시대의 농민운동이나 해방 이후의 농민운동에서도 일관되게 국가를 대상으로 하는 투쟁의 모습을 찾을 수 있다. 또한 산업화 이후 일어난 수많은 노동쟁의에서도 노동자와 국가의 대립은 쉽게 나타난다. 결국 한국에서는 계급투쟁 성격의 사회운동에서조차 경제적 지배계급이 아닌 국가가 사회운동의 대상으로 설정되었음을 알 수 있다. 이러한 경향은 민주화 이후 한국사회의 주도적 운동으로 자리 잡게 된 시민운동에서도 크게 다르지 않다.

그렇다면 왜 한국사회의 사회운동은 이러한 특징을 지니게 되었는가?

바로 이 의문에 답하려는 것이 이 글의 의도이다. 국가와 운동 참여자들 사이의 관계는 어떻게 형성되고 유지되었기에 이런 현상이 나타났는가? 또한 국가를 대상으로 하는 사회운동의 특징이 과연 겉으로 나타난 것만큼이나 전통시대와 현대시대에 유사성이 있는가, 만약 내면에 차이가 있다면 그 본질은 무엇인가? 이 문제의 검토를 통해 우리는 한국사회에서 일어난 사회운동의 독특성을 찾음과 동시에 더 나아가 한국사회가 가진 독특성을 발견할 수 있을 것이다. 이를 위해 이 글은 우선 전통시대의 농민운동과 현대시대의 노동운동 그리고 시민운동이 어떻게 전개되었으며 그 특징은 무엇인지를 살펴보고, 더 나아가 이 사회운동들은 왜 국가를 대상으로 전개되었는지, 그리고 이들 운동에 내재된 공통점과 차이점이 있는지를 찾아보려고 한다.

2. 농민운동과 국가의 경제적 약탈[1]

전통사회에서 일어난 대부분의 사회운동은 농민들이 경제적 고통을 해결하기 위해 정치적 지배계급에 맞서 일으킨 민란(民亂)의 범주에 포함될 수 있는데, 이 고통의 가장 주된 근원은 과도한 조세수취와 같이 국가에 의한 경제적 약탈이었다. 비교적 안정된 18세기를 보내고 맞이한 19세기 후반부는 민란의 시기였고, 그 도화선은 1862년의 진주민란이었다. 경상우도(慶尙右道)의 병마절도사(兵馬節度使)였던 백낙신이 수대에 걸쳐 횡령했던 환곡과 군역의 세금을 일시에 거두어들임으로써 촉발된 이 운동은 일부 부농과 양반지주가 전통적인 통치기구였던 향회를 통해 세력을 모으고 빈농층이 가담함으로써 시작되었다(김진봉, 1970: 433-434).

1) 이 글에서 조선시대의 민란과 동학농민전쟁에 관한 설명 부분은 저자의 이전 글(김동노, 1997a: 116-120)을 수정 · 보완한 것이다.

국가관료의 불법적 조세수탈이라는 개인적 요인이 촉발요인인 것처럼 보이는 이 운동의 이면에는 조세제도를 개편함으로써 중앙집권화를 하려 했던 국가의 개입이 놓여 있었다. 19세기 후반 조선의 국가는 재정위기를 타개하기 위해 농민의 경제적 잉여를 국가에 집중시키는 재정의 중앙집중화를 시도했고, 그 방안의 하나가 진주민란과 직접 연결된 도결(都結)제도였다. 도결이란 단순히 토지에 집중된 여러 조세를 화폐로 거두어들이는 방법일 뿐만 아니라 보다 근본적으로는 조세를 징수함에 있어서 촌락 공동체의 실력자이며 지방행정의 비공식적 운영자였던 작부(作夫)나 호수(戶首)와 같은 부농층의 중간 매개자를 배제하고 국가의 지방관리인 수령이 직접 거두어들이는 방식을 의미한다. 조세수취 방식이 이렇게 바뀜에 따라 이전의 수취제도하에서 경제적 수혜자였던 중간 매개자들은 경제적 이익의 기반을 상실하였고 수령은 새 제도를 악용하여 수탈을 가중시켜 갔다. 조세제도의 변화를 통해 경제에 개입하려는 국가의 시도는 빈농은 물론이며 부농층의 경제적 이익도 침해함에 따라 이들이 농민공동체의 조직인 향회를 통해 결합되는 독특한 현상을 가져왔다. 이런 식으로 계급의 경계선을 넘어서는 결합을 통해 농민공동체 전체가 국가를 대상으로 농민운동을 전개하게 된 것이다.

오랫동안 억압되었던 농민층의 불만이 진주민란을 계기로 폭발함에 따라 전라, 경상, 충청의 삼남지방에서는 크고 작은 농민운동이 매년 계속되었다. 진주민란을 제외하면 대부분이 소규모의 민란이었지만 1894년의 동학농민전쟁으로 발전될 때까지 민란은 거의 일상화되었고 시간이 지날수록 그 발생빈도와 과격성이 심해졌다. 특히 개항 이후에는 이 추세가 더욱 뚜렷해져 1893년의 경우 최소한 55개 지역에서 65개의 민란이 발생한 것으로 여겨진다(김양식, 1990).

민란의 발생원인에 있어서는 한 가지 중요한 사실이 발견된다. 민란이 일상화되면서 여러 지역에서 다양한 형태의 민란이 일어났지만 대부분은 국가에 의한 지나친 조세수취와 관료의 불법적 약탈 때문에 발생했고, 따라서 주된 공격대상은 조세를 담당했던 관료와 이서들이었다. 1862년부터 1893년까지 중앙정부에 보고된 농민운동 중 약 85% 정도가 이들 관료와 이서의 부정에 의해 촉발되었고, 지주-농민의 계급적 관계와 양반-평민의 신분질서에서 비롯된 것은 겨우 10%를 조금 넘었을 따름이다(김동노, 2007: 198). 이는 맑스주의 역사학자들의 주장과는 달리 한국의 전통사회에서 지주와 농민 사이의 경제적 계급관계가 제대로 발전되지 않았고, 사회의 주된 대립관계는 국가와 농민 사이에 형성되었음을 의미한다.

이 경향은 전통사회에서 일어난 농민운동의 결정체인 동학농민전쟁에서도 확인된다. 동학농민운동과 같이 장기간에 걸쳐 여러 세력이 다양한 목적을 가지고 참여한 복합적 사회운동의 본질을 규명하는 것은 결코 쉽지 않다. 부패한 정치체제에 대한 반감, 양반지주의 약탈에 대한 항의, 제국주의 침략에 대한 저항 등이 뒤섞여 있는 동학농민전쟁은 다양한 성격의 사회운동이 하나로 결집된 것으로 이해될 수 있다. 그런 만큼 어떤 방식으로 이 운동의 성격을 규정할 수 있는가는 동학농민전쟁의 연구에 있어 큰 걸림돌이 되고 있는데, 이를 위한 가장 합리적인 방법은 농민들이 무엇을 위해 이 운동을 일으켰는가를 파악하는 것이다. 이는 농민들이 농민전쟁 과정에서 정부에게 요구한 사항들을 검토함으로써 확인될 수 있다. 이러한 요구조건들은 『대한계년사(大韓季年史)』, 『속음청사(續陰晴史)』, 『동학사(東學史)』, 「전봉준 판결문(全琫準判決文)」 등과 같은 여러 사료에서 확인된다. 이를 정리하면 대략 다음과 같다.[2]

정치적 요구조건 중 가장 큰 비중을 차지하는 것은 부패한 관료의 처단과 지나친 조세의 약탈을 일삼아 온 정부기구의 폐지이다. 가령, 부패한 관료의 해임과 처벌, 횡령한 이서의 처형, 매관매직하여 정체(政體)를 어지럽

2) 농민군의 요구조건에 관한 보다 자세한 논의는 김동노(2009: 78-80) 참조.

힌 신하의 제거, 전운사(轉運司: 지방에서 거둔 조세를 서울로 이송하는 정부기구)와 균전사(均田司: 개간을 장려, 감독하는 기구) 같은 기관의 폐지 등과 같은 요구들이 이에 포함된다. 사회적 요구조건 가운데 농민들이 가장 절실히 요구했던 것은 전통적인 신분제도에 의한 차별의 폐지였다. 가령, 사악한 양반과 유생의 처벌, 노비문서의 소각, 천민에 대한 차별 폐지, 과부의 재가 허용, 타고난 신분이 아닌 자질에 따른 관리의 등용 등과 같은 요구들이 이런 생각을 반영한다.

농민군의 요구조건 가운데 가장 많은 부분을 차지한 것은 경제 분야였다. 이는 농민들이 경제적 상태의 악화로 인해 불만이 고조되어 있었고 이로 인해 사회운동이 발생했음을 보여주는 것이기도 하다. 경제적 요구조건들은 다시 조세제도와 곡물의 수출에 관한 것으로 나누어진다. 수적으로 가장 많은 부분을 차지하는 조세제도에 관한 요구는 모두 삼정(三政: 전정, 군정, 환곡)의 운영에서 나타난 폐단을 바로잡으려는 것이었다. 그러나 조세제도에 관한 이들의 요구도 새 제도의 수립이나 기존 제도의 혁신보다는 기존 제도의 운영에서 나타난 관료와 이서에 의한 불법과 임의적 약탈에 대한 항의였다. 가령, 법 규정에 따라 조세를 부과할 것, 새로운 세를 만들지 말고 구체제로 되돌아갈 것, 미경작지로부터 지세를 징수하지 말 것, 잡세를 혁파할 것 등을 요구한 것은 바로 이를 입증해 준다. 곡물의 무역에 대한 이들의 반감은 일본으로 곡물이 수출됨에 따라 농산물의 가격이 급등하고 이것이 일반 농민, 특히 빈농의 생존을 위협함에 따라 나타난 것이다. 가령, 농민들은 세곡(稅穀)의 서울 이송 이전에 곡물수출에 참여한 상인을 처벌하고, 상인에 의한 곡물의 무역행위를 금지하고, 일본상인의 내지행상(內地行商)을 금할 것을 요구했다.

이러한 요구조건에 담긴 생각은 동학농민전쟁을 통해서 농민들이 추구한 여러 목표들은 국가를 통해서만 해결될 수 있으며, 이들에게 있어서 지주와의 관계는 이차적인 것에 지나지 않았다는 것이다. 물론 이들이 지배했던 집강소시기에 지주 계급을 대상으로 하는 경제적 투쟁이 없었던 것은 아니나 이것이 동학농민운동의 주된 흐름을 형성한 것은 아니었다(김동노, 2009: 82-83). 당시 농민이 가진 불만의 근원은 지주가 부과한 지대가 아니라 국가에 지불해야 할 조세였으며, 특히 조세제도의 불법적 운영으로 야기된 관료와 이서들의 임의적인 약탈이었다. 그렇다면 전통사회의 농민이 직접 부딪힌 것은 지주와의 계급관계가 아니라 개인의 이익추구를 위해 국가의 정치구조를 왜곡시킨 권력집단과 이를 방치한 국가였으며 따라서 이들의 사회운동에서 일차적인 대립관계는 국가를 대상으로 형성될 수밖에 없었다.

농민운동에 있어 예외적으로 국가가 아닌 지주를 대상으로 하는 계급운동이 진행되었던 것은 일제시대였다.[3] 물론 이 시기에도 정치적 색채를 띤 적색농조운동이 있긴 했지만 지주와 소작인의 관계에서 비롯된 소작쟁의가 보다 주도적인 경향을 보여주었다. 일제시대의 소작쟁의를 민족주의적 입장에서 친일세력에 대한 저항운동으로 보려는 시각도 있지만 이는 '희망적 사고(wishful thinking)' 의 과도한 표현이며, 소작쟁의는 소작권 보장, 소작료 인하, 지세 및 수세의 전가 금지 등과 같은 경제적 요구조건을 둘러싼 계급대립으로 보아야 할 것이다. 근대적 지세제도의 도입과 지주-소작인의 관계를 조정하려는 총독부의 농업정책이 가져온 이러한 변화는 한국사회에서 일어난 농민운동의 일반적 추세이기보다는 이 시기에만 나타난 독특한 현상으로 이해되어야 할 것이다.

조선이 일제의 식민지배로부터 해방되면서 계급투쟁 성격의 농민운동도 예전의 주도적 경향, 즉 국가를 대상으로 하는 농민운동의 경향으로 되돌아갔다. 해방 이후 정부수립에 이르는 기간에 일어난 농민운동의 주된 경향을 보면, 시기별로는 농민운동이 1946년 하반기에 집중되었고 원인별

---

3) 이 시기 농민운동의 일반적 경향과 계급투쟁으로의 전환에 관해서는 김동노(2007)를 참조할 수 있다.

로는 경찰서 습격이 압도적 다수였다(이혜숙, 1988: 231; 원자료, 미군정보고서(G-2 Daily Reports and Weekly Reports)). 반면에 지주에 대한 계급투쟁은 상당히 미약한데, 이는 일제시대에 농민운동의 중심이 되었던 계급투쟁이 오히려 미군정기가 되어 후퇴하고 다시 국가와 국가의 관료를 대상으로 하는 운동이 주도적 경향을 이루게 되었음을 보여준다. 해방 이후 현재에 이르기까지 가장 대규모의 농민운동인 10월항쟁도 이러한 연장선상에서 이해될 수 있다.

10월항쟁에서 농민들의 가장 주된 불만요인은 공식적으로는 경찰에 대한 원한이었다.[4] 이들은 거의 모든 곳에서 경찰과 경찰서를 공격했고, 농민들의 요구조건에도 대부분 경찰의 무장해제, 무기사용 금지, 경찰을 위시한 관리들의 사직 등이 포함되어 있었다. 물론 경찰에 대한 공격은 이들이 농민항쟁을 진압하는 물리력 행사의 일차적 주체였다는 점에서 당연하겠지만, 농민들은 왜 경찰에 대해 강한 불만을 지니고 있었는가라는 문제에 답할 수 있어야 당시 농민운동의 진정한 특성을 이해할 수 있을 것이다. 경찰이라는 국가의 공권력이 주된 공격의 대상이 된 이유는 한편으로는 미군정기의 경찰제도가 행정제도의 효율성을 높인다는 취지에서 일제 때의 경찰력을 복원시킨 것에서 찾을 수 있지만 보다 근본적으로는 미군정이 실시한 양곡수집 정책을 강제력으로 집행하는 주체였기 때문이다.

밑으로부터의 저항에 맞서기 위해 미군정은 실제로 일제 때보다 더 중앙집권화되고 규모에서도 더 확대된 경찰제도를 갖게 되었는데, 일단 좌익을 배제하고 나면 미군정이 활용할 수 있는 인적 자원은 대부분 일제시기의 경찰 관리였다. 일제 때 경찰에서 활동했던 8,000여 명의 경찰관 가운데 5,000여 명이 미군정의 경찰조직에 여전히 관여하고 있었고, 이들이 경찰 간부직의 80% 이상을 차지했었다(김광식, 1985: 166).

---

4) 10월항쟁에 관한 설명 부분은 저자의 이전 연구(김동노, 1998: 152-154)를 바탕으로 한 것이며, 이 운동에 관한 보다 자세한 설명은 이전 연구를 참조할 수 있다.

그런 점에서 경찰관이나 경찰기구가 식민지 때의 성격을 벗어나지 못하고 일반인에 대한 만행을 되풀이했으며, 이것이 10월항쟁을 위시한 대부분의 사회운동에서 경찰이 공격의 대상이 된 이유이다.[5] 농민을 포함한 일반 민중의 입장에서 보면, 미군정의 경찰이 일제 경찰의 연장이라는 사실 자체만으로도 불만의 근원일 수 있지만, 보다 중요하게는 경찰이 미군정의 정책집행 과정에서 강제력을 남용했으며 특히 식량공출에 경찰이 개입한 것이 불만의 주된 근원이다. 미군정의 입장에서 보면, 당시의 행정에서 식량공출이 차지하는 중요성은 매우 컸고, 이 문제를 제대로 해결하지 못한다는 것은 곧 남한의 좌익화를 의미했기 때문에 이는 정치적 이해관계의 핵심적 관건이었다. 따라서 식량공출에 필요한 엄청난 규모의 행정력을 보완하고 미곡수집에서 일어나는 농민의 저항을 극복하기 위해서는 경찰력의 활용이 필수불가결했다. 물론 표면적으로는 정당성이 결여된 경찰의 강제력 행사가 농민의 불만을 초래했지만 보다 심층적으로는 미군정의 잘못된 정책적 판단과 이를 집행한 경찰이라는 국가기구에 대한 반감이 이 운동을 야기했던 것이다. 그런 이유로 농민은 미군정이라는 외래 국가와 경찰이라는 국가기구를 대상으로 하는 격렬한 사회운동을 일으켰다.

이후 산업화가 진행되면서 한국사회에서 사회운동의 주도권은 노동운동으로 넘어가게 되면서 농민운동은 약화되었다. 그럼에도 불구하고 최근 들어 농민들이 사회운동의 주체로 다시 등장하게 되는 것은 대부분 국가의 농업정책에서 비롯되기 때문에 여전히 국가를 대상으로 하는 운동의 형태를 띠고 있다. 우루과이라운드나 자유무역협정(FTA)과 같이 농산물 수입에 관한 정책은 그렇지 않아도 취약한 농민의 생존권에 직접 위협을 가하는 것인 만큼 농민들은 국가를 대상으로 하는 투쟁을 위해 거리로 나서지

5) 식민지 경찰의 조직과 인력 그리고 관행을 그대로 이어받은 미군정기의 경찰에 대한 일반인의 반감은 극도로 높았기 때문에 대구에서 항쟁을 진압하는 과정 중 다친 경찰을 일부 병원에서는 입원시키지 않을 정도였다. 이에 관해서는 United States Armed Forces in Korea, *HUSAFIK, 1946-48*, Vol.Ⅲ: 368을 참조.

않을 수 없는 형편이다. 이는 조선 후기 이래로 지속된 농민운동의 전통이 지금까지도 남아 있음을 확인시켜 주는 모습이기도 하다.

3. 노동조직과 노동쟁의 그리고 국가의 개입[6]

한국 현대사회에 있어서 처음으로 노동자들이 전국규모로 조직화되고 사회운동의 역량을 갖게 된 것은 일제로부터 해방된 직후이다. 좌익계열의 조선노동조합전국평의회(전평)는 해방과 함께 급속히 세력을 확장하여 1945년 12월에 이르러서는 전국에 2,000여 지부와 55만 명을 넘어서는 조직원을 지니고 있었다. 그러나 제2차 세계대전 이후 냉전체제 속에서 주도권을 확보하려는 미군정의 좌익세력 무력화로 인해 전평은 철저히 파괴되어 1947년이 되자 13개의 지회에 2,500명 정도의 조합원을 가진 조직으로 전락하고, 노동조직은 국가의 조합주의 전략에 포섭되었다.

미약한 수준을 유지하던 노동조직이 활성화된 것은 1960년대 들어 노동자의 양산을 가져온 산업화가 본격적으로 진행된 이후이다. 널리 알려져 있듯이, 한국의 산업화는 쿠데타로 집권한 군사정부에 의해 주도되었고, 그 방향도 이런 정치적 상황에 의해서 상당히 결정되었다. 군사정변으로 권력을 장악한 군부세력은 자신들의 정권이 지닌 정당성의 결여를 경제의 근대화, 즉 산업화를 통해 보완하려는 전략을 세웠다(김동노, 1997b). 이들이 추진한 산업화는 경제적으로 엄청난 성과를 거두었고 그 결과 한국도 마침내 제조업을 비롯한 이차산업 중심의 산업사회로 접어들게 되었다. 산업노동자의 양적 증가 — 1963년과 1979년 사이에 제조업에 종사하는 노동자는 전체 노동력의 8%에서 23%로 증가 — 와 함께 이들을 조직화하거

6) 이 글의 노동운동에 관한 설명 부분은 저자의 이전 글(김동노, 1997a: 120-126)을 수정 · 보완한 것이다. 보다 자세한 설명은 이전 글을 참조할 수 있다.

나 통제하는 문제가 대두되었는데, 산업화 기간 동안 정권이 택한 기본방향은 노동자의 조직화 억제와 노동운동의 적극 통제였다.

쿠데타 직후 군사정권은 일단 모든 노동조합을 해산시키고 국가 통제하의 새로운 조직화를 시도했다(최장집, 1988: 4장). 노동의 조직화가 기업별로 이루어져 수많은 노동조합으로 나누어져 있었던 구정권과는 달리 정부는 산업별 조합으로 재편성하여 단일한 전국본부의 감독 아래에 두도록 하였고, 이들의 총괄기구로서 한국노동조합총연맹(노총)을 설립하였다. 혁명과업의 수행에 솔선수범할 것이라는 충성서약과 함께 활동을 시작한 노총은 공식적으로 전국의 노동조직을 대변하는 조합주의적 국가의 협력기구로 자리를 굳히게 되었다. 노동조합의 법적 승인 의무화, 노동자의 단일노동조합 가입을 의무화한 유니온 샵(union shop) 제도의 도입, 노동조합의 정치행위 금지 등을 골격으로 하는 노동법이 1963년에 제정된 이후 그 체제가 1960년대의 노동조직과 노동운동을 통제하는 기본 틀이 되었다.

그러나 1960년대 말이 되면서 경제사정의 변화가 산업화 정책의 변화를 가져오고 이에 따라 노동통제도 강화되는 방향으로 바뀌게 되었다(Koo and Kim, 1992: 130-131). 외국으로부터 자본의 유입과 유입된 자본의 흐름을 강력하게 통제하던 국가의 산업화 전략이 1960년대 후반 들어 원금과 이자의 상환이라는 위기에 직면하자, 국가는 상업차관의 도입과 함께 여태껏 피해 왔던 외국자본의 직접투자를 끌어들이게 되었다. 외국자본의 도입을 위해서 국가는 보다 유리한 환경을 조성할 필요가 있었고 이는 곧 체제 저항세력에 대한 엄격한 통제로 연결되었다. 1971년 국가는 '국가보위에 관한 특별법'을 공포하였고, 그 가운데 노동조직에 대해서는 노동자의 3대 기본권 중 단결권을 제외한 단체교섭권과 단체행동권을 법적으로 제한했고, 공공부문 이외의 노동쟁의에도 국가의 개입이 가능하도록 하여 노동청은 모든 노동쟁의를 중재하고 단체교섭에 주도권을 가질 수 있게 되었다.

공식적으로는 노동자의 단결권, 즉 노동조합 결성권이 보장되었지만 실제로는 이 권한마저도 상당히 제한되었다는 점에서 1970년대 노동운동의 대표적인 형태는 노조결성에 관한 쟁의였다. 1970년 11월 분신자살로써 노동자의 열악한 근로조건과 노동운동에 대한 탄압에 항거했던 '아름다운 청년' 전태일의 경우도 청계피복노조의 결성과 관련되었고, 신진자동차, 부산제철, 반도상사, 동아일보 등 전국 각지의 사업장에서 일어난 노동분규의 주된 쟁점은 노동조합의 결성 시도와 이에 대한 통제였다. 더 나아가서 때로는 동일방적의 노동조합 탄압에서 드러나듯이 노동운동의 통제는 이미 결성되어 있는 노조의 해체나 어용화를 시도한 경우도 있었다. 일단 노동조합이 결성된 후 일어난 노동운동은 임금협상을 둘러싸고 일어나기도 했지만 보다 많게는 체불임금 지급과 퇴직금을 받기 위한 투쟁이었다.

1970년대의 노동운동은 여전히 전국적 조직의 형태로 발전되지도 않았고, 정치적 급진화의 방향으로 전개되지도 않았다. 도시산업선교회와 같이 일부 급진적인 외부단체의 협력으로 조직화된 노동운동이 일어나기도 했지만, 제도권 안의 조직적 노동운동은 당시의 억압적 정치체제에 지극히 순응적이고 협조적이었기 때문에 전혀 활성화되지 못했다. 대표적으로 노총은 저임금체제를 유지, 공고화시키는 결과를 가져온 국가보위법의 발동이나 유신체제를 지지하면서 사실상 노동운동을 포기한 것과 같았다(한국기독교교회협의회, 1984). 따라서 조직적 노동운동은 기본적으로 노사협조주의의 방향을 따랐고, 대부분의 노동운동은 노동자의 경제적 상태를 개선하기 위한 자연발생적이고 산발적인 투쟁의 형태였다.

노동운동이 급진화되고 본격적인 정치적 투쟁의 형태를 띠게 된 것은 1980년대이며, 특히 80년대 후반기는 마치 19세기 후반기가 민란의 시기로 지칭되는 것과 마찬가지로 노동운동의 전성기로 간주될 수 있다. 노동운동 급진화의 불길을 당긴 것은 80년대 초반 학생운동의 활성화와 함께

'노학연대' 라는 슬로건하에 노동현장에 스며든 학생운동 출신 지식인들이었다. 이들은 노동자의 경제적 조건이 정치체제의 논리에 직접 종속되며 근본적인 문제의 해결책은 정치체제의 변혁에 있다는 급진적 의식을 노동자에게 불어넣었고, 이는 80년대 후반기 노동운동의 본격적인 정치투쟁화에 필요한 기반을 제공해 주었다. 이들은 또한 1987년 노동운동의 대폭발기 이후 국가의 조합주의적 포섭단체였던 노총을 대체할 민주노조의 전국조직이 필요함에 따라 전국노동조합협의회(전노협)가 결성되었을 때 이 단체를 실질적으로 이끌어 간 세력이 되었다.

물론 현대 한국사회에 있어서 노동운동의 조직화나 정치투쟁화에 결정적 계기가 된 것은 1987년에 전개된 일련의 정치적 변혁이었다. 현대사의 큰 전환점인 6월항쟁에는 노동자의 개인적이고 산발적인 참여는 있었지만 이들이 주도적으로 항쟁을 이끌어간 흔적은 보이지 않는다. 오히려 노동운동이 활성화된 것은 6·29선언이 발표된 이후 형성된 국가통제력의 약화라는 기회구조(opportunity structure) 속에서였다. 7월 현대엔진 노동조합의 결성으로부터 시작된 노동쟁의의 불길은 현대그룹 전체로 확산됨은 물론 인근 부산, 마산, 창원을 거쳐 8월 들어 현대와 대우의 파업과 함께 전국으로 퍼져나갔다. 1987년 6월 이후 노동자의 조직화나 노동운동의 확산은 가히 폭발적이었다. 조합원의 수나 단위노조의 수에 있어서 1987년 6월에 2,742개 노조에 1,050,000명이 참여하였으나 그해 12월 이 숫자는 4,103개 노조에 1,267,000명으로 늘어났고, 이런 경향은 1989년 말까지 계속되다 이를 기점으로 반전되었다(노동부, 1992).

이 추세와 병행하여 노동쟁의도 기하급수적으로 증가했는데, 1987년의 7, 8, 9월의 '노동운동대투쟁' 기에는 총 122만 명이 3,311건의 쟁의에 참여하여 10인 이상의 사업장에 종사하는 노동자의 약 37%가 노동운동에 참여한 것으로 보고되었다(한국노총, 1988: 166). 노동운동권 내부에서는 이 시기의 노동운동을 해방 직후 전평의 조직화 이후 가장 위력적인 투쟁이었다고 평가하고 있다(한국민주노동자연합, 1994). 이러한 노동조직과 노동운동의 열풍은 1989년의 공안정국을 고비로 수그러들었고, 1990년대 들어서는 1996년 말과 1997년 초에 진행된 노동법 개정에 대한 쟁의를 제외하고는 일상화된 노동운동의 틀 안에서 전개되었다. 이 과정에서 한 가지 의미 있는 일이 일어났는데, 이는 그동안 성장한 노동자의 힘이 국회에서 소위 '날치기'로 처리된 노동법을 무효화시키고 새로운 법의 제정을 가능하도록 했다는 것이다.

노동운동에 대한 국가의 직접적인 대응은 노동법의 개정이다. 먼저 1987년의 노동법 개정은 복수노조 금지, 노조의 정치활동 금지 등과 같은 이전 노동법의 골격을 변화시켰다기보다는 단순히 억압적 성격을 완화하여 기업단위에서 노동자들의 조직과 활동의 폭을 넓힌 것에 불과하였다. 허용보다는 제약을 기본으로 하는 노동정책은 1989년의 공안정국을 맞이하여 불법쟁의의 범위를 대폭 확대함으로써 임금인상을 제외한 대부분의 노동운동은 불법의 범주에 포함되게 되었다(김동춘, 1995: 178). 이러한 노동통제의 방향은 그 이후의 노동법 개정에도 그대로 반영되어, 한편으로는 노동자의 단결권을 보다 확보해 주면서도 다른 한편으로는 정리해고의 법제화, 변형 근로시간제의 도입, 노조 전임자의 임금지급 금지 등과 같은 새로운 방식의 노동통제가 상당 기간 지속되었다.

한국사회에서 진행된 노동자의 조직화와 노동운동의 역사를 되돌아보면, 노동자는 노동쟁의에서 자본가 계급뿐만 아니라 항상 이들의 편에 서 있는 국가에 맞서 왔다는 사실을 알 수 있다. 노동운동의 초반기에 노동자는 스스로의 조직화를 위해 국가의 승인을 받아야 했고, 1980년대 후반 임금인상이나 고용안정을 위해 노동자들이 사회운동을 일으켰을 때 경제적 조건에 관한 협상은 자본가와 했지만 끝내 이 운동이 집합행동으로 발전되었을 때는 국가의 공권력과 맞설 수밖에 없었다. 결국 노동운동의 고비마다 문제는 노동법의 개정으로 귀결되었다. 국가는 노동법을 통해 노동통제를 강화했으며, 노동자는 우선 이 법적 제도의 개선에 총력을 모으게 되었다.

노동자와 자본가 사이의 계급관계는 상당한 정도로 국가라는 정치적 실체에 의해서 규정되었고, 국가가 만들어 놓은 관계의 틀 속에서만 노동자는 합법적인 사회운동을 전개할 수 있었다. 국가가 제시한 노사 간의 관계의 틀이 항상 노동자에게 불리함에 따라 이들로서는 자본가와의 협상에 앞서 국가를 대상으로 노사관계의 틀을 바꾸려는 노력을 우선시할 수밖에 없었다. 이 틀을 바꾸는 것이 불가능해지면 노사관계는 필연적으로 파탄으로 돌아가고, 이는 다시 국가의 개입을 요구하게 되었다. 노동자가 폭력적 대응으로 나서게 되면 곧장 국가는 강제력의 모습으로 개입을 하게 되고 그 부담은 다시 국가에게로 넘겨졌다. 이때 노동자들이 직면한 것은 공권력을 동원한 국가의 탄압이었고, 국가가 직면한 것은 국가를 대상으로 하는 노동자들의 폭력적 집합행동이었다.

이와 같이 국가와 노동자가 맞서는 모습은 경제적 이익의 배분에 국가가 적극 개입하고 노동자의 눈에는 그 개입이 부당하다고 인식되었기 때문에 발생했다. 경제적 부를 재분배하는 주체로서 국가는 어떤 방식으로 누구로부터 재원을 확보하고 이를 어떤 방식으로 누구에게 우선적으로 배분할 것인가를 결정하게 되는데, 이를 통해 경제적 계급들 사이의 관계를 규정하게 된다. 박정희 시대 이래로 모든 정권이 정치적 정당성의 근거를 경제성장에서 찾고 있기 때문에 필연적으로 국가는 이를 추진할 파트너를 필요로 하게 된다. 이는 정치적 민주화가 진행된 이후에도 그리고 상대적으로 '진보적' 이라는 김대중 정권과 노무현 정권에서도 그리 다르지 않았다.

정치적 권력을 가진 자들이 국가 혹은 정권의 정당성을 경제성장에서 찾는 한 국가와 노동자 계급의 대립은 어쩔 수 없이 지속될 수밖에 없다. 경제성장의 주체로서 자본가 계급을 파트너로 삼아야 하는 국가는 이들에게 유리한 경제적 환경을 조성해 주어야 하고, 그 가운데 핵심적인 것이 노동자 계급을 길들이는 것이었다. 이것은 정치적 권력집단과 경제적 지배계급 사이의 정경유착이라는 비도덕적 결합이 아니라 한국에서 국가가 운영되는 방식에서 비롯되는 정치와 경제 사이의 구조적 연계에서 비롯되는 것으로 이해되어야 한다(Kim, 2007: 180). 결국 국가와 경제적 지배집단은 서로를 필요로 하는 상호적 목적과 수단의 관계를 구성함으로써 노동자 계급을 지배블록에서 배제해 왔고 이는 민주화 이후 최근까지도 지속되고 있다. 쌍용자동차의 노동쟁의에서도 분명하게 나타났듯이, 자본가와 노동자의 대립에서 국가는 흔히 무자비한 탄압의 공권력으로 그 모습을 드러낼 따름이며 두 계급 사이를 조정하는 객관적 중재자의 모습은 거의 찾을 수 없다.[7] 바로 이러한 국가의 모습이 노동자들로 하여금 국가를 노동쟁의의 대상으로 삼게 만드는 것이다.

4. 시민운동의 정치지향성과 국가[8]

노동운동 못지않게 국가를 대상으로 하는 운동의 성격이 강했던 것은 학생운동이었다. 학생운동의 주요 이슈가 민주화나 통일에 관한 것이었기 때문에 이는 일면 당연한 현상이기도 하다. 민주화나 통일은 국가의 기본 성격을 규정하는 이슈인 만큼 이와 관련된 사회운동은 국가를 대상으로 할 수밖에 없을 것이다. 이에 반해 1987년의 민주화 이후 새롭게 나타난 시민운동이 국가를 대상으로 하는 정치적 지향이 강했던 것은 의외이며 경험적

7) 국가가 최대한 자본계급으로부터 거리를 두는 경우란 두 계급 사이의 조정자가 되는 것이 아니라 노동쟁의에 개입하지 않는 소극적 역할에서 찾을 수 있다. 이는 최근에 있었던 한진중공업의 노동쟁의에서 국가가 보여준 태도이다. 이 사례에서 국가는 시민사회의 절대적 지지를 받았던 노동자 계급의 고통에 대해 무관심으로 일관하는 소극적 역할로 스스로를 자리매김했던 것이다.

8) 이 글에서 시민운동에 관한 설명 부분은 저자의 이전 글(김동노, 2013: 63-67, 73-78)을 요약 및 수정한 것이다.

분석을 필요로 하는 것이다. 대부분의 국가에서 시민운동은 일반 시민의 삶의 질을 높이려는 운동이기 때문에 정치지향성보다는 시민의 일상생활에 관련된 이슈가 운동의 주된 영역으로 자리 잡고 있다. 그러나 한국사회에서 발현된 시민운동은 대체로 국가를 대상으로 하는 강한 정치지향성을 띠고 있다. 시민운동에 있어 시민의 일상생활에 관한 이슈는 부차적인 것으로 그리고 최근 들어서야 중요성을 인정받게 되는 독특한 특징이 나타난다.

한국 시민사회의 독특성은 그 탄생에서부터 찾을 수 있다. 서구에서 시민사회가 민주화를 이끌어 온 것과 달리 한국에서 시민사회는 민주화의 결과로 나타났다. 따라서 시민사회라는 변혁지향적인 공간에서 일어난 시민운동은 1987년 이후에 시작된 것으로 이해해야 하며, 그 기원은 1989년에 있었던 '경제정의실천시민연합(이하 경실련)'의 창립으로 거슬러 올라갈 수 있다. 경실련은 "와해의 위기에 처한 공동체를 되살리기 위해 이전과는 다른 형태의 운동을 기획하고, 구체적 대안을 가진 운동을 전개할 것이며 비폭력적 합법적 운동을 추진"하겠다고 천명했다(경실련, 1989). 이와 같이 시민운동은 전통적 사회운동과는 다른 중요한 차별성을 보여주었다. 계급기반의 운동과 달리 탈계급적인 시민을 운동의 주체로 설정했으며, 경찰의 폭력적 진압과 폭력적 시위가 맞서던 대립구도에서 전문가가 참여하는 대안제시의 운동으로 변화하게 되었다.[9]

시민운동과 민중운동과의 차별성은 이후 경실련이 운동을 전개하면서 더욱 뚜렷하게 나타났다. 토지와 주택 문제를 우선적 과제로 생각한 것도 바로 이들이 일반 시민의 일상생활에서 가장 중요한 이슈였기 때문이다.

---

9) 시민운동과 전통적 민중운동은 여러 가지 점에서 비교될 수 있다. 시민운동이 강조한 몇 가지 중요한 특징은 계급적 이익을 넘어서는 공익성을 지향하며, 따라서 참여자가 탈계급적 주체이며, 운동방법에서도 온건한 방식의 합법적 전략을 활용한다는 것이다. 두 운동의 비교에 관해서는 유팔무(1995) 참조. 이러한 강조에도 불구하고 시민운동이 여전히 계급적 기반을 지니고 있으며 특히 중산층의 참여가 두드러지면서 이들과의 친화성이 운동의 성패를 결정한다는 지적도 있다(박형준, 2001: 191).

부동산 투기로 인한 집값 상승을 잡기 위해 종합토지세와 양도소득세를 강화하자는 대안을 제시했고, 한약분쟁의 조정과 금융실명제를 앞장서 주장했다. 이러한 운동이 가능했던 가장 중요한 이유는 비폭력적 운동으로 전환되면서 운동참여의 비용이 현격히 낮아짐으로써 이전에 주저했던 전문가들이 운동에 다수 참여했기 때문이다. 경실련 초기의 회원구성을 보면 학계, 의약계, 법조계, 언론계 등 전문직 종사자가 전체의 약 30%에 이르러 대표적 중산층 시민인 사무직 종사자(24%)보다도 많았다(경실련, 1995).

경실련이 창립된 지 5년이 지난 뒤 새로운 시민운동을 지향하는 관점에서 기존 시민운동에 대한 문제제기가 이루어졌다. 진보적 시민운동을 지향하는 전문가와 운동가는 경실련의 시민운동이 보수화되면서 운동 자체의 방향성을 상실했다고 비판했다. 특히 경실련 전문가 그룹의 일부가 김영삼 정권에 참여함으로써 이 비판은 더욱 힘을 얻게 되었고, 새로운 차원의 시민운동의 필요성이 제기되었다. 시민운동이 특정 계급의 문제를 넘어서는 사회 전체의 다양한 이슈를 포함하고 있기 때문에 그 정당성은 인정될 수 있지만, 개량적 목표에 머무르지 않고 체제변혁을 지향하는 노력도 필요하다는 것이 이들의 입장이었다. 이를 위해 한국사회를 오랫동안 이끌어 온 민중운동의 전통을 이어받는 변혁지향의 시민운동 혹은 진보적 시민운동이 요청된다는 것이다(조희연, 1993). 이렇게 하여 진보적 시민운동을 표방한 '참여민주주의와 인권을 위한 연대(이하 참여연대)' 가 1994년에 탄생했다.

초창기 참여연대는 '부패방지법' 이나 '작은 권리 찾기 운동' 과 같이 법률적 개혁을 추진했는데, 이후 참여연대의 대표적 시민운동으로서 이 단체의 지명도를 높인 것은 '소액주주운동' 이었다. 1997년에 시작된 소액주주운동은 경제위기 상황 속에서 재벌에 대한 사회적 비난과 시민의 경제적 권리를 지키려는 시대적 사명과 맞아 떨어지면서 엄청난 파급효과를 가져왔다. 소액주주의 이익을 대변하며 재벌에 대한 통제를 증대시키기 위한 운동으로서 소액주주운동은 합법의 테두리 안에서 이루어진 가장 강력한 경제운동이었다. 하지만 민중적 입장에서는 이 운동이 경제체제의 근본 변혁을 지향한 것이 아니라 자본의 이익을 충실히 지키는 한도에서 이루어진 운동임을 비판했다(이종회, 1999). 그럼에도 불구하고 이 운동은 재벌그룹의 무차별적 차입경영과 비윤리적 기업경영을 감시하고 기업과 기업가의 윤리적 책임을 묻는다는 점에서 시민운동의 새로운 방향을 제시했다.

경실련과 참여연대가 시민운동의 새로운 공간을 확보해 감에 따라 다양한 영역에서 시민운동이 나타났다. 경실련과 참여연대에 앞서 환경운동을 이끌어 왔던 최열 대표가 조직한 환경운동연합과 함께 녹색연대, 환경정의를 비롯한 보다 많은 운동단체가 만들어지면서 환경운동은 대표적인 시민운동으로 자리 잡았다. 여성운동도 마찬가지였다. 가장 활발하게 운동을 추진한 여성민우회는 물론이며 30여 개의 단체가 여성운동연합에 참여하면서 네트워크를 형성했다. 더불어 소비자운동, 교육운동, 문화운동 등이 시민운동에 더해지면서 운동의 영역이 넓어짐과 동시에 깊어지는 효과를 가져왔다.

이렇게 성장한 시민운동의 역량이 최대로 결집된 것은 2000년의 총선연대였다. 낙선운동을 통해 부패한 정치인의 물갈이를 목표로 한 이 운동에는 1,054개의 단체가 참여했고 3개월 정도의 운동기간에 홈페이지 방문자가 92만을 넘어서고 3억 5천만 원을 넘는 후원금을 모았다(총선시민연대, 2001). 1989년 경실련이 창립된 이후 10여 년에 걸친 시민운동의 역량이 얼마나 성장했으며 시민운동이 얼마나 많은 시민의 지원을 받았는가를 한눈에 볼 수 있는 계기가 되었다. 이러한 힘이 작용하여 실제로 낙선후보 가운데 69%(59/86)가 낙선하였고 특히 수도권에서는 거의 전원이 낙선하여 이 운동에 대한 호응이 운동에 참여한 사람들뿐만 아니라 일반 시민에게도 널리 퍼져 있었음을 입증해 주었다.

물론 이 운동에 대한 다양한 시비도 있었다. 부패한 정치인으로 내몰렸던 인사들은 음모론을 제기했고, 시민운동권 내부에서도 운동의 불법성에 대한 문제제기가 있었다. 경실련의 핵심 인물이었던 서경석은 이 운동이 이전의 시민운동과 달리 법을 어기는 방식으로 이루어졌으며 이런 방식으로 운동을 전개하는 밑바탕에는 시민운동이 가진 독선의 논리가 깔려 있다고 비난했다(서경석, 2002). 총선연대는 이 운동을 불법운동이 아닌 불복종운동이라고 규정하면서 스스로가 확신범이며 양심범의 위험을 감수했다는 입장을 보여주었다(이대훈, 2003). 결국 법정으로까지 간 이 논쟁의 여진에도 불구하고 분명 이 운동은 우리 역사에서 시민운동이 무엇을 할 수 있고 얼마나 많은 힘을 가질 수 있는가를 보여준 극적인 사례로 간주된다.

2000년의 총선연대를 정점으로 사회적 영향력을 극대화했던 시민운동은 2002년의 대선과 2004년의 총선을 거치면서 새로운 형태의 운동으로 전환되기 시작했다. 거대 시민단체가 이끄는 운동이 여전히 진행되었음에도 불구하고 그 영향력은 확대되지 않고 오히려 축소되었다. 시민사회를 이끌어 가는 주체는 한국사회 전체의 변화를 시도한 중앙집권화된 거대 운동단체가 아니라 일상적 생활세계에 관심을 두며 생활정치를 통해 이를 개선하려는 풀뿌리 조직으로 전환되었다.

2000년대 초반의 대선과 총선을 거치면서 상대적으로 진보성향의 정치세력이 정권을 장악함에 따라 1987년 이후 추진된 민주화가 어느 정도 완성되어 간다는 안이한 인식도 작용함에 따라 시민운동은 개인의 일상생활에 더 관심을 가지게 되었다. 이와 함께 시민운동의 방향도 상당한 정도로 바뀌었다. 경실련과 참여연대로 대표되던 1990년대의 거대조직 중심의 운동에서 풀뿌리운동으로 시민운동의 무게중심이 옮겨가면서 소비조합 운동이나 소규모 공동체 운동과 같이 시민의 일상생활에 접근하는 운동이 새롭게 자리 잡았다. 이전의 시민운동이 거대 담론에 근거하여 한국사회의 총체적 변화를 지향했다면 이런 종류의 풀뿌리운동은 시민의 일상생활의 질을 높이려는 시도이다. 물론 이 운동도 중요한 의미를 갖고 있지만 이렇게 되었을 때 사회 전체의 공익을 추구하는 운동은 분명 한계를 드러낸다. 이를 어떻게 해결할 수 있는가가 시민운동의 새로운 경향 속에 내포된 문제이다.

다른 한편으로 시민운동에는 예전과 같이 고정된 조직의 구성원이 아니라 불특정 다수의 유동적 참여자가 운동을 주도하는 경향도 나타났다. 특히 인터넷을 통한 운동이 활성화되면서 예전과 같이 한 단체나 한 이슈에 충성심을 보이는 참여자가 아니라 이슈에 따라 수시로 이합집산하는 형태로 아주 느슨하게 결합된 '집단(crowd)'이 운동의 새로운 주체를 형성하게 되었다. 인터넷의 사회적 영향력 증대로 몇몇 개인이 운동을 주도하고 다수의 익명적 개인이 모여들면서 운동이 급격히 활성화되는 경험을 최근 자주 하게 된다. 효순·미선의 사망을 계기로 조직된 촛불시위와 쇠고기 수입반대를 위한 촛불시위의 참여자 동원방식도 이와 다르지 않다. 이 새로운 운동방식은 시민운동단체에게 새로운 도전과 과제를 던져주고 있다. 이런 식의 운동에서 시민단체는 무엇을 할 수 있으며, 수시로 가변적인 주체들을 어떻게 하나로 묶어내어 최소한의 안정성을 확보할 수 있는가에 대해 고민해야 할 것이다.

이와 같이 시민운동은 민주화 이후 한국사회를 대표하는 사회운동으로 자리 잡으면서 여러 영역에서 운동이슈를 개발하고 시민의 참여와 지지를 이끌어 내기 위해 애쓰면서 사회변화를 이끌어 왔다. 최근 들어 시민운동의 범위가 확대되면서 다양한 운동 주체와 이슈가 나타났지만, 상당히 오랜 기간 시민운동을 규정해 온 것은 국가를 대상으로 하는 정치지향성이었다. 이는 1987년 이후에도 실질적 민주화의 진전이 지체되면서 시민운동이 이를 이끌어 가고 완결시켜야 한다는 책임을 떠맡게 된 것에 연유한다. 한국의 정치가 워낙 부패했고 이를 바로잡기 위한 시도가 시민운동의 주된 과제가 됨에 따라 일반 시민의 호응도 분명 높았다. 부패한 정치의 심판자로 행동하는 시민단체와 시민운동에 대해 시민들은 총선연대에서 나타난 것과 같은 방식으로 열광적으로 지지와 신뢰를 보여주었던 것이다.

한국사회에서 시민운동의 정치화는 불가피한 측면을 지닌다. 정치적 민주화가 지체되는 상황에서 그리고 국가가 사회의 전 영역에 걸쳐 무한한 힘을 행사하고 있는 상황에서 시민의 권리를 지키고 국가로부터 사회를 보호하려면 어쩔 수 없이 국가를 대상으로 하는 정치적 투쟁과 저항을 수반할 수밖에 없다.[10] 그러나 정치화가 지나치게 진전되어 '과잉정치화'의 경향을 띠면서 문제가 발생했다. 그 시작은 민주화 이후 시민단체 일부 인사가 정부의 요직에 발탁된 것에서 비롯된다. 김영삼 정권에서 경실련의 주요 인사가 정부에 등용되었고, 김대중 정권과 노무현 정권에서 참여연대나 다른 시민단체의 정치적 영향력이 상승하면서 권력집단화하자 이 비판이 제기되었다.[11] 일부 시민운동 관련 인사가 정권의 핵심으로 옮겼고 중요 정부정책에 대한 시민단체의 입김이 과도하게 작용하자 시민단체가 정권의 홍위병이라는 비난도 나타났다. 또한 김대중 정권과 노무현 정권의 실정에 대해 아무런 비판도 제기하지 못하는 시민운동에 대한 비난은 보수진영에서 연일 계속되었다(류석춘, 2000). 이러한 비판에 대해서는 변명의 여지가 없이 시민단체가 반성해야 할 것이다. 정부에 대한 감시를 주된 목적 가운데 하나로 설정한 시민운동이 정치와 결탁하면서 시민사회의 자율성을 상실하게 된 것이다.

그러나 시민운동의 과잉정치화는 기존의 이러한 비판과는 다른 차원의 구조적 문제를 포함하고 있다. 시민운동에 참여한 일부 전문가들이 정부 요직으로 진출한 것은 개인적인 선택의 문제라고 볼 수도 있지만 보다 구

10) 그렇기 때문에 한국사회의 시민운동은 다른 국가와 비교했을 때 필연적으로 높은 정치성을 띠게 된다. 세계 44개국의 시민사회지표를 비교 검토한 한 보고서(CIVICUS Global Survey)에 따르면, 한국 시민사회의 정치적 개입이 전체에서 2위를 차지할 정도로 높았다(Deth, 2007: 221).

11) 동시에 재정적 기반이 취약했던 시민운동 단체가 김대중 정권 이후 '민주공동체실천사업'이라는 이름으로 상당한 재정지원을 정부로부터 받으면서 국가와 운동단체의 긴밀한 협착은 더욱 강화되었다.

조적인 관점에서 국가와 시민사회의 경계선을 무너뜨리려는 과잉정치화의 논의가 일부 시민단체를 중심으로 일어났다. 특히 총선연대 이후 시민단체의 영향력이 극대화되자 이를 기회로 삼아 시민단체를 정치세력으로 전환하려는 논의가 있었고 그 가운데 일부는 선거를 통해 지방자치의 정치영역으로 진입하기도 했다. 그러나 이러한 시도 속에는 모순이 담겨 있었다. 시민단체가 사회적 신뢰와 영향력을 확보할 수 있었던 근거는 정치에 대한 감시와 통제, 그리고 저항이었는데 스스로가 정치적 주체로 변화하는 순간 시민운동의 '상징적' 힘은 급격히 축소된다는 것이다(조희연, 2002: 283).

이와 관련하여 고려해야 할 문제는 시민운동과 정치의 관계이다. 한국의 시민운동은 오랫동안 정치에 개입하면서 정치적 영향력을 확대하는 운동을 지향하여 일정한 성과를 거두었다. 그러나 시민운동의 정치적 개입으로 인해 정치권의 변화가 곧 시민운동에 상당한 영향을 미치는 취약성도 생기게 되었다. 이 점에 있어 중요한 전환의 계기가 되었던 것은 2002년의 대선과 2004년의 총선이었다. 상대적으로 진보성향을 띤 노무현 대통령이 당선되었고, 그를 탄핵으로 내몰았던 보수정당에 대한 심판의 성격이 강했던 2004년의 총선에서 진보성향의 여당이 과반수의 의석확보를 통해 승리를 거두었다. 더욱 중요한 사실은 진보색깔이 한층 뚜렷한 민주노동당(민노당)이 10석을 차지함으로써 국회에 진출하는 대변혁이 일어난 것이다.

이는 1987년 체제에서 시작된 시민운동이 잠정적으로 설정했던 목표가 달성되면서 운동의 한 주기가 끝난 것으로 이해될 수도 있다(조대엽, 2007: 222). 불의에 대한 저항으로서의 운동이 더 이상 유효하지 않게 되었고 이전의 적이 없어진 가운데 운동의 새로운 목표를 어떻게 설정해야 할 것인가에 대해 심각하게 고민할 시점이 된 것이다. 실제로 당시의 상황을 1987년 체제의 종결로 주장하기도 했는데, 이는 1987년에 시작된 형식적 민주화가 일정한 정도의 성과를 거둠으로써 새로운 정치적 환경이 마련되었음을 의미한다. 시민운동도 민주화의 지체를 기반으로 이루어지던 국가를 대상으로 하는 정치적 저항운동에서 새로운 형태의 운동으로 전환되어야 함이 주장되기도 했다.

이 주장의 밑바탕에는 저항의 권위에 입각한 운동이 시효 만료된 상황에서는 보다 보편적인 시민적 가치를 복원할 필요가 있다(조대엽, 2007: 227)는 믿음이 깔려 있었다. 이러한 믿음은 실제로 2004년 이전에 시민운동의 정치화 논란 과정에서 제시된 주장, 즉 정치의 합리화가 이루어지면 시민운동도 역시 변화할 것이라는 주장과 맥을 같이하는 것이다. 제도 정당의 기능이 합리화되면서 시민들의 요구를 적절히 반영하는 수준의 합리성을 갖게 되면 시민운동의 역할도 조정되어 지금까지 시민운동이 수행한 역할의 상당 부분이 제도정당으로 이전(조희연, 2002: 273-274)될 것이라는 주장이 바로 그러하다.

2004년 총선 이후 시민운동에 우호적인 정당의 정치적 영향력 확대는 얼핏 시민운동의 활성화에 유리한 조건이 될 것으로 여겨졌다. 그러나 이러한 낙관적 전망과는 달리 시민운동은 오히려 중대한 위기를 맞게 되었다. 아이로니컬하게도 진보정당의 승리는 시민운동의 위기로 다가왔다. 총선을 통해 정당이 새롭게 정치적 주체의 중심자리를 확보함에 따라 시민운동은 뒷전으로 밀려나고 말았다. 노무현 대통령의 탄핵과 진보정당의 약진으로 인해 정당이 정치의 중심에 자리 잡고 시민운동은 주변화되었던 것이다. 정치권의 비도덕성에 근거하여 이를 비판하고 저항하는 형태로 진행되던 시민운동이 정치권의 정당성 회복과 함께 그 자체의 정당성 위기를 맞게 된 것이다.

더구나 진보세력의 집권과 정치적 도약에도 불구하고 민주화는 여전히 완성되지 않은 채 미완의 과제로 남아 있고 이를 개선하고 변화시켜야 할 시민운동은 동력을 잃어버린 채 표류하게 되었다. 그럼 점에서 2004년의 상황은 이전과는 다른 차원의 위기를 포함하고 있었다. 시민운동이 확보한 사회적 권력은 정치권의 비도덕성에 대한 반대급부였던 측면이 강했다는 점에서 시민단체는 시민들이 기대하는 '올바른 정당'의 역할을 수행하면서 지지기반을 확대할 수 있었다. 그런데 정치권 내에서 스스로 정치적 정당화가 일어나면 시민운동단체의 정당성은 상당히 위축될 수밖에 없다. 실제로 열린우리당이나 민노당이 얼마나 올바른 정당의 역할을 했는가는 그리 중요하지 않다. 문제는 시민들의 눈에 그렇게 보였다는 것이다. 이는 마치 1987년의 민주화가 겨우 형식적 민주화에 불과했음에도 불구하고 시민의 눈에는 민주화가 완성된 것처럼 보이면서 민주화를 위한 민중기반의 전통적 사회운동이 쇠퇴하게 된 것과 유사하다. 이 위기를 타파하기 위해 새롭게 만들어진 것인 바로 시민운동이었는데, 2004년의 위기에는 이러한 돌파구가 마련되지 못했기 때문에 그 위기구조는 상당히 심각했다.

이 위기를 더욱 심화시킨 것은 진보적 정치세력이 시도한 시민운동의 포섭이었다. 이론적으로 볼 때, 시민사회는 강력한 국가 앞에서는 지나친 통제로 인해 압도될 가능성이 있고, 국가가 유연화되면 지배블록에 의해 포섭될 가능성이 커진다(강문구, 1995: 224). 바로 이러한 이론적 가능성이 현실로 나타난 것이 2004년 이후 시민사회가 처한 정치적 환경이었다. 진보계열의 정당이 힘을 얻게 되면서 시민운동에 오래 몸담고 있던 주요 운동가 일부가 정치권으로 이전한 것이다. 이전에 정치권에 발탁된 시민운동 인력의 대부분은 운동 외부에서 참여한 전문가 집단이었던 반면, 이 시기에 일어난 인력이동은 대부분 운동권 내부에서 운동을 주도했던 상근 운동가들이었다. 일부는 청와대의 참모로 발탁되었고 보다 많은 경우에는 진보정당의 의원, 보좌관, 정책연구원으로 변신하였다.[12] 보다 근본적으로 진보정당과 진보적 성향의 시민단체 사이의 구조적 연계가 적극 모색되었다.

물론 이들의 정치권 진입은 시민운동의 정치적 권력화와는 다른 차원의 것이다. 이들은 정치적 권력을 획득하겠다는 의도보다는 운동 이슈를

12) 특히 민노당은 2004년 총선을 통해 제도권으로 진입함에 따라 진보정치연구소의 정책연구원을 포함한 다수의 인력을 채용하여 시민사회의 인적 변화를 추동시키기도 했다.

정치권으로 끌고 가겠다는 의도가 더 강했을 것이다. 그러나 의도하지는 않았겠지만 이 시도는 정치에 의한 시민운동의 포섭을 가져왔다. 시민운동의 인력이 진보정당으로 옮겨갔을 뿐만 아니라 동시에 운동의 의제(agenda)도 정치권으로 포섭되어 버렸다. 진보정당으로서는 사회 전 분야에 걸쳐 정책을 수립해야 하는 '준비되지 않은 어려운 상황'을 극복하기 위해 진보성향의 시민단체나 운동가와 파트너십을 형성하지 않을 수 없는 상황이었다.[13] 그러나 시민운동으로서는 이 연계를 통해 유능한 운동가와 운동 이슈를 동시에 잃어버리는 치명타를 입게 되었다. 시민운동의 의제들이 진보정당의 정책으로 탈바꿈하게 된 것이다.[14] 어느 종류의 운동이든 운동이 가장 힘을 잃게 되는 것은 강한 통제와 극복하기 힘든 적을 만났을 때가 아니라 운동의 이슈와 방향을 잃어버렸을 때인데, 바로 그러한 상황이 2004년의 정치적 권력구조의 재편과 함께 만들어졌던 것이다.

그 이후 협치(governance)라는 이름으로 시민사회와 정치의 파트너십은 지속되었는데, 이는 두 가지 상반된 측면을 동시에 내포하고 있었다. 한편으로는 시민단체의 제안이 정책으로 채택됨에 따라 시민운동의 영향력을 확대하는 긍정성도 지니고 있었다(주성수, 2011: 10-11). 그러나 다른 한편으로 이 연계는 시민운동과 시민단체의 사회적 신뢰의 기반이었던 비판과 견제의 역할을 포기하도록 하여 시민단체의 정체성에 심각한 위협을 가져오기도 한다. '국가로부터 자율적인 공간'으로서의 시민사회와 '국가 밖에서 국가의 변혁을 시도'하는 시민운동의 정체성은 국가와 시민사회의 경계선이 무너짐으로써 심각하게 흔들리게 되었다. 어쩌면 이는 자본주의 국가가 가진 본질적 모습의 하나인 '조절 기능(regulative function)'에 의한 시민사회의 포섭(오승용, 2001: 153)으로 이해될 수도 있을 것이다.

---

13) 「프레시안」, "국회 앞둔 민주노동당의 고민" (2005.2.5.).

14) 진보정당의 일부에서는 이전부터 진보성향의 시민단체와 강한 연계를 주장해 왔었다. 가령, 장상환(2001: 363-364)은 시민단체의 구성원을 진보정당의 당원으로 포섭하는 이중 멤버십을 제안하기도 했다.

더욱 심각한 문제는 이러한 포섭이 완전하지 않다는 것이다. 이제는 밝혀진 역사의 과정을 되돌아보면, 진보세력의 집권이 곧 시민사회의 욕구를 완전히 끌어안은 것도 아니었고 정당의 도덕성을 높인 것도 아니었다. 정당은 여전히 비난의 대상이 되고 있고, 정치는 여전히 감시와 견제를 필요로 하고 있다. 오히려 이를 비판하고 견제해야 할 시민사회만 어설픈 포섭의 결과로 힘을 잃어버린 꼴이 되었다. 국가에 의한 시민사회의 포섭은 시민사회의 자율성만 훼손시킨 채 시민운동의 동력을 정치권 안으로 잠식시켰던 것이다. 이는 국가를 위해서나 시민사회를 위해 모두 바람직하지 않은 형태의 포섭으로 그치고 말았다.

최근 들어 시민운동의 영향력은 이전에 비해 현저하게 약화되었다. 이는 시민운동이 오랜 기간 시민의 절대적 지지에 힘입어 누려왔던 사회적 신뢰와 사회적 권력을 상실했음을 의미한다. 더 이상 시민들은 시민운동단체에 대한 지지를 보여주지 않고 예전의 신뢰를 거두어들이고 있다. 시민단체에 대한 최근의 신뢰도는 조사기관에 따라 서로 다른 결과를 보여주기는 하지만 대체로는 이전에 비해 상당히 낮아진 것은 분명하다(주성수, 2011: 5). 한 여론조사기관이 발표한 내용은 실로 충격적인데, 2010년에 실시한 우리 사회 주요 기관에 대한 신뢰도 조사에서 시민단체는 조사대상 9개 기관 가운데 국회와 함께 최하위권에 속하는 것으로 나타났다.[15]

이러한 반전은 결국 시민사회의 과잉정치화의 탓으로 돌려져야 할 것이다. 시민들의 기대와 신뢰의 상실이 시민단체의 도덕성과 관련되어 있는 만큼 시민운동가 몇몇의 개인적 비리를 제외한다면 구조적 차원에서 시민단체와 시민운동의 도덕성을 훼손시킨 것은 분명 과잉정치화를 통한 시민운동의 자율성 상실일 것이다. 국가와 시민사회의 경계선을 허물어뜨리고

15) 전문 여론조사기관인 리얼미터는 매년 사회기관들의 신뢰도를 조사하고 있는데, 이 자료는 2010년에 실시된 것이다. http://www.realmeter.net/Issue/view.asp/Table_Name=S_News2&N_Num=768&file_name=20101210093600.htm 참조.

이를 넘어서는 일은 시민단체의 사회적 윤리에 결정적 상처를 주게 된다. 그중에서도 감시해야 할 대상인 정치권과의 결탁은 더욱 그러하다. 이렇게 하여 시민운동도 신뢰할 수 없는 정치권과 같은 존재로 전락해 버린 것이었다. 한국사회에서 가장 믿을 수 있는 집단이 가장 믿을 수 없는 집단과 손을 잡음으로써 스스로의 사회적 권력을 포기해 버렸다. 다시 말하자면, 시민운동이 정치적 권력을 획득함으로써 사회적 권력을 상실하는 대가를 치르게 된 것이다. 정치적 권력은 선거에 따라 획득과 상실을 반복할 수도 있지만, 사회적 권력은 다시 회복하는 데 상당한 시간이 필요하고 때로는 영원히 회복불가능할 수도 있다는 점에서 문제의 심각성은 더욱 크다.

5. 맺음말

지금까지의 논의를 통해 농민운동, 노동운동, 학생운동, 시민운동과 같이 한국사회의 대표적인 사회운동은 모두 국가를 대상으로 진행되었음을 확인할 수 있었다. 대규모의 사회운동이 빈번히 일어나고 영향력이 큰 한국사회에 있어 대부분의 사회운동이 국가를 대상으로 하고 있다는 것은 상당히 흥미로운 현상이며 한국사회의 특성을 반영하는 것이기도 하다. 국가 대상의 사회운동이 주도적이라는 사실은 그만큼 한국사회의 특성을 규정하는 데 있어 국가가 주도적인 힘으로 작용하고 있음을 의미한다. 오랫동안 한국사회는 강한 국가가 사회의 거의 모든 측면을 규정하고 통제해 왔기 때문에 사회운동을 일으키고 참여하는 사람들의 입장에서는 불만의 근원이 국가에서 비롯되거나 혹은 최소한 국가를 통해 불만을 해결할 수 있을 것이라는 믿음이 있었음을 이러한 경향을 통해 알 수 있다.

물론 국가를 대상으로 하는 여러 운동들 사이에도 차별성은 찾을 수 있다. 전통사회의 농민운동은 대부분 국가의 '그릇된 작동(malfunctioning)'

으로부터 기인하였으며, 따라서 운동의 목표도 국가체제의 근본적인 변혁 추구가 아니라 '그릇된 작동'에 편승하여 농민을 약탈해 온 부패한 관리에 대한 처단과 국가기구의 올바른 작동이었다. 해방정국에서 일어난 10월항쟁도 이와 크게 다르지 않았다. 이 농민운동은 미군정의 잘못된 농업정책과 이를 강제력으로 집행한 경찰에 대한 저항이었으며 전통적 농업사회의 민란과 마찬가지로 생존의 위협에서 비롯된 생존권 지향의 저항운동이었다. 반면에 산업화 이후의 노동운동은 이러한 특징을 어느 정도 공유하면서도 다른 특징도 동시에 나타내고 있다. 노동운동이 한편으로는 생존권 투쟁의 성격을 오랫동안 지니고 있었지만 다른 한편으로는 국가와 자본가 계급 사이의 구조적 결합에 대한 저항의 성격을 띠고 있었다. 이는 노동운동이 단순히 국가의 '그릇된 작동'과 관련된 운동이 아니라 자본주의 사회에서 국가와 기업 사이의 관계를 새롭게 규정하려는 노력으로 이해될 수 있음을 의미한다.

1987년 이후에 나타난 시민운동은 형식적 민주화로 인해 절차적 정당성은 확보했지만 실질적 정당성을 결여한 정치권력에 대한 저항운동이었으며 그런 점에서 국가를 대상으로 하는 정치지향성이 강한 운동이었다. 농민운동과 노동운동이 대체로 계급이익에 근거하였던 것에 반해 시민운동은 탈계급적 이익을 추구했다는 점에서 차별성을 보여주고 있고 그런 만큼 일반 시민으로부터 받는 지지와 신뢰도 높았다. 그러나 농민운동과 노동운동도 국가를 대상으로 운동을 전개했다는 점에서 한국사회가 운영되는 방식을 바꾸려는 목표를 지녔으며 따라서 한국사회 전체의 공익성을 높이려는 운동의 특성도 지니고 있었음에는 틀림없다. 그렇기 때문에 시민운동은 물론이며 농민운동이나 노동운동, 그리고 학생운동도 사회 전체로부터 지지를 받을 수 있었다. 한국사회에서 나타난 다양한 운동에 대한 사회적 지지는 결국 사회 전체에 대해 지나칠 정도로 많은 힘을 갖고 사회의 모든 영역을 통제하려는 '전지전능한 국가'를 대상으로 이들 운동이 전개되었기 때문에 가능했을 것이다.

이러한 현상을 통해 우리는 사회운동이 한국사회의 변화에 얼마나 긍정적으로 기여했는가를 깨닫게 된다. 그러나 최근 들어 사회운동의 전반적 경향에 있어 일정한 변화가 오면서 한국사회에서 사회운동의 기여를 새롭게 인식해야 할 시기가 된 것 같다. 노동운동이 점차 노동계급의 이익에 치중하게 되고, 시민운동도 사회 전체의 이익보다는 운동 참여자에게만 이익이 돌아가는 형태로 바뀌는 경향이 두드러진다. 정치적 민주화와 경제적 정의의 실현과 같은 주제가 전형적으로 사회 전체의 이익인 공익성(公益性, the public interest)을 추구하고 있는 반면, 소비조합운동이나 풀뿌리 지역운동 등은 대체로 그 운동에 참여하는 사람들만의 공통된 이익을 추구한다는 점에서 다른 의미의 공익성(共益性, the common interest)을 목표로 하게 된다.[16] 그런데 최근에 사회운동의 전반적이 방향이 전자의 공익성에서 후자의 공익성으로 전환되는 현상이 나타나고 있다. 이는 사회 전체의 입장에서 보면 한국사회의 공익성(公益性)을 누가 담지할 수 있는가라는 문제를 던져주고 있으며, 앞으로 한국사회가 바람직한 방향으로 나아가기 위해 심각하게 고민해야 할 숙제이기도 할 것이다.

16) 두 종류의 서로 다른 공익성의 내용과 이 공익성이 사회운동에서 나타나는 방식에 관해서는 김동노(2013: 79-81)를 참조할 수 있다.

제 2 장

사회운동과 동원의 구조 : 사회운동조직과 '유연자발집단'

| 조대엽(고려대 사회학과) |

1. 서론 : 사회운동은 어떻게 동원되는가?

사회운동은 일종의 생애주기를 갖는 사회현상이다. 사회운동은 특정의 사회적 · 시대적 조건에서 발생해서 확산되었다가 운동이 추구하는 가치나 목표를 실현시키거나 좌절됨으로써 종결된다. 물론 하나의 사회운동이 종결되는 방식은 다양하다. 성공적으로 종료되는 경우는 사회 전체적으로 민주주의를 신장시키거나, 보다 직접적으로는 운동 자체가 제도화되는 경향을 갖기도 한다. 반면에 운동은 출현과 함께 대중적 호응을 얻지 못하거나 잠시 확산되는 추세를 보이다가도 통제와 대항적 경향에 따라 실패함으로써 좌절되는 경우도 있다. 사회운동이 어떻게 마감되든지 간에 운동의 결과에 대한 해석은 사회운동을 설명하는 관점에 따라 다양할 수 있는데, 단순히 운동의 주기가 소멸하는 것으로 볼 수도 있고 보다 확대된 정치적 환경과 결합되거나 배제되는 훨씬 더 다양한 결과에 주목하는 경우도 있다. 어떤 식으로 보든 사회운동은 출현과 전개과정, 그리고 결과를 갖는 현상이라고 말할 수 있다.

사회운동은 서로 다른 시각에 따라 관심의 초점도 다르지만 대부분의 시각이 공유하는 기본적인 관심은 '동원' 의 문제라고 할 수 있다. 사회운동을 시작과 끝이 있는 일련의 과정으로 볼 때 운동의 전체 과정은 어쩌면 동원의 과정 그 자체라고도 할 수 있을 것이다. 사회운동에 관한 다양한 이론들을 분석의 초점을 중심으로 보면 사회운동의 '출현요인' 에 대한 관심과 '전개과정' 에 대한 관심으로 대별해 볼 수 있다. 이 두 가지 학술적 관심을 동원의 맥락에서 재규정하면 사회운동은 '왜' 동원되는가의 문제와 '어떻게' 동원되는가의 문제로 집약해 볼 수 있다(Mellucci, 1981).

왜 동원되는가의 문제에 초점을 두는 시각은 다양한 사회운동이론 가운데 사회운동의 '원인론' 으로 범주화할 수 있다. 사회운동 혹은 집합행동의 발생원인을 소외와 불안, 인지부조화, 상대적 박탈감 등의 사회심리적 요인에 두는 고전모델이 여기에 포함되며, 나아가 유럽적 전통에서 1970년대 이후 새로운 사회운동을 설명하는 '신사회운동론(theory of new social movement)' 또한 후기자본주의 혹은 탈근대 사회변동의 다양한 징후로부터 새로운 사회운동의 원인을 찾는다는 점에서 '왜' 라는 문제를 강조하는 이론이라고 할 수 있다. 다른 한편, 어떻게 동원되는가에 관심을 두는 시각은 '과정론' 적 접근이라고 할 수 있다. 사회운동의 상황적 요인이나 전략적 선택과정에 주목하는 미시적 현장 중심의 과정론도 있지만, 고전모델에 강력하게 도전하며 제기된 이른바 '자원동원의 시각(resource mobilization theory)' 은 운동의 전 과정을 조직과 자원의 동원과정으로 풀어내는 대표적인 관점이다. 자원동원의 시각은 지배연합의 변화, 체제구조의 변화, 체제위기의 문제 등을 포함하는 '정치적 기회구조' 로 이론적 지평을 넓힘으로써 보다 거시적이고 광범한 동원의 과정을 설명하기도 한다. 이론사적으로 가장 최근에 영향력을 가진 이른바 '사회구성주의 시각(social constructionism)' 은 문화와 정체성, 프레임 정렬, 운동이념의 형성 등에 초점을 둠으로써 원인론과 과정론을 포괄하고자 하는 시도를 보이지만 이 시각 또한 동원의 과정을 설명하는 데 유용성을 갖는다고 하겠다. 실제로 주요 사회운동이론들은 원인론과 과정론으로 뚜렷이 나누어지기보다는 어디에 강조점을 두느냐의 문제로 보아야 할 것이다.

이제 사회운동의 발생 '원인' 과 전개 '과정' 을 동원의 맥락에서 볼 때 사회운동을 가능하게 하는 것은 무엇보다도 유·무형의 자원을 어떻게 동원하는가에 달려 있다. 그리고 이러한 자원동원의 구심이자 운동의 핵심적 역량이 결집된 주체는 바로 '사회운동조직' 이라고 할 수 있다. 예외적인 경우가 없지는 않으나 일반적으로 사회운동의 과정에서 운동조직은 동원을 주도하는 선도자이자 운동을 실어 나르는 운반자이기도 하다. 무엇보다도 사회운동 분석에서 동원의 주체로서의 운동조직은 고정된 모습을 갖는 것이 아니라 역사적으로 그 특징이 변화되어 왔다는 점에 주목해야 한다. 사회운동을 주기에 따라 역사적으로 변화하는 현상이라는 관점에서 보면 역사국면의 전환과 운동의 거대주기에 따라 사회운동조직 또한 성격이 변화되었다는 점을 알 수 있다.[1)]

한국의 경우 '민족민주운동의 주기'에서 사회운동을 선도한 민주화운동조직들은 물질적 자원을 기반으로 하기보다는 신념과 이념에 따른 헌신과 의지로 만들어졌고 지역, 학교, 종교 등을 거점으로 구성되었다. 그러나 탈냉전 혹은 민주화 이후 시민사회운동의 시대가 열리면서 전개된 '정치경제개혁운동의 주기'에서 시민운동은 경실련이나 환경운동연합, 참여연대 등 전문화된 시민운동단체가 주도했다. 말하자면 새로운 운동의 주기에 새로운 운동조직으로서의 전문운동조직이 출현한 것이고 이러한 단체들은 원자화된 시민들을 대상으로 회원들을 보다 많이 모집함으로써 단체의 영향력을 증대시키는 일종의 간접동원방식을 추구했다.

2000년대에 들어서도 한국의 시민운동은 이러한 전문운동단체들이 주도하는 것처럼 보였다. 그러나 2008년 미국산 쇠고기 수입을 반대하는 대규모 촛불집회를 겪으면서 전문운동조직들은 시민운동의 주도력을 크게 상실했다. 다종 다기한 온라인 회원조직들이 기존의 시민운동단체를 넘어서서 새로운 시민행동을 동원하는 주체가 되었고 최근에는 소셜 미디어와 같이 훨씬 더 수월한 동원의 장치들이 작동되기에 이르렀다. 말하자면 탈냉전 시장주의 역사국면에서 정치경제개혁운동의 주기 이후 전개되는 2000년대의 '생활정치운동의 주기'에서는 온라인 네트워크를 통한 탈조직적 동원이 크게 확산되었던 것이다.

이 글은 시민운동의 동원구조를 설명하는 중요한 이론적 요소들을 검

---

1) 역사적으로 특수한 현상으로서의 사회운동에 대한 설명력을 높이기 위해 역사성과 보편적 운동이론을 결합하여 새롭게 제기된 이론으로는 '역사주기론'의 시각이 있다. 이에 대해서는 조대엽(2010)의 논문을 참조할 수 있다.

토하고, 동시에 이러한 설명도구들에 대한 이해를 돕기 위해 주요 시민운동의 경험을 예시적으로 활용하는 데 목적이 있다. 특히 최근 들어 정보통신기술의 발전과 세계화, 시장화, 민주화 등의 거대효과와 아울러 전문운동조직의 결집력 둔화, 이슈에 따른 온라인 네트워크의 확산, 생활정치 이슈의 확산 등의 요인들이 결부되어 시민운동은 획기적으로 새로운 동원구조를 드러내고 있다. 이 글에서는 이러한 새로운 동원구조에 주목함으로써 기존의 조직동원방식과는 뚜렷이 차이를 보이는 탈조직동원의 방식에 대해서도 강조하고자 한다.

2. 사회운동의 동원과 운동조직

1) 미시동원과 자생조직

사회운동은 서로 다른 관점에 따라 부각되는 요소도 서로 다르게 강조되지만 다양한 시각을 종합적으로 볼 때 "공유된 집합적 정체성에 기초해서 정치적 · 문화적 갈등에 관여하는 개인, 집단, 조직들 간에 형성되는 비공식적 상호작용의 네트워크"라고 정의할 수 있다(Diani, 1992:13; 조대엽, 1995:10). 사회운동조직은 운동의 지도자와 전문활동가들이 만든 결사체로 이념과 가치를 제공하고 자원을 동원하며, 네트워크를 확산하는 운동의 실질적 구심을 말한다. 사회운동은 운동의 가치와 이념을 공유하는 유연하고 느슨한 네트워크로서의 특징을 갖지만, 사회운동조직은 구성원의 위계와 분업적 관계가 상대적으로 분명하며, 비교적 일관되고 단일한 체계를 갖기 때문에 조직의 경계를 갖는다는 점에서 '운동'과는 구분되어야 할 분석단위라고 할 수 있다. 다른 한편 특정 운동의 주기 동안 운동의 네트워크에 합류된 다양한 조직과 집단들은 그 자체로 운동조직이라 지칭할 수도 있을 것이다.

운동조직이 만들어지고 이 조직이 더 많은 자원을 동원함으로써 운동 네트워크를 확산시키는 사회운동의 전 과정 가운데 우선 출현의 단계에서는 가장 미시적 수준의 동원과정을 포착할 수 있다. 일반적으로 미시적 분석단위는 개인의 심리적 요소를 들지만 미시 동원과정은 행위가 동원되는 '미시구조적' 요소에 주목해야 한다. 무엇보다도 사회운동이 출현하는 과정에서 가장 낮은 수준의 동원구조를 잘 드러내는 미시구조적 요소로는 '미시동원맥락(micro-mobilization context)'이 있다. 미시동원맥락은 사회운동의 동원과정에서 가장 기초적인 조직형태로 결합된 소집단의 구성체라고 할 수 있는데(McAdam, McCarthy, and Zald, 1988: 709), 일반적으로 비공식적으로 조직된 하위집단이나 친구관계들을 말한다. 예를 들면 노동운동조직으로서의 노동조합은 노동자들에게 불만을 공유하고 그러한 불만을 구체적인 행동으로 옮길 수 있게 하는 핵심조직이다. 그러나 실제로 행동의 동원을 가능하게 하는 것은 노동조합 자체가 아니라 선후배관계, 실무중심 집단, 인종적 관계나 친구관계 등의 연결을 기초로 비공식적으로 조직된 조합 내의 하위집단들이다. 이러한 하위집단들은 보다 광범한 조합구조와는 독립적으로 동원을 위한 토대를 제공하는데 미시동원맥락은 바로 이같이 보다 친밀한 면접적 관계에 있는 친구, 학우, 동일교회 신도, 친지, 가족 등의 구조적 맥락을 지칭한다.

미시동원맥락은 사회운동조직이 형성되기 이전 혹은 보다 전면적인 사회운동이 출현하기 이전에 이미 존재하고 있는 다양한 수준의 조직과 결부되어 있기 때문에 규모나 공식적 조직화 정도에 있어서 차이가 있을 수 있다. 이러한 차이에도 불구하고 미시동원맥락은 동원을 촉진시키는 몇 가지 주요 기능을 갖는다. 첫째, 미시동원맥락은 사회운동의 집합적 과정이 발생할 수 있는 맥락(context)을 제공하며, 둘째로 집합의식을 행동으로 동원하는 데 필요한 조직적 기초를 제공한다. 미시동원맥락은 의사소통의 기술과 지도자 등을 제공함으로써 행위가 나타나는 데 필요한 역할과 상호작용의 네트워크를 형성시킨다. 셋째, 미시동원맥락은 대부분의 사회행동의 근거가 되는 연대적 유인의 구조를 만들어 낸다. 미시동원맥락 내에서 사람들은 연대를 통해 개인 간의 보상을 기대할 수 있고 지속적인 참여의 욕구를 유발할 수도 있게 되는 것이다(McAdam, McCarthy, and Zald, 1988: 710).

미시동원맥락은 무엇보다도 사회운동의 출현과정에서 작동하는 가장 원초적인 수준의 조직적 맥락을 강조한다는 점에서 의미가 있다. 그러나 몇몇 학자들은 이 개념이 동원의 주체로서의 집합적 행위자와 그 환경을 구분하지 않는다는 점에서 비판한다. 말하자면 미시동원맥락이란 동원의 주체들이 활동하는 환경을 지칭하는 것이기 때문에 주체로서의 집합적 행위자는 '미시동원자(micro-mobilization actors)'로 구별할 것을 제안하기도 한다(Gerhards and Rucht, 1992: 557-558). 이러한 논리에 따르면 미시동원자가 만드는 사회운동조직은 중위동원자(meso-mobilization actors)가 된다.

미시동원맥락으로 지칭되든 미시동원자로 부르든 간에 사회운동의 출현과정에서 운동조직이 형성되기 이전에 작동하는 면접적 하위집단의 존재는 미시동원과정에서 대단히 중요하다. 사회운동의 출현과정을 보다 완결된 형태로 제시하는 맥애담(McAdam)의 정치과정모델에서 이 같은 미시동원의 구조는 '자생적 조직력' 혹은 '토착적 조직력(indigenous organizational strength)'으로 표현된다(McAdam, 1982). 정치과정모델에서 사회운동의 출현은 산업화, 도시화, 국제정치질서의 변화, 장기실업, 인구학적 변동 등 광범한 사회경제적 과정으로부터 간접적 영향을 받고 보다 직접적으로는 정치적 불안정이나 정치위기와 같은 정치적 기회구조의 영향을 받는다. 그러나 정치적 기회구조를 사회적 저항으로 조직화할 수 있어야 사회운동은 발생하게 되는데 이러한 전환을 가능하게 하는 것이 바로 소공동체 내에서 주민 간의 네트워크와 같은 자생조직들이다. 사회운동이 출현하기 이전에 존재하는 노조, 교회, 학교 등의 내부에서 형성된 다양한 형태의 자생조직들은 상황에 대한 사람들의 주관적 의미를 전환시킴으로써 일종의 인지적 해방을 가능하게 하여 사회운동을 출현시키는 것이다(McAdam, 1982).

[그림 1] 맥애담의 정치과정모델 : 운동의 출현과정

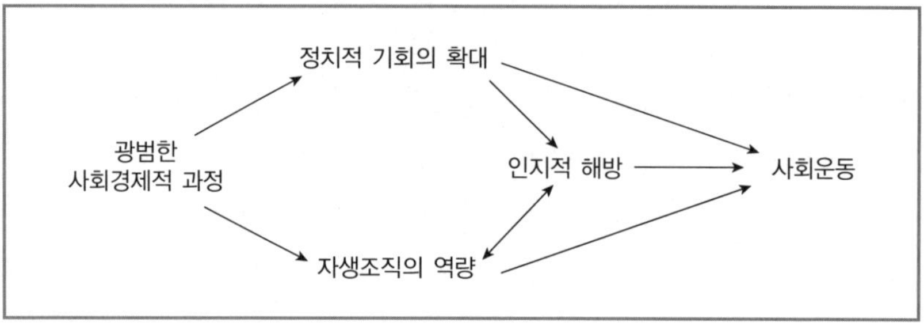

자료 : McAdam, 1982: 31.

사회운동조직이 형성되기 전에 작동하는 미시동원구조는 미시동원맥락이나 미시동원자, 자생조직 등 어떤 식으로 개념화되든 간에 집합적 정체성을 형성하는 맥락과 지도자나 소통의 방식을 포함하는 조직적 기초, 나아가 연대적 유인의 구조를 제공함으로써 사회운동을 출현시키는 가장 근원적 조건이 된다. 한국의 민주화운동은 1980년대 중반에 이르러 학생운동, 노동운동, 농민운동 등 다양한 부문운동들이 부문별 전국조직을 결성하고 여기에 지역운동조직들도 결합되어 '민주통일민중운동연합'과 같은 거대전국조직이 만들어졌고 나아가 6월 대항쟁을 이끈 '민주헌법 쟁취국민운동본부'로 발전했다. '전국대학생대표자협의회(전대협)'와 같은 학생운동조직은 각 대학의 학생회가 결합하고 대학별 학생회는 단과대학과 학과 학생회가 결합하는 동원의 구조를 가졌다. 따라서 학생운동조직의 미시동원구조는 학생회, 동아리, 교회학생부, 동창회, 향우회, 친구집단 등의 자생조직이 기반을 이룬다고 말할 수 있다. 전국농민회와 같은 농민운동조직도 지역별 농민단체나 가톨릭농민회와 같은 종교관련 단체들이 결합되었는데 이러한 핵심 농민단체들 역시 지역교회 신도나 지역 내의 친밀성에 바탕을 둔 자생조직들에서 출발하는 미시동원구조를 기초로 한다.[2]

2) 중위동원과 사회운동조직

사회운동조직은 조직을 구성하는 미시적 단위나 조직의 외적 요소로서의 거시적 수준의 분석대상과 구분해서 중위수준(meso-level)의 분석대상으로 설정되기도 한다. 사회운동조직을 '중위동원자(meso-mobilization actor)'로 규정하는 것이 대표적인데, 일반적으로 사회과학의 분석대상을 미시와 거시 수준으로 구분하는 관행이 갖는 지나친 이분논리를 넘어설 수 있는 장점이 있다. 사회운동분석에서 중위동원의 영역은 사회운동조직과 사회운동조직 간의 연계에 해당한다고 말할 수 있다.

사회운동의 모든 것은 자원을 어떻게 동원하는가에 달렸다고 보는 새로운 시각을 제시한 자원동원모델의 경우 사회운동조직은 가장 핵심적인 분석단위라고 할 수 있다. 1970년대 들어 이 도발적인 이론을 제시한 매카시와 졸드는 사회운동을 "특정 사회의 구조 또는 보상의 분배체계를 변화시키고자 하는 사람들의 의견과 신념의 집합"이라고 정의하고, 모든 사회에는 이 같은 변화를 지향하는 '사람'과 '신념'이 상존하는데 이 전체를 '사회운동부문(social movement sector : SMS)'이라고 불렀다(McCarthy and Zald, 1973). 사회운동조직(social movement organization : SMO)은 사회운동의 목표를 달성하기 위해 활동하는 공식조직으로 바로 사회운동부문에서 출현하게 되며 사회운동조직의 복합체를 경제학적 용어를 빌려 사회운동산업(social movement industry : SMI)이라고 했다(McCarthy and Zald,

2) 미시동원맥락의 분석단위를 한국의 민주화운동 분석에 적용한 연구로는 정철희(1995)의 논문을 참조할 수 있다.

1977). 이 같은 동원의 구조에서 사회운동조직과 조직이 주도하는 자원의 동원과정이야말로 중위동원의 핵심적 과정이라고 할 수 있다.[3]

이 같은 사회운동조직은 사회변동과 사회의 새로운 분화경향을 반영함으로써 역사적으로 서로 다른 유형적 특징을 보이기도 한다. 1970년대와 1980년대의 한국 민주화운동의 경우 운동조직들은 학교 학생회집단이나 교회, 노조를 기반으로 하는 비교적 한정된 집단 내에서 맺는 공통의 사회적 관계에 기초하고 있다. 따라서 이 시기 운동조직은 공통의 정체성을 중심으로 형성되기 때문에 기금이나 회비와 같은 교환 가능한 자원보다는 오히려 헌신과 사명감, 역사적 책무의식과 같은 자발적이고 집합적인 의지의 요소가 무엇보다도 중요한 자원이었다. 또한 이러한 운동조직은 그 관리체계가 전문화되기보다는 덜 분화된 관리체계를 갖고 갈등의 이슈 또한 정치권력의 민주화에 몰입되어 있었다. 나아가 민주화운동조직의 경우 기금 확보와 운용에 중점을 두기보다는 운동의 구성원들이 직접 시위나 집회에 가담하는 직접참여방식이 주를 이루었다. 이 같은 특징들을 포괄적으로 볼 때 학생운동조직이나 재야조직, 농민운동조직, 노동운동조직, 여성운동조직 등 다양한 민주화운동조직들은 '공동체형'으로 유형화할 수도 있다(조대엽, 1995: 115-122; 1999: 219-224).

중위동원의 구조에 주목할 때 이 같은 공동체형 운동조직들은 조직 간의 연계와 연합을 통해 전대협이나 민통련과 같은 전국적 거대 운동조직을 구성하거나 1987년 6월 항쟁 시기에는 더 확대된 '국본' 같은 거대조직을 가능하게 하기도 했다. 중위동원의 수준에서 이 같은 운동조직들은 집단과

---

3) 매카시와 졸드는 사회운동조직의 자원동원과정 분석이 사회운동연구의 핵심이라고 본다. 그들은 모든 운동조직은 돈과 시설, 노동자(참여자)와 운동의 정당성 등과 같은 자원을 어느 정도 확보하느냐에 따라 목표의 달성여부가 결정된다고 보았다. 이 같은 자원동원의 기본과제는 운동의 지지자들을 구성원으로, 그리고 방관자들을 지지자로 전환시키는 것이다. 이러한 사회운동조직의 구성원과 지지자는 잠재적 수혜자들과 양심적 지지자들로부터 충원된다((McCarthy and Zald, 1977; 임희섭, 1999에서 재인용).

조직, 네트워크를 동원하는 구조적 통합과 의식과 가치, 정체성, 이념을 동원하는 문화적 통합을 통해 운동을 확장시킨다(Gerhards and Rucht, 1992; 정철희, 1996).

1987년 6월 대항쟁 이후 한국정치는 직선제 개헌을 통한 절차와 제도의 민주화경로로 들어섬으로써 민주화운동을 주도했던 민족주의와 민중주의 지향의 운동조직들이 급속히 쇠퇴했다. 1990년대 들어 정치적으로 개방된 시민사회의 공간에서 새로운 사회운동조직들이 등장했는데 1989년 경제정의실천시민연합을 필두로 환경운동연합, 참여연대, 녹색연합 등 이른바 시민운동단체들이 새로운 시민운동을 주도하기 시작했다. 1990년대 이후의 시민운동조직이 갖는 뚜렷한 특징은 회원들이 회비를 내는 간접동원의 방식을 추구한다는 점이다. 이런 점에서 시민운동단체의 회원들은 운동시장에서 해당 조직의 운동상품을 구매하는 원자화된 운동소비자로 특징지어지기도 한다. 즉 이 같은 운동조직들은 마치 시장에서 경쟁적 상품에 대한 소비자 구매를 촉발시키는 방식 그대로 자기 조직이 가진 운동상품, 수입, 영향력, 지명도 등의 요소를 부각시키면서 회원의 확보에 주력하기 때문에 단체의 회원은 소비자적 기능을 갖고 조직의 리더는 관리자적 기능을 갖게 되는 것이다. 이에 따라 운동조직은 전문화된 관리체계를 갖추는 경향이 있고 자원의 종류도 기금이나 회비의 확보에 주력한다. 활동방식 또한 지명도 있는 인사를 영입하거나 대중매체를 활용하여 조직활동을 광고하고 공직자와의 접촉, 정책대안의 제시와 입법활동, 여론조성 등을 시도하며 이를 위해 캠페인, 공청회, 토론회, 강연회, 성명발표 등의 주로 제도화된 운동방식을 채택하게 된다. 아울러 이러한 운동조직은 조직 자체의 재생산 기반이 갖추어짐으로써 운동의 이슈를 다양하게 생산하고 지속적으로 대안적이고 부가적인 이슈를 만들어 낸다(조대엽, 1995: 119-120; 1999: 221).

〈표 1〉 공동체형 운동조직과 시장형 운동조직

구분	공동체형	시장형
성원	한정된 집단성원	원자화된 개인
성원관계	공동체적 관계	시장적 관계
관리체계	미분화된 관리체계	전문화된 관리체계
주요 자원	헌신, 의지, 책무의식	기금, 회비
이슈	특수한 이슈	다양하고 부가적인 이슈
참여방식	직접참여	간접참여
행위양식	시위, 집회, 삭발, 분신 등 비제도화된 방식	공직접촉, 정책대안 제시, 입법청원 캠페인, 공청회, 토론회 등

자료 : 조대엽, 1999: 222.

1990년대 이후의 새로운 시민운동단체들은 상설적인 조직으로 시민사회 내에 제도화되어 있기 때문에 수준 높은 전문성을 갖춘 '전문사회운동조직' 이라고 할 수 있다. 이러한 전문화된 시민운동단체들은 운동시장적 상황에서의 경쟁적 관계와 회비를 납부하는 간접참여의 운동소비자로 구성된다는 점에서 공동체형 조직과 구분되는 '시장형' 의 특징을 강조할 수도 있겠다(조대엽, 1999: 221). 특히 시장형 운동조직들은 회원들이 직접적인 면대면의 관계를 갖기보다 회비를 납부하는 회원으로 일종의 우편리스트 조직의 특징을 갖는다는 점에서 현대사회의 전형적인 2차집단의 특징과는 다른 새로운 조직유형을 드러내기 때문에 이를 '제3의 결사체' 로 간주하기도 한다(Putnam, 1995).

1990년대 한국에서 새로운 시민단체의 출현은 새로운 역사국면의 전환과 결부되어 있다. 해방 이후 1980년대 말까지 한국사회는 세계적인 냉전적 조건에서 억압적 군부국가를 축으로 하는 분단 · 국가주의 역사국면이 지속되었다. 이러한 역사국면은 1990년대 이후 탈냉전적 조건에서 지구적인 신자유주의 시장화 경향에 따라 탈냉전 · 시장주의 역사국면으로 전환되었다. 한국의 민주화는 이 같은 역사국면의 전환과정과 동반적으로 나타났다. 민주화로 인한 시민사회의 개방적 공론장은 탈냉전의 지구적 조류와 함께 이전 역사국면의 민족적이고 민중적인 운동의 과제를 마감시켰고 민주화 이후의 새로운 사회운동 이슈를 등장시켰다. 환경, 평화, 여성, 인권 등 생활정치의 이슈들이 전문운동조직의 출현을 자극했던 것이다. 그러나 1990년대 한국사회는 시민운동을 생활정치운동으로 바로 전환하지 못하게 하는 제약조건이 있었다. 정치권력의 민주적 교체가 민주화운동의 소망과는 달리 지체되고 있었던 것이다. 이른바 6·29선언 이후 대통령 직접선거에서 신군부의 핵심이었던 노태우의 집권과 연이은 보수대연합에 의한 보수정권의 집권은 정부와 의회의 인적 교체를 더디게 만들었다. 따라서 1990년대 새로운 시민운동단체들은 여전히 잔여적인 민주화의 과제를 추구해야만 했다. 시민단체들의 원래 목적과는 달리 실제로 정치 · 경제제도의 민주적 개혁을 위한 권력감시와 저항행동을 동시에 추구하는 경향이 자리 잡게 되었던 것이다. 경실련이나 참여연대와 같은 이 시기의 주요 시민운동단체들이 종합적 이슈를 다루고 더구나 정치경제개혁 이슈에 몰입함으로써 '준정당'의 기능을 수행한 것은 이러한 정치사회적 조건이 만든 결과였다(조희연, 1999).

이 시기 전문운동단체들이 민주화운동의 잔여적 과제를 추구했던 절정은 2000년 총선시민연대로 결집된 시민단체들의 낙천낙선운동이었다. 2000년 총선을 앞두고 주요 시민단체들은 구정치세력이 온존하는 의회권력을 교체하기 위한 방안으로 결격사유를 가진 국회의원 후보를 공개하고 그들을 낙천, 낙선시키는 본격적인 선거개입운동을 전개했던 것이다. 총선이 끝날 때까지 981개 단체가 이 운동에 참여했고, 지역에서도 부산을 비롯한 10여 개 광역총선연대가 조직되었다. 운동의 결과 수도권에서는 95%의 낙선율을 보였고 전국적으로는 68.6%의 낙선율을 기록했다. 총선시민연대는 전문운동조직들이 연대하는 중위동원과정을 잘 보여준 사례라고 할 수 있다. 1990년대 새롭게 등장한 시민운동단체들은 이처럼 민주적 정치권력으로 체제전환이 완료되지 않은 상태에서 정부와 의회에 대한 국민적 불신을 바탕으로 급속하게 성장했다. 새로 생겨난 시민운동단체에 대한 폭발적인 관심은 높은 신뢰로 이어졌고 이러한 시민사회의 분위기에 힘입어 1990년대는 시민운동단체의 시대가 되었다.

3. 탈조직동원과 '유연자발집단'

1) 운동공론장의 구조변동과 탈조직동원

2000년대 이후 세계적으로는 탈냉전 · 시장주의 역사국면이 그 성격을 훨씬 더 분명하게 드러내는 가운데 국내적으로나 지구적으로 시민운동의 지형에 획기적인 변화가 있었다. 먼저, 한국에서는 2002년 미군 장갑차에 의해 사망한 이른바 미선 · 효순 추모촛불집회가 반미촛불집회로 확산되었으며, 노무현 대통령 탄핵반대 촛불집회가 확산되기도 했다. 특히 2008년 미국산 쇠고기 수입반대 촛불집회는 장기간에 걸친 엄청난 규모의 시위로 이어지면서 2000년대를 촛불집회의 시대로 만들었다. 세계적으로는 2008년 말 리먼 브라더스의 파산으로 촉발된 세계금융위기가 확산되는 가운데 위기의 주범으로 지목된 월스트리트에 대한 저항운동이 이른바 '월스트리트 점령운동(Occupy Wall Street)' 으로 나타났다. 이 '점령운동' 은 2011년 10월 15일에 세계 1,500개 도시에서 동시에 전개됨으로써 극대화되기도 했다. 이와 아울러 2010년 12월 튀니지에서 촉발된 '아랍의 봄' 또한 이슬람지역의 민주주의 혁명으로 이어지면서 2000년대의 세계를 뒤흔들었다. '아랍의 봄' 은 북아프리카와 아랍 지역의 종교와 정치의 복잡한 역학관계 속에서 혁명과 반혁명의 정치과정으로 전개되었기 때문에 예외로 하더라도 한국의 촛불집회와 월스트리트 점령운동은 2000년대 시민운동의 획기적인 변화를 압축적으로 보여주었다.

2000년대 시민운동의 뚜렷한 변화는 무엇보다도 동원의 구조에 있었다. 1990년대 한국의 시민운동은 새롭게 등장한 시민운동단체들이 주도했다. 특히 경실련, 참여연대, 환경운동연합, 녹색연합 등 주요 시민단체들은 시민운동을 이끄는 핵심적인 동력이었다. 다른 한편 1990년대 지구적 수준에서 전개된 반세계화 운동 또한 각국의 농민단체를 비롯한 시민운동단체의 네트워크가 가동됨으로써 가능한 것이었다. 이런 점에서 1990년대 한국의 시민운동이나 지구적인 반세계화운동은 전문적인 시민운동단체가 주도하는 '조직동원' 의 구조를 가졌다고 말할 수 있다. 그러나 촛불집회와 월스트리트 발 점령운동은 달랐다. 운동은 조직이 이끈다는 명제를 비웃기라도 하듯이 이러한 운동들은 적어도 전문운동조직을 거치지 않고 온라인을 통한 '탈조직동원' 의 현상을 드러냈던 것이다.

〈표 2〉 한국 시민운동의 역사주기

<table>
<tr><td>역사국면</td><td>분단 · 국가주의</td><td colspan="2">탈냉전 · 시장주의</td></tr>
<tr><td>국면주기</td><td>민족민주운동의 주기</td><td colspan="2">시민사회운동의 주기</td></tr>
<tr><td>보편 프레임</td><td>민족주의, 민주주의</td><td colspan="2">시민(적 삶의) 민주주의</td></tr>
<tr><td>국면 내 주기</td><td>반이승만, 반박정희(반군부), 반전두환 (반신군부)민족민주운동주기</td><td>정치경제개혁 운동주기</td><td>생활정치 운동주기</td></tr>
<tr><td>순환적 소주기</td><td>4·19-6·3-반유신-부마-광주-6월항쟁</td><td colspan="2">낙천낙선운동 – 촛불집회/ 생활정치운동</td></tr>
<tr><td>연도</td><td>1960 1970 1980</td><td colspan="2">1990 2000 2010</td></tr>
</table>

자료 : 조대엽, 2012: 427.

2000년대의 어떤 조건이 이러한 변화를 가져왔는가? 무엇보다도 2000년대의 정치사회 변동과 운동공론장의 변화에 주목하면 가장 포괄적으로는 2000년대 시민운동의 역사주기가 바뀌었다는 점을 강조할 수 있다. 〈표 2〉에서 보듯이 탈냉전 · 시장주의 역사국면에서 운동의 국면적 주기는 민족민주운동의 주기로부터 시민사회운동의 주기로 전환되었다. 이 국면적 주기는 2000년대를 기점으로 다시 정치경제개혁운동의 주기에서 생활정치운동의 주기로 전환되었다. 말하자면 시민사회운동주기라는 국면적 주기 내에서 다시 주기의 전환이 발생한 것이다. 이러한 주기전환의 내용은 보다 구체적으로 시민운동의 환경변화와 시민운동부문 자체의 분화로 구분해서 살펴볼 수 있다.

먼저, 2000년대 시민운동의 환경에는 어떤 변화가 있었는가? 첫째, 신자유주의 시장화 경향이 가속화되었다는 점을 들 수 있다. 물론 2008년 미국발 세계금융위기 이후 세계적으로 신자유주의는 성찰의 모드로 전환되었지만 한국의 경우에는 2008년 이명박 정부의 출범과 함께 오히려 가속화되는 경향을 보였다. 신자유주의 정책에 따른 양극화와 공동체적 삶의 해체, 생태파괴의 현실에 직면하면서 시민운동부문은 생활정치운동의 주류화 경향이 두드러졌다. 둘째, 김대중 정권에 이어 2002년 집권한 노무현 정권의 이른바 진보정권 10년의 개혁정치와 의회권력의 변화는 시민운동의 새로운 환경으로 작용했다. 무엇보다도 개혁과제의 실현과정에서 정부와 시민운동단체의 파트너십이 확대됨으로써 기존 시민운동단체의 제도화 수준을 높였으며, 이와 아울러 진보정당과 여성운동계의 의회진출은 생활정치 이슈를 제도적으로 확대하는 계기가 되었다. 셋째, 전자적 공론장과 온라인 정보 네트워크의 비약적 발전은 시민운동의 새로운 전환을 자극했다. 급속하고도 지속적인 전자정보통신 기술혁신에 기반을 둔 공론장의 변화는 시민운동의 새로운 동원구조에 직접적인 영향을 미쳤다. 넷째, 2008년 집권한 이명박 정부의 맹목적 실용주의, 성장개발주의, 소통부재의 권력운용방식은 기존 시민운동의 주요 조직들을 무력화시킴으로써 조직기반의 시민운동을 크게 약화시키는 한편, 탈조직적 시민행동을 통한 시민불만을 자극하는 새로운 환경적 요인이 되었다.

2000년대의 이 같은 사회, 정치적 변동은 시민사회의 공론장을 분화시켰는데, 특히 운동공론장의 동원구조에 있어서 분화가 뚜렷하게 드러났다. 분화의 제1경로는 조직운동의 제도화 수준이 높아지는 경향을 보였다. 말하자면 전문운동조직들이 제도적으로 빠르게 성장하는 추세를 보였던 것이다. 일반적으로 운동의 제도화는 사회운동이 안정적으로 조직화되는 것을 말하는데, 현실적으로는 정당이나 이익집단의 형태로 전환되는 경우가 많다. 그러나 시민운동단체와 같은 전문운동조직의 경우 '제도화'는 다른 제도적인 조직과 일상적이고 규칙적인 관계를 맺고, 자원유입의 안정화와 조직의 내적 구조의 발달, 조직목적의 온건화와 행동양식의 관례화 등의 변화를 갖는 것으로 해석할 수 있다(Kreisi, 1996: 156-157; 조대엽, 2007: 259). 1990년대 말 한국의 시민단체는 4,023개로 집계되었고 지역지부까지 포함하면 약 2만 개가 넘는 것으로 추정되었는데, 2003년 조사에서는 약 7,400개 단체가 포함되었고 지부를 합하면 약 2만 5,000개를 넘어선 것으로 보고 있다(시민의 신문, 1999, 2003). 이 가운데 참여연대, 경실련, 환경운동연합을 비롯한 주요 시민운동단체와 YMCA를 비롯한 종교기반의 시민운동단체, 여성운동단체, 통일운동단체, 평화운동단체 가운데 주요 단체들은 훨씬 더 안정적으로 제도화되는 경향을 보였다. 이러한 제도화는 김대중 정부와 노무현 정부에서의 다양한 탈근대정치의 실험과 정책공동체의 협치적 운영을 통해 시민단체와의 파트너십이 확대된 효과가 클 뿐만 아니라 기업의 전략적 사회공헌활동의 확대에 따라 시민단체와 기업의 협치가 늘어난 것도 중요한 요인이 되었다. 운동공론장의 제1의 분화경로인 이 같은 조직운동의 제도화는 그 수준이 높아지면 높아질수록 시민들의 직접적인 참여에 기반을 둔 동원력을 약화시켰다. 전문운동조직이 갖는 본래적인 간접참여방식에다 제도화 수준이 더욱 높아진 데에 따른 당연한 귀결이었다.

운동공론장의 동원구조에 있어서 제2의 분화경로는 전자적 공론장의 확대에 기반을 둔 탈조직적 동원의 경향이라고 할 수 있다. 2000년대 이후 전문운동조직들은 시민들의 직접행동을 이끌어 내는 데 점점 더 무력화한 반면 인터넷 공론장에서의 소통과 이를 기초로 한 시민행동이 확대되는 탈조직적 동원의 경향이 증대되었다. 2000년대의 전자적 공중은 주로 인터넷 공간의 다양한 회원조직들에 기반을 둔 것에서 2010년대에 들어서는 트윗이나 페이스북 등 이른바 SNS에 기반을 둔 동원으로 확대됨으로써 소셜 미디어의 시대를 맞기도 했다. 2000년대 이후 촛불집회의 놀라운 시민동원은 이 같은 탈조직적 동원의 경향을 확인시켜 주었다.

탈조직적 동원의 분화는 인터넷이나 소셜 미디어와 같은 전자적 공론장의 발달을 기술적 기반으로 하지만 무엇보다도 중요한 것은 새로운 운동주기에 주류화된 생활정치운동의 확산과도 결부되어 있다. 생활정치는 원천적 의미에서 자아의 실현과 확장을 추구하고 나아가 자아실현을 억압하는 질서에 대한 저항을 포함하기 때문에 전문운동조직이 대신하는 것이 아니라 주민이나 시민이 직접참여를 통해 자아실현을 추구하는 운동이다. 따라서 생활정치운동은 지구적이거나 국가적인 이슈를 포함하지만 그 출발은 공동체나 지역에 기반을 둔 삶의 현장인 경우가 많은 것이다. 한국의 2000년대를 촛불집회의 시대라고 할 때 촛불집회와 생활정치의 관계를 고려해 볼 필요가 있는데, 촛불집회가 가장 폭발적인 시민행동으로 확산된 것은 2008년 광우병 쇠고기 수입반대라는 생활정치이슈의 경우이다. 2002년의 미선 · 효순 촛불집회의 경우도 생활정치를 생활세계의 식민화에 대한 저항이라고 해석한다면 적어도 정치권력과 시장권력, 나아가 대미종속의 정치군사구조에 의한 생명과 일상의 파괴에 저항하는 운동이라고 말할 수 있을 것이다. 2000년대 이후 생활정치의 주류화 경향은 무엇보다도 시장화에 따른 공동체와 삶의 해체에 대한 저항이며, 다양한 삶의 이슈를 시민행동으로 전환시키는 전자적 공론장의 팽창효과이고, 보다 직접적으로는 이명박 정부의 거대 성장개발주의에 대한 저항이었다.

시민행동의 동원이라는 점에서는 무엇보다 생활정치의 주류화는 탈조직동원의 분화를 촉진했다. 2000년대 이후의 사회변동 속에서 전문운동조직들은 제도화의 여유를 누리는 것도 잠시였고 운동공론장의 이러한 분화가 전문운동단체의 무력화로 드러나 스스로가 돌이킬 수 없는 위기에 직면하고 있음을 부인할 수 없었다. 아울러 이처럼 거대하고도 은밀하게 진행되는 시민사회의 새로운 변화에 적응적으로 물꼬를 틀 수 있는 전망을 스스로 찾아내기 어렵다는 점에서 '전문운동조직의 딜레마'에 봉착한 것 또한 부인할 수 없는 현실이었다.

2) 탈조직동원과 제4의 결사체 : 유연자발집단[4)]

시민운동조직의 구조에 대한 오해가 반영된 표현이긴 하지만 '시민 없는 시민운동'으로까지 불렸던 전문운동단체의 운동을 떠올리면 수십만의 시민들이 쉽사리 동원되는 2008년 촛불집회는 놀라운 일이 분명했다. 이 놀랍고도 새로운 시민행동에 대한 설명력을 얻기 위해서는 시민단체의 직접적인 개입 없이 이러한 동원을 가능하게 한 운동공론장의 구조, 특히 전자적 공론장의 구조에 주목해야 한다.

온라인 전자정보공간을 기반으로 하는 전자적 공론장의 주체는 '전자적 대중'이다(조대엽, 2002). 전자적 대중은 산업사회의 대중과는 달리 다양한 온라인 미디어로 네트워크화된 정보사회의 실질적 주체라고 할 수 있다. 전자적 대중은 인터넷이나 최근의 소셜 미디어 공간에서 다양한 공공이슈를 주도하는 '전자적 공중'을 형성하는바 이들이 오늘날 지식정보사

4) 이 절의 주요 내용은 필자의 2007년 저서 『한국의 사회운동과 NGO : 새로운 운동주기의 도래』 제8장 '시민사회의 재구조화와 전자적 공중'에서 관련 내용을 수정 · 발췌한 것임을 밝힌다.

회의 가장 역동적 '시민'으로 등장하고 있다. 전자적 대중을 역동적 시민으로 전환시키는 기제는 다른 무엇보다도 인터넷 기반의 회원조직이나 최근 폭발적으로 증대하는 트윗, 페이스 북, 카톡 등을 기반으로 만들어지는 자발집단의 존재이다(조대엽, 2007: 259).

이 같은 자발집단의 집단화 방식에 대한 설명은 주로 온라인 중심적 해석에 제한되어 있었다. 즉, 전자적 공중의 공론활동을 온라인에 국한시킴으로써 오프라인에서의 영향력은 부차적으로 간주하거나 심지어는 '사이버'의 의미가 강조되어 현실과는 분리된 가상공간의 활동으로 부각되기도 했다. 다른 한편 이러한 자발집단은 고도의 유연성으로 인해 단순히 '네트워크'로 이해되는 경향이 일반적이었다. 실제로 이 같은 회원조직들은 네트워크로서의 운동이나 집합행동의 특성을 보이기도 하기 때문에 집단이나 조직으로서의 정체성을 규정하기 어려운 것도 사실이었다(조대엽, 2007: 260). 그럼에도 불구하고 그 정체성을 혼란스럽게 하는 복잡성과 모호성을 반영하는 다음과 같은 몇 가지 특징들을 강조할 수 있다.

첫째, 이러한 자발집단은 한시적으로 형성되었다가 소멸하는 경우가 있는가 하면 상시로 유지되는 경우도 있어 기존의 집단 개념으로는 설명하기 어렵다. 이 집단은 대부분 가입과 탈퇴가 자유롭고 소속의식이 있다고 하더라도 구속력이 약하며, 조직 또한 자유롭고 느슨하게 운영되는 특징을 보인다는 점에서 '유연자발집단(flexible voluntary group)'이라고 부를 수 있다. 둘째, 유연자발집단은 비록 느슨한 결속력과 유연한 조직망, 비구속적인 조직운영, 수평적 관계 등을 특징으로 갖지만 구성원과 비구성원의 경계가 있으며, 일정한 소속의식이 있고, 목적지향적 활동을 추구하기 때문에 결사체로서의 성격을 갖는다. 유연자발집단은 조직의 유연성이 대단히 높지만 집단에 따라서는 일시적이지만 강한 소속감과 참여의지를 보이는 경우도 있어서 집합적 영향력 또한 높은 수준에서 낮은 수준까지 다양하다. 셋째, 유연자발집단은 정치 · 경제 · 문화적 이슈와 관련해서 시의적으로 결성되는 경우가 많은데, 이 경우 특정 이슈의 사회운동과 구분하기 어렵다. 특히 인터넷을 비롯한 온라인 공론장은 이러한 운동 프레임 형성을 위한 가장 효과적인 매체이기 때문에 유연자발집단은 온라인을 통해 자연스럽게 활성화되는 경향이 있다. 넷째, 유연자발집단의 활동공간은 실제로 온라인과 오프라인의 제약이 없다. 2002년 대선에서 노무현 후보 지지집단 '노사모'와 같은 정치인 팬클럽을 비롯한 유명인의 팬클럽, 다양한 문화동호회의 활동은 오프라인과 연속성을 가진다. 2002년부터 새로운 시위양식으로 확산된 촛불시위와 함께 세계를 놀라게 한 월드컵 응원군중은 오프라인에서의 대규모 집합행동이라고 할 수 있는데, 그 실질적 동원력은 유연자발집단이었다고 할 수 있다(조대엽, 2007: 260-261).

실제로 온라인에 기반을 둔 유연자발집단의 존재양식은 대단히 다양하다. 크게 보더라도 유연자발집단은 우선 생활상식이나 쇼핑정보 등 일상적 지식부터 전문적 지식까지 다양한 지식을 공유하고 학습하는 것을 목적으로 하는 '정보 · 학습지향형'이 있고, 개인의 사적 이슈를 공유하거나 공통의 관심사를 토대로 친목을 도모하는 '취미 · 친목형' 유연자발집단도 있다. 또 사회 현안에 대한 토론 및 의제설정 등에 참여하며 공적 이슈에 관심을 갖고 정보를 생산, 유통, 재생산하는 회원조직을 '사회참여형' 유연자발집단으로 구분할 수도 있다(정나리, 2011). 이처럼 다양한 유연자발집단은 미국산 쇠고기 수입을 반대하는 2008년 촛불집회와 같은 정치이슈가 등장하면 원래의 조직을 확대하거나 연대하는 등 다양한 방식으로 오프라인의 시민행동을 표출하게 된다.

이 같은 '유연자발집단론'은 온라인 네트워크가 갖는 집단형성의 수월성에 기반을 둔 다양한 회원조직들을 완전히 새로운 형태의 '사회집단'으로 규정하고 있다. 그것은 무엇보다도 온라인과 오프라인의 현실적 연속성을 충분히 반영함으로써 이 집단에 대해 온라인 제한적인 폐쇄적 설명을 넘어 시민사회의 새롭고도 핵심적인 행위자집단으로 개방적 정체성을 부여하고자 하는 이론적 전략을 반영하고 있는 것이다. 이러한 입장에서 유연자발집단이 갖는 자발성과 일시성, 가입과 탈퇴의 자유, 수평적 관계, 제도와 운동의 양가적 성격, 온라인과 오프라인의 무제약성, 집단규모의 제한이 없는 고도의 유연성 등의 특징은 이 집단을 완전히 새로운 형태의 결사체로 규정하는 것을 가능하게 한다. 말하자면 유연자발집단은 2차집단의 새로운 형태로 이른바 '제3의 결사체' 라고 할 수 있었던 시민운동단체와도 전혀 다른 조직특성을 갖는다는 점에서 '제4의 결사체' 라고 말할 수 있는 것이다(조대엽, 2007: 262). 유연자발집단을 이처럼 완전히 새로운 결사체의 형태로 규정하는 것은 이러한 조직형태가 단순히 기술발전에 힘입은 온라인 네트워크로 존재하는 것이 아니라 다음과 같은 우리 시대의 탈근대적 사회변동을 가장 적극적으로 반영하는 집단화의 의의를 갖기 때문이다.

첫째, 유연자발집단은 지식정보화와 탈근대성의 효과를 가장 잘 반영한 조직화의 특징을 보이고 있다. 끊임없이 생겨나고 사라지며 변화하는 이 집단의 유연성은 탈근대적 '성찰성' 을 사회조직 부문에서 핵심적으로 보여주는 대목이 아닐 수 없다. 둘째, 유연자발집단은 온라인 네트워크를 기반으로 규모의 제약이 없기 때문에 조건에 따라서는 어떤 영역에서든 엄청난 변화를 가능하게 하는 예측 불가능한 잠재력을 내재하고 있다. 셋째, 유연자발집단은 탈근대사회의 공동체 해체를 메꾸는 새로운 친밀성의 공간으로 작용하고 있다. 개인을 구속하는 엄격하고 억압적인 거대조직문화를 회피하면서도 해체된 개인의 고립을 벗어나고자 하는 사회적 욕구는 유연자발집단을 미시적 일상을 공유하는 새로운 친밀성의 공간으로 자리매김함으로써 '미시공공성' 의 새로운 질서를 구축하고 있다. 이런 점에서 유연자발집단은 시민운동 부문에서도 전문운동조직을 거치지 않고 직접행동을 가능하게 하는 시민운동의 새로운 미시동원맥락으로 작동하고 있는 것이다. 넷째, 유연자발집단은 대의적 정치질서와 1%가 지배하는 경제질서,

살벌한 경쟁의 교육체계가 드러내는 숨 막히는 억압과 폐쇄적 현실을 넘어서는 개방적 소통의 공간을 형성하고 있다. 특히 새로운 세대가 갖는 개방과 자유의 욕구는 유연자발집단의 진화를 자극하고 있다.

2000년대 이후 운동공론장의 구조변동 가운데 가장 주목할 지점은 생활정치 이슈의 주류화와 함께 유연자발집단을 기반으로 하는 탈조직동원의 확대라고 할 수 있다. 기존 사회운동의 동원구조는 자생조직을 기초로 하는 미시동원맥락이 중위적 수준에서 운동조직으로 결합되어 운동을 출현, 확산시키는 과정을 거쳤다. 그러나 2000년대 이후 시민행동은 사회운동조직을 거치지 않고 유연자발집단을 통해 공적 이슈가 소통하고 여기에서 집합적 정체성을 형성하고 공유함으로써 직접적인 시위행동을 가능하게 하는 방식으로 전환되었다. 유연자발집단은 그 자체가 미시동원맥락이자 중위동원자의 역할을 동시에 하게 된 것이다. 동원구조의 획기적인 변화가 일어난 것이다.

4. 결론 : 시민운동과 동원화의 전망

이 글은 사회운동의 동원구조를 설명하는 이론적 요소를 검토하면서, 아울러 시민운동의 역사주기에 따른 실제 동원구조의 변화를 통해 이 같은 이론적 분석단위들을 설명하고자 했다. 사회운동을 자원동원의 측면에서 볼 때 무엇보다도 중요한 동원의 구심은 사회운동조직이다. 사회운동분석의 수준을 미시와 거시의 이분법적 틀을 넘어 보다 다원화할 경우 운동조직은 중위동원의 구조로 분석할 수 있는데, 중위동원과정의 운동조직에 결합되는 미시동원과정을 미시동원맥락이라는 분석단위로 설정해 볼 수 있다. 이 글에서는 우선 미시동원과 중위동원의 과정을 구분하고 미시동원의 요소를 지역이나 현장, 일상에서 친밀성을 바탕으로 만들어지는 자생조직이나 토착조직, 나아가 학교, 교회, 노조 등 기존에 소속된 조직 속에서 맺는 미시적 관계로 설명했으며, 중위동원의 요소로서의 사회운동조직은 전문운동조직을 중심으로 설명했다. 한국의 경우 전문운동조직은 사회운동의 역사적 주기에 따라 달리 나타났다. 말하자면 1990년대 이전 민족민주운동의 주기에서는 미시동원의 맥락으로부터 결합된 지역별 · 부문별 운동조직이 중위동원을 추동하는 운동조직으로 발전되었으며, 1990년대 이후 시민사회운동의 주기에 들어서는 시민사회에 상시적으로 운영되는 전문운동조직이 중위동원자로 간주되었다.

적어도 1990년대 정치경제개혁운동의 주기까지는 민주화운동이든 그 이후의 시민운동이든 운동의 동원구조는 조직동원이 당연한 것으로 간주되었다. 그러나 정치경제개혁운동의 주기가 생활정치운동주기로 전환된 2000년대 이후 시민운동의 동원은 탈조직동원의 방식이 분화되는 경향을 보였다. 특히 이러한 탈조직동원을 가능하게 한 것은 '전자적 공중'과 '유연자발집단'의 존재였다. 유연자발집단은 탈근대적 사회변동과 전자적 공론장의 획기적 발전에 따라 나타난 제4의 결사체라고도 할 수 있는데 2000년대 촛불집회와 세계금융위기 이후 세계적으로 확산된 '월스트리트 점령운동'을 가능하게 한 것도 바로 유연자발집단이 새로운 동원구조로 자리 잡았기 때문이다. 2000년대 이후 새로운 동원의 주기에서 유연자발집단은 운동의 정체성과 공감의 과정을 형성하는 미시동원맥락으로 작동하는데 이러한 미시동원의 과정이 중위적 운동조직을 거치지 않고 직접 시민행동으로 이어지면서 기존 전문운동조직의 동원력을 크게 떨어뜨리는 결과를 가져왔다.

시민운동의 주기 내에서 동원의 구조에 주목할 때 1990년대를 조직동원의 시대라고 할 수 있다면 2000년대 이후 시민운동은 탈조직동원의 시대를 맞았다고 할 수 있다. 오늘날 탈조직동원의 시대에 전문운동조직은 심각한 위기에 봉착해 있다. 1990년대 시민운동의 시대를 화려하게 이끌었던 전문운동조직 혹은 NGO의 입장에서 보면 현재의 무력감은 당황스러운 일이 아닐 수 없다. 다른 한편, 탈조직동원의 시대를 선도한 유연자발집단 또한 딜레마에 있기는 마찬가지라고 할 수 있다. 촛불집회와 월스트리트 시위에서 보듯이 유연자발집단은 놀라운 대규모 동원의 가능성을 보여주었으나 그러한 탈조직적 동원은 대안 없이 흩어져 버리는 뚜렷한 한계를 가졌다. 탈조직동원의 시대는 조직동원만이 딜레마를 갖는 것이 아니라 탈조직동원 또한 딜레마를 갖는 이중 딜레마의 시대라고 말하지 않을 수 없다.

이제 조직동원의 구심이었던 전문사회운동조직과 탈조직동원의 구심인 유연자발집단은 이러한 딜레마를 넘어설 수 있는 새로운 전망을 모색해야 한다. 이러한 전망은 생활정치운동의 새로운 주기에 점점 더 주류화되고 있는 '생활공공성운동' 의 맥락에서 모색될 필요가 있다. "생활공공성운동은 삶의 보다 구체적인 영역에서 자아실현과 자아확장의 수준을 높일 수 있도록 모든 사회영역의 공적 질서를 재구성하고자 하는 집합적 실천"(조대엽, 2013)이라고 말할 수 있다. 이 같은 생활공공성운동은 '생활민주주의' 를 보편적 프레임으로 추구한다. 여기서 생활민주주의는 민주주의가 구현되는 삶의 구체적인 장으로서의 '생활' 을 우리 시대의 보다 핵심적인 사회적 범주로 강조하는 것이라고 할 수 있다. 생활민주주의는 대의민주주의 질서에서 개인의 실존영역으로 배제되었을 뿐만 아니라 계급, 성, 지역, 소득, 학력 등의 구조에 의해 은폐되었던 '생활' 범주를 공공적으로 재구성함으로써 공존과 공생의 질서를 추구하는 진화된 민주주의를 의미한다(조대엽, 2013).

오랫동안 정치경제개혁운동을 추구함으로써 정치와 시장의 제도권력에 대한 감시와 저항을 추구했던 전문운동조직으로서의 시민운동단체들은, 특히 거대단체들은 이처럼 생활민주주의를 지향하는 생활공공성운동의 주류화 경향에 적응하기 어렵다. 반면에 유연자발집단은 공론장에서 생활공공성 이슈에 광범하게 참여하지만 독특한 유연성으로 인해 여전히 개별화의 수준이 높다. 따라서 전문운동조직은 기존의 운동방향을 생활민주주의 지향의 일상으로 하향화하는 것이 요구되고, 유연자발집단은 공공성의 수준을 높이는 상향화 전략이 필요하다. 우선 전문운동조직은 정부, 시장, 시민사회의 제도, 특히 대의적 거시제도를 시민적 삶과 결합시키는 방식으로 재편함으로써 시민과 주민의 실질적 삶을 향한 하향공공성을 지향해야 한다. 다양한 거시제도를 생활공공성의 질서로 재구성하는 혁신제도운동을 추구함으로써 전문운동조직은 훨씬 더 구체적인 전문성과 대안적 질서에 대한 폭넓은 제안을 만들어야 한다. 다른 한편 유연자발집단은 자아실현과 자아확장의 정치를 미시적 삶의 영역에서 스스로 실현함으로써 새로운 삶의 방식을 실천하는 방향으로 훨씬 더 공공성의 수준을 높여야 한다. 단순히 모였다가 흩어지는 시민행동을 넘어 새로운 삶을 실현하는 운동을 추구함으로써 생활혁신을 위한 상향공공성운동을 지향해야 하는 것이다. 전문운동조직과 유연자발집단이 서로 다른 방향으로 추구하는 이 같은 생활공공성 운동은 전문성과 대안제시 능력을 강화한 전문운동조직과 운동의 동원력을 확보한 유연자발집단이 시민운동의 이원적 분업구조 속에서 결합할 수 있는 가능성을 전망할 수 있게 해야 한다.

제 3 장

사회운동의 문화, 정체성, 프레이밍

| 신진욱(중앙대 사회학과) |

1. 서 론

'문화'는 오늘날 좁은 의미에서 사람들의 사고와 생활양식, 더 넓게는 인간사회의 정신적 · 미적인 발전과 사람들의 지적 · 예술적 활동들을 지칭하는 말로 사용된다(Williams, 1976: 90). 인간이 그러한 문화적 삶과 행동, 역사를 갖고 있다는 것은 무엇을 의미하는가? 문화는 인간이 세계와 '의미있는' 관계를 맺기 위해 하는 일체의 활동이며, 또한 그러한 활동들이 창조해 낸 산물이다. 인간이 문화적 존재라 함은 단지 충동을 따르거나 외적 환경에 순응하는 것이 아니라, 자신과 타인, 자연적이고 사회적인 환경들에 대해 성찰적 관계를 맺는다는 것을 의미한다. 인간은 "세계에 대해 의식적으로 태도를 취하고 그것에 의미를 부여하고자 하는 능력과 의지를 가진, 문화적 인간이다"(Weber, 1988[1922]: 180).

사회운동이 문화적 차원을 갖는다는 것은 그것이 단지 어떤 불만이나 욕구의 발현, 혹은 구조적 동인의 산물이 아니라, 행위자들 자신에 의한 인지적 · 감정적 활동과 소통행위에 의해 적극적으로 매개되고 구성되는 행위체계임을 의미한다. 그것은 또한 사회운동이 단지 한 집단의 물질적 · 정치적 이익을 달성하기 위한 수단이 아니라, 사람들의 삶과 사회적 관계에서 작동하는 지적 · 도덕적 원리를 성찰하고 혁신하는 창조적 행위임을 뜻한다. 사회운동의 문화는 참여자들의 역사의식과 현실인식, 가치지향과 정체성, 적대자들과의 상징적 투쟁, 대안사회에 대한 상상을 포괄한다. 이 글은 사회운동 문화의 이러한 여러 측면들에 대해 그동안 학계에서 제시되어 온 중요한 이론과 개념적 도구들을 서술한다.

2. 사회운동과 문화

1) 문화적 도전과 창조로서의 사회운동

사회운동의 문화적 차원에 대한 학문적 관심은 1960년대에 유럽과 북미 전역에서 학생, 여성, 환경, 인권, 평화, 교육개혁, 반권위주의 운동 등 새로운 저항운동의 물결이 등장하면서 확산됐다. 특히 유럽 학문의 세계에서는 사회이론의 문화적 전환이라는 패러다임적 변화 속에 사회운동이 새롭게 자리매김되었다. 투렌(Touraine, 1965, 1981, 1984), 멜루치(Melucci, 1989, 1996) 등의 사회운동 연구자들은 이 시기를 전후하여 사회운동의 가장 중요한 의의를 문화적 도전과 창조로 정의하는 이론체계를 제시했다. 또한 생활세계와 문화적 공론장을 중시하는 하버마스, 코헨, 아라토의 정치이론에서도 사회운동의 문화적 의미가 중요성을 부여받았다(Cohen, 1982; Cohen and Arato, 1992; Habermas, 1992). 이들 가운데 사회운동의 문화적 차원을 가장 체계적으로 이론화하고 나아가 그것을 보다 넓은 사회학 이론체계의 중심에 위치시킨 대표적 학자는 투렌(Alain Touraine)이었다.

투렌은 이미 1960년대 중반에 "사회학적 분석은 오직 모든 사회운동들을 성찰할 때에만, 그것들을 어떤 역사적 상황과 순간에 연계시킬 때에만 의미를 가질 수 있다"는 것을 분명히 했다(Touraine, 1965: 116). 그는 사회운동 개념을 단지 어떤 쟁점에 반응하는 집단행동이나 전략적 투쟁들로부터 분명히 구분했다. 그의 이론에서 사회운동의 핵심은 사회제도와 사회적 관계를 조직하는 문화적 모형을 변화시키고 대안을 창조하려는 집단적 지향에 있었다(Touraine, 1984: 141-148). 나아가 사회운동의 사회학은 "사회란 문화적 장(場)에 대한 통제를 위해 경합하는 사회세력들 간의 체계라고 이해하는 관점과 분리될 수 없다"(Touraine, 1981: 30). 여기서 사회는 스스로 운동하는 구조가 아니라, 위계적으로 조직된 일련의 행위체계, 즉 행위자들 간의 사회적 관계의 총체로 이해된다. 그에 상응하여 인간행위는 행위 너머에서 작동하는 추상적 구조에 의해 설명되는 것이 아니라, 문화적 지향과 사회적 관계로 정의되는 행위자들에 의해 구성되는 것으로 이해된다(Touraine, 1981: 25).

이와 같은 일반이론의 토대 위에서, 현대사회에서 사회운동의 위상은 역사적으로 설명된다. 사회운동은 그 자체가 현대의 산물이며, 사회운동의 성격 변화는 현대사회의 구조변동과 불가분의 관계에 있다. 현대사회에 와서 사회는 더 이상 불변의 인간조건이 아니라 '만들어진 현실'로 이해되기 시작했으며, 오직 그 역사적 조건에서 비로소 주어진 사회문화적 전통의 신성함을 의문시하고 사회를 하나의 '기획'으로 간주하는 역사적 주체가 탄생하게 됐다(Rucht, 1999). 투렌은 이제 사회가 역사 속에 있는 것이 아니라, 역사가 사회 속에 있게 되었다는 것이 바로 현대성의 핵심이라고 말한다. 즉 현대에 와서 사회는 더 이상 어떤 초월적 원리, 자연적 혹은 역사적 법칙 아래 놓여 있다고 여겨지지 않는다. 사회는 스스로를 생산할 수 있는 능력, 곧 제도와 조직, 가치를 선택하고 창조할 수 있는 능력을 갖고 있는 것으로 여겨진다. 그리고 그러한 자기생산은 특정한 정체성과 문화적 지향을 추구하는 역사적 주체들의 행동, 그들 간의 상호작용의 산물이다(Touraine, 1984: 97-102).

하버마스(Habermas, 1981)가 도구적 합리성과 소통적 합리성의 관계를 통해 현대사회론을 정립했던 것과 유사한 방식으로, 투렌은 현대사회가 합리화(rationalisation)와 주체화(subjectivation)라는 두 가지 역사적 경향으로 특징지어지며, 전자에 의한 후자의 파괴가 현대사회의 핵심 문제라고 설명한다. 그는 '개인(individu)'과 '주체(Sujet)'를 개념적으로 구분한다. 인간은 현존하는 사회체제에 순응하는 개인으로서의 삶과, 사회체제의 역사성에 개입하여 행동하는 주체로서의 삶 사이에 놓여 있다. 그러한 모순적 존재양식 속에서 '주체화'의 과정, 즉 소비하고 순응하는 개인을 행동하는 역사적 주체로 변형시키는 변화가 전개된다(Touraine, 1992: 242-244). 사회운동은 단지 개인이 주체화하는 하나의 경험적 사례가 아니라, 주체화의 구현양식 그 자체다. "주체는 사회운동으로서만, 즉 공리적 형식을 취하거나 단지 사회통합만을 추구하는 질서의 논리에 대항하는 투쟁으로서만 존재한다"(Touraine, 1992: 273).

2) 사회운동의 문화적 제약, 토양, 쟁투

위에서 서술한 바와 같이 사회운동의 문화는 운동주체들의 문화적 정체성과 가치지향, 현존하는 사회체제의 문화적 모형에 대한 도전, 그리고 새로운 문화적 모형에 대한 상상을 모두 포함한다. 그러므로 사회운동은 단지 운동 참여자들의 의식에 의해서만 결정되는 것이 아니라, 더 넓은 문화적 환경과의 상호작용 과정에서 형성되고 변화한다. 윌리엄즈(Williams, 2007)는 사회운동과 그 문화적 환경 간의 관계를 '제약(boundedness)'과 '반향(resonance)'의 두 측면으로 개념화했다. 기존의 사회제도와 담론, 행위자들 내에 구조화되어 있는 문화적 요소들은 '무엇이 이해가능한가?', '무엇이 정당한가?'를 규정하며, 그것은 사회운동의 주장이 사회로부터 반향을 얻을 수 있는 가능성에 제약을 가한다. 쿱만스 등(Koopmans and Statham, 1999: 228)은 이처럼 "어떤 생각이 '이치에 맞고', 어떤 현실인식이 '현실적'이며, 어떤 주장이 '정당한' 것으로 간주되는지를 규정하는" 문화적 환경을 '담론적 기회구조(discursive opportunity structure)'로 개념화했다.

이처럼 기존의 문화적 지형은 사회운동의 영향력을 제약하는 구속요소가 되기도 하지만, 또한 그것에 대항하는 이념과 가치를 잉태하는 토양이 되기도 한다. 사회운동의 문화적 창조는 무(無)로부터 시작되는 것이 아니라, 사람들의 일상에 각인되어 있는 깊은 사회적 심성구조(societal mentalities)의 개혁적 요소들에 뿌리를 내리고 성장한다. 사회운동은 그러한 심성구조 내의 "순응적 상징들을 적극적 상징으로 전환시키거나, 저항적-순응적 요소들을 미묘하게 혼합하여 새로운 총체를 산출"한다(Tarrow, 1992: 196). 사회운동을 둘러싸고 있는 문화적 환경은 운동의 제약요소인 동시에 그 제약을 극복하기 위한 토양이기도 한 것이다.

사회운동의 참여자들은 그들이 참여하는 문화적 쟁투의 장에 내포된 이 두 가지 함의를 균형 있게 이해할 필요가 있다. 갬슨(Gamson, 1988)은 한 사회의 정치문화를 규정하는 '문화적 주제(cultural themes)'와 그에 대립하는 '대항주제(counter themes)' 간의 복잡한 관계를 예리하게 이론화했다. 여기서 문화적 주제란 다양한 구체적 쟁점들에 대한 해석과 판단을 제공하는 보다 넓은 세계관의 프레임을 의미한다. 예를 들어 국가경쟁력, 경제성장, 성과혁신 등이다. 이것에 반대하는 대항 주제들은 예를 들어 평등, 인권, 사회적 정의 등을 중심가치로 부각시킨다. 이처럼 경합하는 문화적 주제들은 다양한 이념적 요소들의 '패키지'로 존재하며, 어떤 '중심 프레임(core frames)'과 '응축하는 상징들(condensing symbols)'이 그 주제 전체를 조직하는 역할을 한다. 또한 그러한 패키지는 현실을 특정한 방식으로 해석하고 예견하는 '스토리 라인' 또는 '시나리오'를 담고 있다(Gamson, 1988: 220-223).

서로 다른 문화적 주제를 표방하는 담론들 간의 쟁투는 곧 "동원의 잠재성을 확대하기 위한 전장(戰場)"이며, 동원을 통한 집단적 행동은 "지배담론에 도전하는 담론을 창조하기 위한 수단"이다(Gamson, 1988: 223, 228). 이러한 문화적 쟁투의 장에서 사회운동의 대항담론은 사회구성원들의 불만으로부터 자생적으로 생겨나고 확산되지 않는다. 갬슨은 대항담론의 성공을 위한 몇 가지 실천적 과제를 언급했다. 첫째는 '스폰서 활동'이다. 이것은 사회운동의 권익주창 활동뿐 아니라 연설, 홍보, 팸플릿, 저술,

그리고 소송, 청원 등의 법률적 문헌을 모두 포함한다. 둘째는 '미디어 활동'이다. 사회운동의 대항담론은 대중매체를 통해 다수 사회구성원들에게 노출되고 전달되어야 한다. 끝으로 위와 같은 실천들을 통해 '문화적 반향'을 불러일으킬 수 있어야 한다. 이를 위해서는 사람들의 일상적 의식과 언어에 내재되어 있는 문화적 주제들과 소통하고 융화될 수 있어야 한다. 그렇기 때문에 현실에서 지배담론과 대항담론의 관계는 '변증법적'이다 (Gamson, 1988: 225-227).

3) 현대성의 구조변동과 새로운 사회운동

제2절 1)항에서 간략히 언급한 바와 같이, 사회운동의 성격 변화와 문화의 중요성은 몰역사적인 것이 아니라 거시적 사회구조 변동과 밀접한 관련이 있다. 사회운동 연구에서 문화의 중요성에 대한 관심은 특히 1960년대에 등장하여 1970년대에 조직적 팽창과 공고화로 이어진 이른바 '새로운 사회운동들(New Social Movements)'에 의해 큰 영향을 받았다. 이 운동들은 1960년대의 생성기, 1970년대의 확장기, 1980년대의 쇠퇴기를 거치면서 변화를 겪었지만, 그 문화적 지향과 가치, 행동양식은 기본적인 연속성을 갖고 있었던 것으로 평가된다(Brand, 1987).

오페(Offe, 1985)는 이 시기에 급성장한 여성, 환경, 인권, 평화, 반문화 운동 등이 19세기 이래 노동운동과 사회주의 운동이 주도해 온 '옛 패러다임'과 구분되는 사회운동의 '새 패러다임'을 대변하는 것으로 해석했다. 참여계층, 쟁점, 가치지향, 행동양식 등 여러 측면에서 이 운동들의 역사적 '새로움'을 경험적으로 확인할 수 있다는 주장이다. 이에 대한 반론으로 '새로운 사회운동'의 이론들이 주장하는 '새로움', 즉 문화와 정체성, 자생성, 비공식적 네트워크 등은 과거 사회운동에서도 중요했으며, 최근 운동들의 새로움을 패러다임적 전환으로 이해하는 것은 과장된 것이라는 비판이 있었다(Calhoun, 1993; Pichardo, 1997).

멜루치(Melucci, 1994: 104-105)는 '새로운 사회운동'의 '새로움'을 둘러싼 논쟁들에서 찬반진영 모두 이 운동들이 마치 어떤 단일한 경험적 실체를 갖고 있는 것처럼 간주하고 그것의 새로움 여부를 갑론을박하는 인식론적 오류를 범하고 있다고 비판했다. 중요한 것은 새로운 유형의 운동이 출현했다는 것이 아니라, 최근 사회운동의 어떤 분석적 요소들이 현대사회의 중요한 구조변동에 관련되어 있다는 사실이라는 것이다. 1960년대 이후 사회운동의 변화는 선진자본주의 사회의 새로운 역사적 단계와 불가분의 관계에 있다(Rucht, 1994). 그러한 거시적 사회구조적 변동은 후기자본주의(Habermas, 1973), 복합사회(Melucci, 1985, 1994), 탈산업사회(Touraine, 1981, 1984) 등 다양한 개념으로 이론화됐다.

투렌의 사회이론은 이 변화를 산업사회로부터 탈산업사회, 혹은 '프로그램화된 사회(société programmée)'로의 이행으로 이론화했다. 이에 따르면, 지배구조의 중심은 물질적 상품의 생산에서 문화상품의 생산으로, 사물에 대한 관리에서 인간에 대한 관리로 이동했다. 여기서는 자본주의 경제체제의 지배구조뿐 아니라, 사람들의 의식과 행동을 특정한 방식으로 생산하고 관리하기 위한 다양한 장치들이 발전된다. 그에 상응하여 사회적 갈등은 생산수단과 물질적 분배, 정치권력에 대한 지배권을 둘러싼 집중된 투쟁에서, 이제는 점차 정보, 문화, 의식, 가치, 신체에 대한 통제권을 둘러싼 다원화된 투쟁으로 이동한다(Touraine, 1981: 6-9; 1992: 283-288). 루흐트(Rucht, 1999)는 급진적 부르주아 자유주의와 초기 사회주의가 주도하던 과거의 사회운동이 사회질서의 총체적 변혁을 추구했던 데 반해, 오늘날에는 사회운동의 지향이 더욱 다원화되고 개혁주의적인 것으로 변하게 됐다고 본다. 즉 사회운동의 근본관념은 '기획으로서의 사회(Gesellschaft als Projekt)'에서 '사회 안의 여러 기획들(Projekte in der Gesellschaft)'로 이동하게 됐다는 것이다.

부분적으로 투렌에게서 영향받은 멜루치(Melucci, 1989, 1996)의 '복합사회(complex society)' 이론은 오늘날 지배와 저항의 문화적 역동성을 더욱 정밀하게 이론화했다. 그에 따르면 현대사회는 고도로 분화된 정보체계를 특징으로 하는데, 그것은 개인들의 욕구와 정체성, 사회에 대한 정보와 지식을 생산하고 관리, 확산하는 거대한 사회통제장치들을 발전시킨다. 개인들의 현실인식과 정체성, 행동양식은 이제 노동과 주거의 물리적 장소에서 일어나는 체험들에 의해서만 규정되지 않는다. 현대 정보사회는 무엇이 주목할 만한 현실이며, 그 현실의 의미는 무엇이며, 그 현실 속에서 개인들은 과연 누구이며 무엇을 욕구하고 행동해야 하는지를 정의하는 문화적 코드들을 통제한다. 따라서 이제 사회적 저항과 갈등은 더 이상 기업과 국가라는 정치경제적 중심부에 대한 투쟁에 국한되지 않는다. 그것은 개인들의 의식과 감정, 일상생활과 사회적 관계를 통제하는 문화적 코드에 대한 상징적 도전들로 재정립된다. 사회운동은 '메시지'다. 그리고 사회운동은 사회에 대한 메시지를 사회에 전달하는 새로운 매체다(Melucci, 1985).

이러한 현대 복합사회의 사회운동은 '잠재성(latency)'과 '가시성(visibility)', 혹은 '숨겨진 네트워크(hidden networks)'와 '가시적 행동(visible actions)'이라는 이중구조를 갖게 된다. 즉 일상적 시기에 사회운동은 일상생활의 수많은 소그룹들 간의 커뮤니케이션 망으로 구성되는 '물밑 네트워크'들(submerged networks)로 존재한다. 다중적이고 느슨한 멤버십, 개인적인 참여와 감정적 연대를 특징으로 하는 이 네트워크 안에서 개인들은 사회현실에 대한 지식과 정보를 소통하고 조율하며, 각자의 체험을 의미 있게 재구성하면서 공동의 정체성과 가치지향을 만들어 간다. 이러한 네트워크는 특정한 사회적 쟁점을 중심으로 하는 집단행동으로 이어짐으로써, 급속히 정치적 장의 수면 위로 떠오른다. 그러한 가시적 동원은 단지 공공정책에 대한 주장을 펼칠 뿐만 아니라, 사회 전체에 대해 자신들의 메시지를 전달하고 문제를 명명하며 새로운 사회적 모델이 가능하다는 것을 과시한다(Melucci, 1994: 127-129).

3. 사회운동과 정체성의 정치

1) 사회운동과 정체성의 문제

앞서 서술한 사회운동의 문화적 차원은 사회현실에 대한 해석, 대안사회에 대한 상상, 사회적 관계와 제도를 조직하는 이념적 원리의 문제를 포괄하지만, 특히 사회운동에의 참여와 집단행동에 커다란 영향을 미치는 것은 바로 행위자들의 정체성이다. 사회운동에서 정체성의 문제는 다음과 같은 실천적 질문에 관련된다. "어떻게 다양한 개인들은 집단적 정체성을 표현하는 공동의 감정과 인식을 획득하게 되는가? 이러한 정체성은 어떻게 각 개인들이 갖고 있는 다른 정체성들과 화해하게 되는가? 그리고 이 집단적 정체성과 행동 간의 관계는 무엇인가?"(Snow and McAdam, 2000: 42) 각 개인들이 사회현실에 대한 비판적 인식, 대안적 삶과 사회에 대한 열망을 갖고 있다 할지라도, 그것이 어떤 공동체에 대한 귀속감과 연대의식으로 이어지지 않는다면 사회운동이라는 집합적 현상은 발생하지 않는다.

브란트(Brand, 1990)는 1960년대 이래 다양한 사회운동의 탄생과 확산은 사회구조적 변동의 조건하에 일어난 것이었지만, 그에 상응하는 사회문화적 분위기(social moods)의 변화와 문화공동체(milieu)의 형성 없이는 사회운동이 생겨날 수 없었음을 강조했다. 도시 지역 청년세대와 신중간계급을 중심으로 새로운 성격의 정치적 사회화와 집단적 정체성이 형성되고, 그것을 지탱하는 사회적 관계로서 특정한 하위문화를 공유한 커뮤니티들이 확산됐다. 그러한 사회적 환경은 사회운동의 네트워크와 동원기반을 형성하는 데 크게 기여했다. 델라 포르타와 루흐트(Della Porta and Rucht,

1995)는 1960년대 이후 등장한 다양한 사회운동들이 '좌파 자유해방주의(left-libertarian)'로 명명할 수 있는 기본적 가치와 정체성을 공유하면서 사회운동의 큰 흐름(social movement family)을 만들어 냈음을 보여줬다.

일찍이 투렌은 사회운동의 세 요소를 정체성(identité), 적대성(opposition), 총체성(totalité)으로 이론화했다. 이 세 가지가 공존하는 곳에서만 '사회운동'의 정의상의 요건이 완전히 충족된다. 그것은 단지 공동의 이해관계의 표출, 무엇에 대한 반대, 이상사회를 향한 가치지향과 구분된다(Touraine, 1965: 155-156). 사회운동 참여자들이 공동의 정체성을 갖고, 현존하는 질서를 방어하는 적대세력의 저항을 뚫어, 자신의 문화적 지향과 사회적 플랜을 관철시킬 수 있을 때 비로소 낡은 사회적 총체성은 해체되고 새로운 사회적 총체성의 맹아가 창조된다(Touraine, 1965: 176-177; 1981: 80-90). 아래에서는 먼저 사회운동 정체성의 특성을 서술한 뒤에, 문화적 쟁투의 장에서 사회운동의 정체성 정치가 직면하는 난관과 과제를 다룬다.

2) 정체성 : 개인적, 사회적, 집단적

사회운동에 대한 참여는 각 개인의 정체성의 변화를 전제로 한다. 즉 개인들은 어떤 조건하에서 자신의 체험과 사회현실에 대한 기존의 해석틀로부터 '인지적 해방(cognitive liberation)'을 경험하게 되며, 그것은 운동의 조직적 발전을 위한 기초적 조건이 된다(McAdam, 1982: 48). 그러나 동일한 개인적 정체성들의 산술적 합이 집단형성과 집단행동을 가능케 하는 것은 결코 아니라는 점이 중요하다. 그것을 위해서는 개인들이 소통적인 상호작용 속에서 삶과 사회에 대한 정의를 공유해야 하며, 또한 그들 모두 각자의 개인성을 초월하는 어떤 집단성의 일원이라는 귀속의식을 발전시켜야 한다. 이 두 가지 측면은 사회운동 연구에서 각각 '집단적 정체성

(collective identities)' 과 '사회적 정체성(social identities)' 으로 개념화되었다.

집단적 정체성의 핵심은 무엇보다 운동 참여자들 간의 '공유된 정의(shared definition)' 에 있다. 테일러와 위티어(Taylor and Whittier, 1992: 105)는 집단적 정체성을 "구성원들의 공동의 이익, 체험, 연대로부터 도출되는 한 집단의 공유된 정의"로 정의했다. 여기서 중요한 것은 집단적 정체성이 단지 연대와 단결을 호소하는 것에 의해서가 아니라, 공동의 이해관심과 체험, 연대의 실현이라는 현실적 과정으로부터 도출된다는 점이다. 그러한 과정을 거쳐 형성된 집단적 정체성은 한편으로 운동주체들의 공동의 이익과 상황을 정의하는 해석적 프레임을, 다른 한편으론 '우리' 와 '그들' 의 차이를 정립하는 경계구성의 담론들을 포함한다.

한편, 멜루치는 집단적 정체성이 개인들 간의 상징적 상호작용의 과정을 거쳐 형성됨을 강조했다. 집단적 정체성은 개인들이 "그들의 행위 '지향', 기회의 '장', 그들의 행위에 주어져 있는 구속들에 대해 생산해 내는 상호작용적이고 공유된 정의"(Melucci, 1996: 70)로 정의된다. 이 글의 제2절 3)항에서 서술한 일상세계의 '물밑 네트워크' 는 개인들 간의 상호작용을 통해 집단적 정체성이 생겨나는 사회적 관계의 대표적 사례라고 할 수 있다. 또한 멜루치는 운동의 목표와 수단, 행위환경에 대한 '인지적 정의' 와 더불어, 공동체에의 귀속감을 강화하는 '감정적 투자' 를 중요시했다(Melucci, 1988: 343). 감정적 결속을 결여한 집단은 머리로는 함께하되 행동에 이르기 힘들며, 인지적 기초를 결여한 집단은 가슴으로만 함께하기에 맹목적으로 행동한다.

위의 멜루치의 정의는 집단적 정체성과 현실에서 분리될 수 없지만 분석적으로 구분되는 또 하나의 정체성 차원을 포함하고 있다. 바로 사회적 정체성이다. 그것은 어떤 집단적 · 사회적 범주에 대한 개인들의 귀속의식과 그에 대한 가치부여를 뜻한다. "집단적 정체성은 어떤 한 집단의 구성원들이 공유하는 인식에 관련되는 데 비해, 사회적 정체성은 한 개인이 하나 혹은 여러 집단 내의 멤버십에 관해 갖는 인식에 관련된다"(Klandermans and de Weerd, 2000: 74). 사회적 정체성은 '집단 동일시(group identification)'의 사회심리적 과정과 밀접히 관련된다. 그것은 자아범주화(self-categorization), 즉 개인들이 자신을 무엇보다 어떤 집단적 · 사회적 범주의 일원으로 이해하는 것을 의미한다. 그것은 종종 자아인식의 '탈인격화', '탈개인화', '탈인간화'로 이어진다(Brewer and Silver, 2000). 집단행동에 참여한 개인들은 자신의 행동, 감정, 주장을 어떤 집단적 · 추상적 범주의 행동, 감정, 주장으로 지각하고 표현한다. '민중', '국민', '노동계급', '여성'과 같은 집단적 주체의 기호들, '조국', '자연', '지구' 등 비인격적 기호들, '민주주의', '사회주의' 처럼 추상적 관념을 지칭하는 기호들이 마치 생명체처럼 고통받고, 절규하고, 봉기하고, 전진하는 존재로 간주된다. 이와 같은 사회적 정체성은 집단적 정체성을 형성하기 위한 필수조건이다. 각기 어떤 사회적 정체성을 갖고 있는 개인들이 반드시 서로 간에 집단적 정체성을 발전시키는 것은 아니지만, 집단 정체성이 발전되기 위해서는 개인들이 공동의 사회적 정체성을 형성해야 한다.

3) 정체성의 정치 : 적대, 연대, 확대

정체성의 정치는 어떤 주어진 통일적 정체성을 '관철' 시키기 위한 정치가 아니다. 집단적 정체성은 집단행동 '이전에' 존재하는 선행조건이 아니며, 또한 집단행동의 성공을 위해 단지 활용하기만 하면 되는 실체적 수단도 아니다. 그것은 집단행동의 '과정에서' 이뤄진다(Melucci, 1988: 332). 그것은 '우리'를 정의하고 '우리/그들'의 경계를 구성하는 의미화의 실천을 통해 형성되고 또한 지속적으로 변화한다(Hunt, Benford, and Snow, 1994). 정체성의 정치는 한편으로 운동 참여자들 간에 공동의 인식과 감정적 결속을 만들어 가는 과정에서(Melucci, 1988: 343, 1996: 70-71),

다른 한편으론 적대자 집단과 갈등하고 충돌하는 과정에서 누가 '동지' 이고 누가 '적' 인지를 정의해 가는 상징적 행위이자 상호작용이다(Taylor and Whittier, 1992: 111-121).

먼저 운동 내적인 정체성 정치에서 가장 중요한 과제는 '다중적 정체성(multiple identities)' 의 문제를 해결하는 일이다. 사회운동에는 많은 개인과 집단이 참여한다. 그러므로 거의 언제나 다양한 성격과 층위의 정체성들이 움직인다. 그렇기 때문에 운동 내부의 정체성 차이를 조율하는 것은 사회운동의 중요한 과제가 되며(Roth, 2008), 서로 다른 정체성들을 화해시키기 위한 다중정체성 작업(multi-identity work)이 의식적으로 이뤄져야 한다(Ward, 2008). 그러나 그러한 조정과 화해를 관장하는 초월적 주체는 존재하지 않는다. 오히려 여러 정체성들이 서로 주도권을 잡으려 경합하는 정체성 경쟁(identity competition)이 일어나는 것이 일반적이다. 그러한 경합의 결과로서 종종 두드러진 정체성(salient identities)과 주변화된 정체성들이 서로 위계적인 관계에 놓이게 된다(Stryker, 2000: 33-34).

위와 같은 운동 내적 정체성의 정치는 적대자 집단 혹은 동맹자 집단과 상호작용하는 대외적인 정체성 정치와 동시에 전개된다. 이 중에서 사회운동에 일차적 중요성을 갖는 것은 사회운동과 갈등적 관계에 있는 사회세력과의 경계를 구성하는 '대립적 정체성(adversarial identities)' 의 형성이다. 집단정체성은 사회운동에만 있는 것이 아니다. 또래집단, 팬덤그룹, 동창회에서도 집단정체성은 존재할 수 있다. 특별히 '사회운동적' 인 집단정체성의 특징은 '정치화(politicalization)' 다. 정치화는 무엇보다 사회의 문제 상황에 대해 책임이 있는 '그들' 에 대한 공동의 대립적 의식을 통해 이뤄진다(Klandermans and de Weerd, 2000: 70). '그들' 을 정의하는 대립적 정체성은 앞서 언급한 '우리' 의 정체성을 구성하는 데에 깊은 영향을 미치며, 그 역도 마찬가지다. 양자는 서로 분리될 수 없다.

끝으로 사회운동의 정체성 정치는 '동맹자 정체성(ally identities)' 을 형성해야 한다(Myers, 2008). 사회운동의 정치에서는 적대자 집단과의 관계 뿐 아니라, 광범위한 층위의 잠재적 지지자와 방관자들이 큰 변수가 된다. 틸리(Tilly, 1986: 3)는 사회운동 참여자들이 단지 자신들의 이익에 대한 공유된 정의를 발전시킬 뿐 아니라, 또한 다른 집단들이 그들의 이익을 정의하는 과정에 영향을 주기 위해 노력하기도 한다는 점을 강조했다. 사회운동은 잠재적인 동맹자들과의 연대를 창출하기 위해 그들이 자신의 이익을 정의내리는 데에 개입하고, 또한 그들과의 동맹을 가능케 하는 방향으로 사회운동의 정체성을 다듬어야 한다.

성공적인 사회운동들은 위와 같은 정체성 정치를 통해 기본적인 가치와 세계관, 현실인식을 공유하고 감정적 결속으로 연결된 폭넓은 연대의 공동체를 형성한다. 그들은 자원동원론에서 유사부문 사회운동조직의 집합으로 개념화했던 사회운동산업(social movement industry)보다 훨씬 더 넓게 펼쳐지고 깊게 뿌리내린 역사적 주체들이다. 뷔칠러(Buechler, 1990: 42-44)는 그처럼 다양한 운동조직과 네트워크, 커뮤니티를 망라하는 개념으로서 '사회운동 공동체(social movement community)'를 제안했다. 나아가 델라 포르타와 루흐트(Della Porta and Rucht, 1995: 230-233)는 비공식적 네트워크와 커뮤니티뿐 아니라, 간헐적 참여자와 심정적 동조자들을 모두 포함하는 '사회운동 패밀리(social movement family)' 개념을 제안했다. 이들을 '우리'로 묶어주는 것은 명문화된 강령, 조직적 규율이 아니라 공동의 정체성이다. 이러한 역사적 주체의 층이 폭넓게 형성될 때, 비로소 사회운동은 그들로부터 정신과 행동의 양식을 공급받고 또한 그들을 조직적 주체로 재구성할 수 있다.

4. 프레이밍 : 사회운동의 상징적 전략

미국 사회학의 사회운동 연구에서 중요한 비중을 차지하는 '프레이밍 학파'는 사회운동의 문화적 · 상징적 차원을 주목했다는 점에서 이제까지 서술한 연구동향들과 공통분모를 갖지만, 특히 사회운동조직의 전략적 관심을 중심에 두고 있다는 특징이 두드러진다. 제2절에서 서술한 바와 같이 유럽에서는 1960~70년대부터 사회이론의 문화적 전환이라는 큰 기획의 일환으로 사회운동의 문화와 정체성이 이론화되었다. 이에 비해 미국에서는 1970~80년대에 자원동원론(McCarthy and Zald, 1977) 및 그에 인접한 정치과정론적 접근(Gamson, 1975; McAdam, 1982; Tilly, 1978)이 전통적인 사회심리학적 접근과 대결하는 과제가 우선했다. 미국 사회학에서 사회운동의 문화에 대한 관심은 1980년대 후반 스노우와 벤포드가 주도한 프레이밍학파의 등장과 더불어 본격화됐다(Snow and Benford, 1988; Snow, Rochford, Worden, and Benford, 1986; 개괄을 위해서는 Benford and Snow, 2000). 프레이밍학파는 고전적인 사회심리학적 설명과, 그에 대한 비판으로 등장한 자원동원론이 모두 간과한 의미화의 실천과 그것의 인지적 합리성을 부각시키고자 했다. 그러나 그들은 또한 자원동원론적 전통의 전략적 · 도구적 관심을 많은 부분 공유하고 있었다. 이러한 지성사적 맥락은 프레이밍학파의 강점이자 약점이기도 했다.

1) 프레이밍학파의 주요 관심과 주장

사회운동에 대한 문화적 접근을 취하는 다른 많은 이론들과 마찬가지로 프레이밍학파는 사회적 구성주의의 관점에서 출발한다. 즉 현실의 객관적 의미는 주어져 있지 않으며, 언제나 다양한 인지적 프레임을 통한 의미화에 열려 있다. 한 사회에서 현실을 해석하는 지배적 프레임은 가족, 교육기관, 대중매체 등의 제도적 장치들을 통해 생산되고 유지된다. 그러나 또한 그러한 지배적 프레임에 도전하는 상징적 실천들이 존재하며, 그렇기 때문에 프레임 쟁투(frame contention)는 사회적 갈등과 변동의 중요한 구성요소다. 사회운동은 그러한 쟁투의 장에 뛰어들어 목적의식적으로 지지자와 참여자를 획득하기 위해 운동의 프레임을 정교화하고 확대해야 한다. 프레이밍학파는 이처럼 사회운동의 가장 의식적인 주체들이 달성해야 하는 실천적 과제에 몰두했다.

가장 기본적으로 사회운동의 프레임은 세 가지 기능을 수행하는 것으로 이론화되었다. 첫째는 무엇이 문제인지를 강조하는 기능(punctuation)이다. 이제까지 사람들이 단지 개인적 불운이나 바꿀 수 없는 운명처럼 여겨온 어떤 사회현실이 정당하지 못하며, 변해야 하는 현실임을 확신시키는 일이다. 둘째는 문제의 원인과 책임소재를 지목하는 기능(attribution)이다. 사회문제에 대한 책임이 어떤 구조 또는 집단에 있는지를 진단하고, 그에 상응하는 행동과 해법을 제시하는 일이다. 셋째는 다양한 체험과 사건들을 통일적 의미체계로 접합시키는 기능(articulation)이다. 사람들이 경험하거나 목도하는 여러 사건이나 체험들 간의 연관관계를 통일적 프레임 속에서 서로 연결시키는 일이다(Snow and Benford, 1992: 127-128).

위와 같은 기능을 효과적으로 충족시키기 위해 사회운동조직의 프레이밍 실천은 세 가지 기본적 과제를 수행해야 한다. 첫째, 진단(diagnosis)이다. 사회현실의 어떤 측면이 문제가 있으며 따라서 변해야 하는지, 그 문제는 어떤 사회적 기제 또는 집단들에 의해 생겨나고 계속되고 있는지를 정의하는 인식틀을 구성하고 확산시키는 일이다. 둘째는 처방(prognosis)이다. 변화해야 하는 문제로 진단된 사회현실을 개선하기 위한 해법을 구체적인 행동목표로 제시하는 일이다. 끝으로 동기부여(motivation)의 역할이다. 현실을 개혁하기 위해서는 사람들이 행동해야만 하고, 또한 행동을 통해 문제의 현실을 변화시킬 수 있다는 확신을 부여하는 일이다(Snow and Benford, 1988: 199). 사회운동이 이 세 가지 과제를 성공적으로 수행할 때 비로소 방관자는 지지자가 되며, 지지자는 참여자로, 간헐적 참여자는 헌신적 참여자로 변화한다.

한편, 사회운동 연구에 '프레임' 개념을 최초로 도입했던 갬슨(Gamson, Fireman, and Rytina, 1982)은 1990년대 초반에 집단행동 프레임의 세 구성요소를 '불의(injustice)', '행동(agency)', '정체성(identity)'으로 이론화했는데(Gamson, 1992), 그것은 스노우, 벤포드의 것과 구분되는 고유한 이론적 함의와 유용성을 갖고 있다.

첫째, 불의(injustice)의 프레임은 어떤 사회현실이 정의롭지 않으며 따라서 변화되어야만 한다는 "도덕적 공분(moral indignation)"을 표현한다. 사회운동의 프레임은 단지 현실이 이런저런 문제를 갖고 있다는 인지적 명제가 아니라, 그 사실관계의 도덕적 의미에 대한 강한 가치판단과 규범적 해석을 포함하는 "뜨거운 인식(hot cognition)"이다(Gamson, 1992: 7). 여기서 갬슨은 스노우, 벤포드의 '진단적 프레임'에 비해 운동 프레임의 도덕적 · 감정적 성격을 강조하고 있다. 스노우, 벤포드는 모든 사회운동이 그러한 불의의 프레임을 갖고 있는 것은 아니라는 관점을 갖고 있다.

둘째, 행동(agency)을 강조하는 프레임은 어떤 사회현실이 단지 정의롭지 못할 뿐만 아니라, 참여와 행동을 통해 바꿀 수 있는 현실이라고 느끼게끔 하는 역할을 한다. 현실에 대한 불만이 있다 할지라도 사람들이 냉소와 체념에 빠져 있으면 동원은 일어나지 않는다. 그런 의미에서 지배질서의 공고함을 과장하는 급진적 사회비판은 종종 그 자신이 행동과 변화를 가로막는 역할을 하기도 한다(Gamson, 1992: 62). 이 측면은 스노우, 벤포드가 '동기부여' 프레임으로 개념화한 것과 유사하지만, 갬슨은 특히 하층계급이 느끼는 무력감과, 그럼에도 불구하고 소멸되지 않는 변화에의 열망을 생생하게 포착하는 데 많은 노력을 기울였다.

끝으로 정체성(identity)의 차원은 사회운동 참여자들이 '우리'의 연대 의식과 공동체 감정을 발전시키고, 동시에 운동 적대세력인 '그들'과의 대결관계를 정립하는 것을 의미한다. 운동 정체성의 이 두 가지 차원 중에서 갬슨은 후자의 측면, 즉 '대립적 정체성(adversarial identity)'의 측면이 더 결정적인 것으로 간주했다. 특히 여기서 대립과 비판은 사회문제의 구체적 원인 제공자를 겨냥해야 한다는 점이 강조된다. 스노우(Snow and McAdam, 2000) 역시 정체성 구성을 간과하지 않았지만, 많은 부분 이미 정립된 프레이밍이론의 분석적 차원들을 정체성 문제에 적용시킨 것에 지나지 않았다. 이처럼 스노우 · 벤포드와 갬슨의 프레임이론은 각자의 초점과 강점을 갖고 있고, 따라서 상호 보완적 관계에 있다.

2) 장(場)의 복잡성과 프레이밍 과제

스노우와 벤포드는 다양한 사회세력 간의 상징적 쟁투와 융합이 일어나는 문화적 장 속에서 생겨나는 사회운동의 실천적 장애와 과제를 이론화하는 데 특별한 기여를 했다. 운동주체들의 일차적 관심은 운동의 프레임을 확산시켜 지지자를 획득하고 참여와 동원을 극대화하는 데 있다. 하지만 그들은 오직 사회 전반의 문화적 환경, 즉 지지자, 방관자, 적대자들이 갖고 있는 세계관과 가치체계, 신념체계와 소통하거나 대결함으로써 비로소 자신의 목표를 실현할 수 있다. 따라서 사회운동의 프레이밍에서는 '전략(strategies)'과 '소재(materials)'의 관계가 큰 의미를 갖는다(Noakes and Johnston, 2005: 7-11). 프레이밍 학파는 한편으로 사회운동 프레임의 효과를 극대화하기 위한 요건을 이론화하고, 다른 한편으론 사회운동이 운동의 정체성을 상실하지 않으면서 다수의 동의를 획득하려는 가운데 직면하게 되는 딜레마들을 분석하는 데 큰 관심을 기울였다.

그 노력의 산물로 가장 먼저 제시된 개념은 '프레임 정렬(frame alignment)'이었다. 스노우와 그의 동료들은 이를 "개인들의 이해관심과 가치, 신념이 사회운동조직의 활동, 목표, 이데올로기와 일치하고 상호 보완적으로 되게끔 개인과 사회운동조직의 해석적 지향을 연결시키는 것"으로 정의하고, 그와 같은 "프레임 정렬에 영향을 미치는 다양한 상호작용과 의사소통의 과정"을 '미시동원(micromobilization)'으로 개념화했다(Snow *et al.*, 1986: 464). 여기서 '정렬(alignment)'이라는 개념이 터하고 있는 이론적 배경을 이해하는 것이 중요하다. 그것은 '의미'의 생성에 관한 관점을 표현한다. 즉 의미는 어떤 대상 혹은 그것을 지칭하는 어휘에 내재한 것이 아니라, 현실을 재현하는 상징적 요소들 간의 '관계'에 의해 발생한다는 것이다. 프레임 정렬은 개인적 체험, 역사적 기억, 사회적 사건, 사회제도와 구조의 특정한 요소들을 상징적으로 구성하고, 이들을 통일적 연관체계로 의미 있게 엮어내는 활동이다.

스노우와 그의 동료들은 프레임 정렬의 네 가지 유형을 분석적으로 구분했다(Snow *et al.*, 1986: 467-476). 첫째, '프레임 중개(frame bridging)'는 서로 이념적 친화성을 갖지만 구조적으로 결합되지 않은 다수의 프레임을 연계하는 것을 의미한다. 둘째, '프레임 증폭(frame amplification)'은 어떤 구체적 쟁점, 문제, 사건들과 관련하여 운동의 프레임을 명확히 하고 강화하는 것이다. 이는 다시 '가치 증폭'과 '신념 증폭'으로 구분되는데, 여기서 '가치'는 운동의 목표와 최종적 지향을, '신념'은 목표달성을 위한 행동을 촉진시키는 인지적 요소들을 의미한다. 셋째, '프레임 확장(frame extension)'은 운동의 가치와 행동강령이 운동의 잠재적 지지자, 참여자들의 관심과 관점, 가치지향을 품을 수 있게끔 운동 프레임을 다듬고 넓히는 작업이다. 끝으로 '프레임 전환(frame transformation)'은 사회운동조직의 가치, 목표, 행동강령이 많은 사람들의 문화나 의식으로부터 너무 동떨어져 있어서 공명을 얻기 힘들거나 심지어 충돌할 때, 이를 극복하기 위해 낡은 운동 프레임 대신에 새로운 가치와 인식틀을 발전시키는 것을 의미한다. 프레임 전환은 특정한 영역에 국한된 전환일 수도 있고, 운동 프레임 전반의 근본적 전환일 수도 있다. 이처럼 네 가지 유형의 프레임 정렬이 분석적으로 구분되었지만, 현실에서는 다양한 유형의 프레임 정렬활동이 동시에 전개된다.

위와 같은 프레임 정렬활동을 통해 사회운동이 궁극적으로 달성하고자 하는 목표는 잠재적 참여자 · 지지자들의 공감과 동의를 획득하여 행동에 동참하거나 지원하게끔 만드는 것이다. 이것을 가리키는 중요한 개념이 바로 '프레임 반향(frame resonance)'이다. 이 개념은 "사회운동의 비판적 · 개혁적 프레임이 대중적 공감을 불러일으키게 하기 위해서는 무엇이 필요한가?"라는 질문에 대한 답을 모색하기 위한 도구다. 그 출발점이 되는 인식은 "빈 컵에 새롭고 낯선 관념들을 단지 쏟아 붓는" 식의 계몽이란 있을 수 없으며, "모든 성공적 정치 교육은 그것이 변화시키고자 하는 신념체계의 본성과 구조로부터 출발하고 또 그것에 연결되어야" 한다는 것이다 (Snow and Benford, 1988: 204). 제2절에서 다룬 여러 연구자들은 사회운동의 문화적 환경이 운동의 이념과 정체성을 구성하고 동원을 가능케 하는 토대라고 본 데 반해, 스노우와 그의 동료들은 사회문화적 환경을 일차적으로 '구속'으로 인식했다.

그것은 두 측면으로 구분된다. 첫 번째 구속요인은 '신념체계의 하부구조적 구속(infrastructural constraints)'이다. 이 구속을 극복한다는 것은 잠재적 참여자들의 생활세계에 구조화된 신념체계에 영향을 미치고 그것과 접속하여 이들을 실제적 참여자로 전환시키는 것을 의미한다. 특히 신념체계의 두 가지 구성요소가 프레이밍의 성패에 영향을 미친다. 첫째, 중심성(centrality)이다. 신념체계는 여러 가치들에 각기 다른 중요성을 부여하는 위계적 성격을 띠기 때문에, 그 위계의 상위에 놓인 핵심 가치와 신념에 운동 프레임이 접목될 때 참여와 동원 효과가 극대화된다. 둘째, 가치와 신념의 범위(range)와 상호연계성(interrelatedness)이다. 삶과 사회의 넓은 영역에 대해 해석을 제공하고 이를 서로 연결시키는 프레이밍이 필요하다(Snow and Benford, 1988: 205-206). 그러나 여기에 딜레마가 있다. 과도하게 제한된 프레이밍은 폭넓은 동의를 이끌어 내지 못하고, 반대로 과잉확장된 프레임은 다수의 동의를 얻되 누구로부터도 적극적 참여를 끌어내지 못할 수 있는 위험이 있다.

다른 하나의 구속요인은 '현상학적 구속(phenomenological constraints)'이다. 앞서 언급한 하부구조적 구속이 가치와 신념체계의 구조적 차원에 관련된다면, 여기서는 운동 프레임과 사람들의 의미세계 사이의 소통과 일치가 중심 문제다. 이를 위한 세 가지 핵심 과제가 제시됐다. 첫째, '경험적 신뢰성(empirical credibility)'이다. 사람들이 경험하는 사회적 사건들이 사회운동의 주장을 뒷받침하는 증거로 간주될 수 있게끔 프레이밍해야 한다. 둘째, '체험적 조응(experiential commensurability)'이다. 사람들이 겪는 문제상황에 대해 운동 프레임은 구체적 설명과 해법을 제시해야 한다. 셋째, '서사적 충실함(narrative fidelity)'이다. 운동 프레임은 일상생활에서 전승되고 공유되는 문화적 서사들과 공명할 수 있어야 한다(Snow and Benford, 1988: 207-210).

이상과 같은 프레이밍의 과제들을 수행하는 주체는 물론 사회운동이다. 그러나 '사회운동'이라는 개념을 인격화하는 오류를 범해선 안 된다. 행위의 주체는 오직 개인 행위자이며, 사회운동은 많은 개인 행위자들 간의 조율된 행동에 의해 이뤄지는 집합적 사회현상이다. 그렇기 때문에 현실 해석과 미래의 지향점을 둘러싼 갈등은 단지 사회운동과 그 적대세력 간에만 있는 것이 아니다. 운동 내부에도 그러한 갈등과 긴장이 언제나 존재한다. 이 측면을 포착하기 위한 개념이 바로 '프레임 분쟁(frame disputes)'이다.

사회운동 참여자와 조직들은 큰 틀에서 가치와 지향, 사회현실에 대한 비판적 관점을 공유하지만, 운동의 구체적인 목표, 전략, 상황인식으로 들어가게 되면 운동 내에 이견과 갈등이 거의 언제나 존재한다. 그 갈등은 때론 운동의 혁신으로 이르는 건설적 동력이 되기도 하지만, 또한 드물지 않게 파괴적 결과를 낳기도 하며, 프레임 분쟁의 과정에서 어떤 운동세력이 주도권을 쥐느냐에 따라 보다 넓은 운동진영의 방향성이 좌우되기도 한다. 벤포드(Benford, 1993: 680-681)는 사회운동 내부의 프레임 분쟁(intra-movement frame disputes)을 조직 내(intraorganizational) 분쟁과 조직 간(interorganizational) 분쟁으로 구분하여, 두 유형의 프레임 분쟁이 서로 다른 다이내믹을 갖고 있으며 또한 서로 교차됨으로써 사회운동의 큰 흐름을 결정하는 데 영향을 미친다는 것을 보여줬다. 위에서 서술했던 프레임 정렬과 프레임 반향을 위한 활동들은 프레임 분쟁의 모든 국면에서 난해한 쟁점이 될 수 있다.

3) 저항의 역사적 주기와 마스터 프레임

프레임 정렬의 이론이 주로 미시동원의 맥락을 겨냥하고 있었다면, 프레이밍학파의 또 하나의 중요한 관심사는 사회운동이 고조되는 역사적 국면에서 프레이밍의 과제와 역할이었다. 이 측면을 포착하기 위한 핵심 개념이 바로 '마스터 프레임(master frame)'이다. 사회운동에서 마스터 프레임의 기본적인 역할은 앞서 서술한 운동 프레임 일반의 경우와 동일하지만, 마스터 프레임과 특정 운동의 프레임의 차이는 단지 규모의 차이만이 아니라 중요한 기능적 차이이기도 하다.

"마스터 프레임과 특정 운동의 집단행동 프레임 간의 관계는 패러다임과 잘 정련된 이론 간의 관계와 같다. 마스터 프레임은 발생적(generic)인데 반해, 특정한 집단행동 프레임은 파생적(derivative)이다"(Snow and Benford, 1992: 138). 마스터 프레임은 특히 다양한 쟁점에 관해 다양한 집단들이 동맹하여 대규모 동원을 일으키는 운동 고조기에 그 중요성이 커지며(Snow, 2007: 390-391), 또한 거기서 파생된 프레임들은 저항의 하강기에도 꾸준히 지속되는 다양한 후속 운동들(spin-off movements)의 중요한 구성요소가 되기도 한다(McAdam, 1995).

스노우와 벤포드는 '제한적(restricted) 마스터 프레임'과 '세련된(elaborated) 마스터 프레임'을 구분했는데, 이 구분은 대규모 동원이 이뤄지는 상황에서 사회운동이 직면하는 딜레마를 이해하는 데 유용하다. 여기서 '제한적'/'세련된' 프레임의 구분은 영국의 사회학자 번스타인(Basil Bernstein)의 사회언어학 이론에 기반하고 있다. 번스타인은 계급에 따른 언어적 코드의 차이가 화자가 속한 사회적 관계의 차이로부터 발생하며, 상이한 언어적 코드는 역할, 소통, 연대에 관한 상이한 사회적 규칙을 함축한다는 이론을 정립했다(Bernstein, 1964). 그의 이론에서 '제한적 언어코드'는 화자들이 이해의 맥락을 공유하는 것을 전제로 하여 제한적 언어사용과 다양한 언어외적 수단으로 의미를 전달한다. 이것은 강한 문화적 동질성을 가진 닫힌 공동체 안에서 상호이해를 극대화한다. 반면 '세련된 언어코드'는 폭넓은 구문론적 대안을 구사하면서 화자의 의도를 정밀하게 전달하며, 폭넓은 층의 청자에게 유연하게 언어적 설계를 할 수 있다. 번스타인에 따르면 노동계급은 제한적 언어코드를 주로 구사하는 데 비해, 상층 · 중간계급은 많은 경우 세련된 코드와 제한적 코드를 모두 구사할 수 있다(Bernstein, 1972: 480).

스노우와 벤포드는 이 사회언어학 이론을 사회운동의 프레이밍 연구에 도입했다. '제한된 프레임'은 특정한 운동 이슈에 관련된 닫힌 관념체계로서, 내적으로 응집성이 강하고 구체적이지만 증폭과 확장이 어렵다는 특성이 있다. 핵무장 반대 프레임이 그 예로 제시된다. 반면 '세련된 프레임'은 폭넓은 관념들을 유연하고 포괄적으로 담아낸 의미체계로서, 다양한 이슈와 현상, 청자들에게 프레임을 증폭하고 확장할 수 있다. 시민권 프레임이 그 예다. 스노우와 벤포드는 세련된 마스터 프레임이 운동의 영향력과 동원효과를 확장하는 데 기여하지만, 행위자들의 가치와 신념체계에 미치는 영향은 표피적일 수 있음을 지적했다(Snow and Benford, 1992: 139-141).

이상의 이론들은 대규모 동원이 이뤄지는 사회운동의 고조기에 운동 프레임의 과제와 딜레마를 개념적으로 포착하는 데 크게 기여했지만, 마스터 프레임과 실제적 동원 간의 인과성에 관한 스노우, 벤포드의 주장은 모호성을 많이 남겨 놓았다. 한편으로 이들은 저항의 발생, 강도, 지속기간 등이 단지 정치사회적 기회구조의 산물이 아니라, 효과적인 마스터 프레임의 존재여부와 그것을 활용하는 사회운동조직의 능력에 의해 영향받는다는 주장을 펼쳤다(Snow *et al.*, 1986: 477). 하지만 다른 한편으론 이들은 또한 저항의 역사적 고조기가 마스터 프레임을 탄생시켜 사회운동의 새로운 관념과 상징들을 잉태하고 파생시킨다고 주장하기도 했다(Snow and Benford, 1988: 212). 단지 프레이밍과 동원은 쌍방적으로 영향을 주고받는다고 말하는 것은 충분히 성실하다고 할 수 없으며, 정확히 어떤 인과관계가 발견되는지를 검토하는 역사적 · 경험적 연구들이 요구되고 있다. 뿐만 아니라 정치적 기회구조나 자원동원 등 다른 설명요인들과의 관계 속에서 봤을 때 과연 마스터 프레임이 운동의 성패, 저항의 부침을 얼마나 설명할 수 있는지에 대해서도 정밀한 분석이 요구되고 있다.

5. 결 론

이 글은 유럽과 미국에서 발전된 학문적 흐름들을 중심으로 사회운동의 문화적 차원에 관한 주요 개념과 이론을 서술했다. 학문적인 연구동향을 지리적 범주에 따라 구분하는 것은 위험한 일이지만, 전반적인 연구관심과 이론적 초점에서 의미 있는 차이가 발견된다. 제2절에서 집중적으로 다룬 유럽의 이론가들은 대체로 사회이론과 행위이론의 문화적 재구성이라는 큰 기획의 일환으로 사회운동을 다루는 경향이 강했으며, 또한 그렇게 재구성된 현대사회이론의 중심에 사회운동을 위치시킴으로써 사회운동의 역사적 위상과 역할을 이론화하는 데 큰 관심을 기울였다. 이에 상응하여 사회운동의 변화는 운동주체의 전략적 행위와 선택의 산물이라기보다는, 사회구조와 문화적 환경의 역사적 변화라는 토대 위에서 생성된 사회현상으로 설명되었다.

이에 반해 미국 사회학에서 발전된 프레이밍이론은 사회운동조직 혹은 적극적 활동가들의 전략적 관심을 반영하는 자원론적 경향이 강했다. 프레이밍학파는 자원동원론과 같이 사회운동론에 기업가적 모델을 도입하는 것의 한계를 분명히 인지했지만, 목적의식적인 동원의 극대화에 대한 관심을 공유했다. 자원동원론을 정립한 주인공의 한 명인 졸드(Zald, 1996: 261)는 "문화와 이데올로기를 전략적 산물로 간주하는 [프레이밍학파의] 관점은 운동의 이념들이 공동체에 뿌리내리고 거기에서 서서히 생성되는 측면을 강조하는 경향이 있었던 기존 관념들과 분명히 단절하는 것을 의미했다"고 높이 평가했다. 이것은 유럽에서 발전된 거시적 · 역사적인 접근들이 안고 있는 실천적 한계를 정확히 지적한 것이기도 하다.

그러나 프레이밍학파와 자원동원론적 전통의 이러한 이론적 친화성은 미국과 유럽의 여러 사회운동 연구자들에 의해 격렬한 비판을 받았다. 문제의 핵심은 그들이 프레임을 주로 목적-수단 도식의 도구적 관점에서 이해했고, 마치 행위자들이 프레임 밖에서 자신의 프레임을 조작할 수 있는 것처럼 오해했으며, 프레이밍 행위를 합리적 선택모형과 같은 공리주의적 관점에서 이해했고, 프레임이 탄생하고 사멸하는 역사적 과정을 간과하고 전략적 행위의 산물로만 간주했다는 데 있었다(Crossley, 2002: 139-141; Goodwin, Jasper, and Polletta, 2001; Jasper, 1997; Steinberg, 2002). 이것은 일찍이 자원동원론의 전략적 편향이 받았던 비판과 상당히 일치한다(Cohen, 1985). 벤포드는 1990년대에 프레이밍이론의 여러 편향들에 대해

"내부자의 비판"(Benford, 1997)을 가하기도 했지만, 이 학파 내에서 근본적인 이론적 재구성을 시도한 2세대는 아직까지 등장하지 않은 것으로 보인다.

한국에서 사회운동 연구자들은 사회운동의 문화적 차원을 조명하는 많은 의미 있는 탐구들을 수행해 왔다. 1990년대에는 새로운 사회운동의 이론과 세계 각지의 운동사례들을 소개하고, 한국의 최근 사례들을 분석한 연구서들이 많이 출간됐다(이신행 외, 1994; 임희섭 · 양종회, 1998; 박형신 외, 2000; 최종욱, 1994). 2천년대에 들어서는 사회운동의 다양한 문화적 차원들을 세밀하게 조명한 연구들이 꾸준히 이뤄졌다. 이 연구들은 한국사회운동의 이념 · 담론 · 의례(박영신, 2005; 정근식, 2007; 정철희 외, 2007; 조대엽, 2007; 조희연, 2004), 운동 참여자들의 정체성과 집단정체성의 동학(구은정, 2008; 김두식, 2003; 신진욱, 2011; 이승훈, 2005; 이항우, 2012), 운동주체들의 집단적 기억과 기억의 정치(김진균, 2003; 나간채 외, 2004; 정근식 외, 2006), 운동 프레임과 미시동원(신진욱, 2007; 박인혜, 2011; 정철희, 2003; 최인이, 2007) 등 거의 모든 연구주제들을 망라했다.

이런 기존 연구들은 사회운동의 문화적 실천과 환경에 관련된 주요 이론들을 한국사회학에 도입하고, 한국의 경험에 비추어 이를 능동적으로 변형시켜 왔다. 한국의 학자들이 국내외에 발표한 기존 연구들이 이 글에서 서술한 이론들을 어떤 방식으로 심화하고 개선했는지를 검토하는 작업이 필요하다. 나아가 오늘날 국제학계의 연구 패러다임을 주도하고 있는 북미 · 유럽의 역사적 경험을 허위 일반화하지 않는 지구적 · 비교론적 관점의 이론형성이 중요한 과제로 남아 있다.

제 **2** 부

전통적 사회운동의 새로운 모습

제 4 장 민주노조운동의 역사적 동학과 그 한계

제 5 장 일본군 '위안부' 문제와 지역여성운동 : 경남지역 활동을 중심으로

제 6 장 사회운동과 감정 : 한국 기독교 보수주의 운동의 사례

제 4 장

민주노조운동의 역사적 동학과 그 한계[1)]

| 노중기(한신대 사회학과)[2)] |

1. 머리말

1970년 전태일에게 '근로기준법 준수'와 '대학생 친구'는 살아서는 이룰 수 없는 꿈이었다. 그러나 그 꿈은 17년 후 1987년 여름에 수백만 노동자가 외친 '노동해방'과 '민주노조 건설'로 시대를 건너 살아났다. 시간이 흘러 전태일의 대학생 친구들이 국회의원이 되고 탄압에 허덕이던 민주노조가 수십 만의 산별노조, 민주노총과 민주노동당이 되었을 때 그 꿈은 하나의 현실이 되는 듯하였다.

그러나 그 꿈은 우리 모두가 알고 있듯이 지금 빛을 잃고 있다. 1987년에 거리를 메웠던 젊은 주체들은 지금 겉늙은 소시민이 되어 뿔뿔이 흩어졌고 공장으로 사무실로 되돌아갔다. 이들을 이끌었던 선진노동자들의 예지와 그 투쟁의 예리한 칼날은 무디어져 스스로 몰락하거나 심지어 보수세력의 방패막이로 전락하기도 하였다.[3]

그러므로 우리는 지금 한 시대와 한 세대의 마감을 보고 있는 셈이다. 지난 사반세기 민주노조운동의 좌표는 1987년 노동자대투쟁(이하 '노대투'로 줄임)이었다. 그것은 최근까지도 민주노조운동의 역사라기보다는 현실이었다. 운동의 주체, 의제, 투쟁과 조직의 모든 측면에서 그러하였다. 그러나 그 지난한 실천, 대장정의 끝에 도달한 느낌을 떨칠 수 없다. 노대투는 민주노조운동의 창대한 출발점이었으나 이제 그 미미한 종결에 도달한 것이다.

이제 노동자대투쟁은 '역사'가 되었는가? 우리 세대에게 오래된 현실

---

1) 이 글은 학술지 『경제와사회』에 실린 필자의 논문(노중기, 2012a)을 비판사회학회의 동의를 얻어 수정·보완하여 수록한 것임을 밝혀둔다.

2) hyunsoon@hs.ac.kr

3) 그렇지만 우리는 그들의 삶을 함부로 비난하거나 평가할 수 없다. 1987년 대투쟁의 상징이었던 고(故) 권용목과 노무현 등 수많은 뛰어난 노동운동가들의 치열한 삶과 죽음, 그 힘든 역정들을 생각하지 않을 수 없다.

이었던 그 대투쟁은 비로소 역사가 되었다. 비정규 정리해고 노동자들의 고립된 극한투쟁과 이를 외면한 민주노조들, 무력한 민주노총과 산별노조, 통합진보당 사태로 드러난 노동정치의 현실, 이 모두가 민주노조운동의 한 단계 종결을 말하고 있다. 가히 한 시대와 한 세대의 마감이라 하지 않을 수 없다.

이 논문은 지난 노대투 이후 25년의 노동정치를 거시적으로 분석하고 평가하려는 목적을 갖고 있다. 이를 위해서 먼저 노동정치, 노동체제이론과 전략관계국가론 등의 이론들을 동원하여 하나의 해석 틀을 제안하고자 한다. 그리고 충분하지는 않지만 그 역사적 귀결인 민주노조운동의 위기와 그 현실에 관해 시론적인 논의도 제시할 것이다.[4]

2. 분석틀 : 노동체제의 변동과 민주노조운동

1987년 노대투 이후 한국사회에는 독특한 과도기적 노동정치 지형이 형성되었다. 한편에서는 정치적인 민주화 이행이 이루어졌지만 비민주적 노동사회가 여전히 온존되었던 독특한 지형이었다. 정치사회와 시민사회의 민주화, 자유화의 바람은 공장과 사무실 앞에서 멈추었다. 이른바 '1987년 노동체제' 가 출현한 것이었다.[5]

---

4) 예컨대 2012년 통합진보당 사태가 우리에게 던지는 질문은 과연 위기의 뿌리가 어디까지이냐는 것이었다. 그것은 단순히 주체들의 전략적 오류나 잘못된 관행이었을 수도 있지만(조현연 · 김정훈, 2012) 보다 구조적인 원인을 갖고 있을 수도 있다(노중기, 2012b). 필자는 후자의 입장에 서되, 그 뿌리가 주체의 전략적 실패나 제도정치 영역을 넘어선다는 점, 그리고 노동정치의 심층구조, 즉 노동체제와 축적체제에까지 뻗어 있다는 점을 보여주고자 한다. 25년에 이르는 장기 거시분석이므로 이 글은 각 세부주제들을 자세히 다루지 못하는 한계를 갖고 있다.

5) 노동정치(labour politics), 노동체제(labour regime) 이론 및 '1987년 노동체제' 에 관해서는 임영일(2002), 장홍근(1999), 노중기(2008b) 참고. 또 '1987년 노동체제' 개념에 대한 비판적인 검토로는 정이환(2011: 24-29)을 참조할 수 있다.

〈표 1〉 분석틀 : 한국의 노동체제와 헤게모니/국가프로젝트 변동

구분/시기	1987년 이전	1987~1997	1998~현재
축적체제	유혈적 테일러주의/주변부 포드주의		종속적 신자유주의
국가체제	주변부 파시즘	자유민주주의(형식적 · 절차적 민주주의)	
노동체제	억압적 배제체제	1987년 노동체제	종속 신자유주의 노동체제
헤게모니 PJ	주변부 파시즘전략	–	두 국민전략
국가프로젝트	발전국가 프로젝트	('노동 없는 민주화' PJ)	(민주화/)선진화 프로젝트*
대항헤게모니 PJ	–	민주화 프로젝트	민주화(/반신자유주의) PJ**
대표 노조조직	한국노총	민주노조(기업별/전노협)	민주노총(산별노조)
노동자 정당조직	–	(노동 정치세력화 실험들)	민주노동당과 기타

* 2005년을 전후로 해서 민주화 프로젝트는 선진화 프로젝트로 수렴, 통합됨.
** 반신자유주의 프로젝트는 소수파전략으로 제대로 작동하지 않음.
자료 : 노중기(2010)의 논의를 수정, 보완하여 작성.

1987년 체제 10년은 역동적인 노동정치가 진행된 기간이었다. 시발점은 6월 민주항쟁과 7~9월 노동자대투쟁으로 구성된 1987년의 민주화대투쟁이었다.[6] 그 이후 정치적 민주화의 열린 공간에서 지배블록과 노동운동은 헤게모니를 장악하기 위해 경합하였고 각기 나름의 전략적 기획으로 대응하였다. 10여 년의 치열한 대치를 거쳐 1997년 겨울 총파업과 노동법 개정, 그리고 IMF 외환위기를 거치면서 1987년 체제는 결정적으로 해체되기 시작하였다. 그리고 1998년 이후에는 종속적 신자유주의 노동체제가 급속하게 형성되기 시작한 것으로 보인다.

지난 25년간의 노동정치에서 드러난 노사정 주체들의 전략적 기획은 국가프로젝트와 헤게모니 프로젝트, 그리고 대항헤게모니 프로젝트로 각기 정리할 수 있다. 헤게모니 프로젝트는 축적체제에서 기원하는 계급대립을 극복하고 헤게모니를 창출하기 위해 지배블록이 추진하는 국민대중적

6) 필자는 6월 민주항쟁과 7~9월 노동자대투쟁을 동질적인 민주화투쟁의 연속선상에서 볼 수 있다고 파악하고 두 투쟁을 합해 1987년 민주화대투쟁으로 규정하고자 한다.

(national-popular) 전략기획을 말한다. 또 국가프로젝트는 균열된 국가기구들 내부의 통일성과 응집성을 창출하기 위해 국가 내부에서 산출되는 전략기획이다. 그리고 대항헤게모니 프로젝트는 노동계급을 중심으로 한 피지배세력들이 지배적인 헤게모니에 저항하기 위해 산출하는 전략적 기획을 뜻한다.[7]

1987년 대투쟁으로 예외국가 군사파시즘의 억압적 노동체제는 붕괴되었다. 노사정 각 주체들은 모두 변화된 정치적 조건 속에서 새로운 전략적 기획을 만들어 대응하였고 그 동학이 1987년 노동체제로 구조화되었던 것이다. 6공 국가는 정치적 민주화가 노동현장에 적용되는 것을 거부하는 '노동 없는 민주화' 국가프로젝트를 추구하였다.[8] 이 체제하에서 민주노조는 극심한 탄압을 받았으나 민주화대투쟁이 제기한 과제를 하나씩 현실화하면서 조직 역량을 확대할 수 있었다. 이는 '민주화 대항헤게모니 프로젝트' 로 명명할 수 있다. 반면에 1995년 이후 김영삼 정부가 제시한 두 개의 국가프로젝트는 변화된 계급세력관계와 1987년 노동체제의 모순에 대한 지배블록의 새로운 전략적 대응이었다.

김대중, 노무현 두 민주정부가 주도한 민주화 프로젝트와 선진화 프로젝트는 근본적으로 축적체제 변동의 산물이었다. 민주화 프로젝트를 통해서 지배블록은 새로이 성장한 노동계급을 체제 내로 포섭하고 이를 분할

---

7) 제솝(Jessop)의 전략관계국가론(strategic relational approach)에서 중요한 것은 이 프로젝트들이 특정 주체에 의해 사전적으로 기획되는 것일 필요가 없다는 점이다. 그것은 사후적으로 구성되거나 응집된 특정 주체가 없이도 산출될 수 있다. 전략관계국가론과 헤게모니 프로젝트(hegemonic projects), 국가프로젝트(state projects) 개념 및 그 이론에 대해서는 손호철(2002), 김호기(1993), Jessop(1990) 참고. 1987년 이후 한국의 국가프로젝트 형성과 변화과정 및 그 함의에 대한 자세한 분석은 노중기(2010)를 참고할 수 있다.

8) 그러나 그것은 민주노조의 반발은 물론 지배블록 내부의 이견으로 말미암아 제도적으로 안착할 수 없었다. 국가는 그 내부에서 민주노조운동의 인정 여부와 그 정도를 통일적으로 획정할 수 없었고 부단히 갈등하거나 동요하였다. 1989년 이후의 다양한 노동법 개정 시도들과 1996년의 날치기 노동법 개정과정에서 나타난 여러 파행들은 그 경험적 지표가 된다. 그리고 이는 근본적으로 1987년 이후 10여 년간 지속된 지배블록 내부의 정치적 균열 및 그에 따른 불안정한 계급세력관계의 반영이었다.

통제함으로써 자본축적의 새로운 계기를 확보하고자 하였다. 그리고 동시에 민주정부들은 노동시장을 유연화하고 법치주의를 강화하는 선진화 국가프로젝트로써 새로운 축적체제를 제도화할 수 있었다. 노무현 정부 말기에 완성된 '종속적 신자유주의 노동체제'는 그 결과물이었다.

한편, 축적체제와 국가전략 변동에 적절하게 대응하지 못하였던 민주노조운동은 이 시기에 급속하게 구조적 위기상황으로 빠져들게 되었다. 먼저 변화된 노동정치의 지형 위에서 민주노조운동은 내적으로 심각한 균열을 경험하였다. 그것은 전통적인 '전투적 노조주의'와 새로운 '사회적 합의주의' 노선 간의 갈등으로 나타났다. 그러나 보다 심층에서 그 균열은 고용불안과 노동시장 양극화에 대응할 수 있는 새로운 연대의식과 정치적 전선, 곧 적절한 새 대항헤게모니 프로젝트를 만들지 못한 운동적 한계를 반영하고 있었다. 곧 노대투와 1987년 체제가 산출한 민주화 대항프로젝트를 넘어서는 반신자유주의 연대전선을 노동운동조직 내외에서 만드는 데 실패한 것 때문이었다.[9]

이와 같은 분석틀에 따라 3절에서는 노동자대투쟁의 성격을 간략히 정리한다. 그리고 4절은 1987년 체제 10년의 노동정치를 분석하며, 5절에서는 1998년 이후의 종속적 신자유주의 노동체제와 민주노조운동의 위기를 논의한다. 마지막 6절에서는 본문분석의 함의를 정리한다.

---

9) 1998년 이후 민주노조운동은 새로운 대항헤게모니 프로젝트를 구성하기 위한 다양한 노력을 경주한 바 있었다. 1999년의 노동운동발전전략위원회, 2003년 전후 시작된 전략조직화 사업, 2005년의 조직혁신위원회 등 새로운 대항헤게모니전략을 수립하기 위한 시도가 계속되었다. 또 이 과정에서 실행된 산별노조 전환, 합법정당 건설운동은 상당한 성과를 가져오기도 하였다. 그러나 전체적으로 지배블록의 전략적 기획에 맞설 수 있는 대안전략을 구성하는 데에는 실패한 것으로 보인다.

3. 노동자대투쟁의 과정과 쟁점

1) 노대투 개관과 주요 특징

노동자대투쟁은 해방 이후 최대의 노동자 파업투쟁이었다. 6월항쟁이 6·29선언에 의해 종결된 직후인 7월 초부터 9월 중순까지 약 두 달 반 동안 3,311건의 쟁의가 발생하였다. 이 기간 동안 하루 평균 40여 건의 파업이 매일 새로이 발생하였다는 의미이며, 1986년 쟁의건수 276건의 12배가 넘는 엄청난 규모였다. 그 대부분은 불법파업이었고 농성, 시위 등 격렬한 대중동원을 포함하였다. 쟁의에 참가한 노동자 수는 당시 10인 이상 상용근로자 333만 명의 약 37%인 122만 명에 달하였다(김동춘, 1995: 100). 쟁의건수와 참가자 수 그리고 노동손실일수 모든 측면에서 노대투는 1961년 이후 국가주도 자본주의 발전과정의 모순이 압축적으로 폭발한 것으로 볼 수 있었다. 오랫동안 군부파시즘의 억압적 배제전략하에서 억제되었던 노동운동의 에너지가 일거에 분출한 것이었다.

〈표 2〉에서 볼 수 있듯이 노대투의 직접적인 결과는 노동조합과 조합원 수 그리고 조직률의 급속한 증가였다. 1987년 6월 말 2,742개였던 단위노조의 수는 1989년 7,883개로 거의 세 배로 늘었고 조합원 수도 1986년 103만 명에서 1989년 193만 명으로 약 두 배가 되었다. 조직률은 같은 기간 12.3%에서 18.6%로 6.3%나 증가하였다.

1987년 11월 노동법 개정은 노대투의 또 다른 직접적 결과였다. 단결권 자체를 부정했던 5공화국 노동악법은 노대투의 불법투쟁으로 현실에서 이미 극복되었으므로 개혁은 필연이었다. 그러나 당시 법 개정은 기업단위 노조결성을 제외한 여타 통제조항을 온존시킨 매우 불완전한 개혁조치였고,[10] 이후 1987년 체제에서 민주노조들의 주요한 투쟁사안이 되었다. 공

〈표 2〉 노동조합 노동쟁의 주요 지표

연도/구분	노동조합		노동쟁의		
	조합원 (천명)	조직률 (%)	발생건수 (건)	참가자 수 (천명)	손실일수 (천일)
1980	948	14.7	206	49	61
1986	1,036	12.3	276	47	72
1987	1,267	13.8	3,749	1,262	6,947
1988	1,707	17.8	1,873	293	5,401
1989	1,932	18.6	1,616	409	6,351
1990	1,887	17.2	332	134	4,487
1991	1,803	15.4	234	175	3,271
1992	1,735	14.6	235	105	1,528
1995	1,615	12.5	88	90	393
2000	1,527	11.4	250	178	1,894
2005	1,506	9.9	287	118	848
2010	1,643	9.7	86	40	511

자료 : 한국노동연구원(2012), KLI 노동통계.

간의 측면에서 노대투는 전국적 파업투쟁이었다. 먼저 울산의 현대재벌 사업장에서 시작되었으나, 그것은 곧 마산 · 창원 · 거제 등 경남으로, 그리고 대구 · 광주를 거쳐 수도권의 공단지역으로 확산되었다. 또 쟁의를 촉발시킨 것은 재벌 대 사업장이었으나 이는 곧 하청기업과 지역의 중소기업으로 확대되었다. 산업 측면에서 보면 제조업에서 시작된 쟁의는 운수업 · 서비스업 · 광업 및 기타 산업으로 전이되었다.

노대투의 중요한 특징은 그 주체에 있었다. 1970년대 민주노조를 이끌었던 경공업의 여성노동자들이 아니라 제조업(중공업) 대공장 남성노동자

10) 법 개정의 자세한 내용은 노중기(1995: 155)를 참고. 폐지되지 못한 주요 노동통제 법조항은 복수노조 금지, 제3자 개입금지, 정치활동 금지, 공무원 · 교원의 단결금지 등이었다.

들이 쟁의를 주도했던 것이다. 조선 · 자동차 · 제철산업 대 사업장의 젊은 남성노동자들은 노대투를 통해서 새로운 운동주체로 등장하였다. 8월 중순 울산에서 수만 명의 노동자들이 가두투쟁에 나선 사례와 같이 그 조직성과 투쟁성은 이전에 볼 수 없던 것이었다. 노대투는 1970년대 중반 이후 중화학공업화 정책에 의해 도입된 주변부 포드주의가 중심적 축적체제로 자리 잡았음을 잘 보여주었다.

요구사항의 측면에서 노대투 노동자들의 요구는 매우 다양하였다. '노동자도 인간답게 살고 싶다' 는 인간선언으로부터 작업장 민주화, 임금인상과 생존권 요구, 각종 노동기본권 확보, 어용노조 반대-민주노조 건설 등 매우 포괄적인 특징을 보여주었다. 작업장마다 다양한 수십 가지의 요구들이 제기되었으나 크게 보아 그것은 임금인상 등의 생존권 요구와 최소한의 작업장(노동현장) 민주화 요구로 요약될 수 있다. 특히 이 요구를 실현할 주체적 조직으로서 '민주노조 인정하라' 는 목소리는 전국적으로 동일하였다.

노대투의 쟁의형태 속에는 1987년 이후 민주노조 운동노선과 이념의 맹아가 담겨 있었다. 조직적 주체나 지도가 없는 자연발생성의 한계 속에서도 노대투는 강건한 전투성을 보여주었고 조직운영의 민주성과 자주성을 뚜렷이 드러내었다. 이웃 사업장 노동자에 대해서 강한 연대감을 표출하였고 초보적이고 추상적이었으나마 '노동해방' 이라는 이념적 전망도 제기하였다. 노대투 직후 곧바로 시작된 지역별 노조협의회와 업종노조협의회의 조직은 민주노조운동의 계급적 연대성을 보여준 원형이었다. 특히 악법을 어겨서 철폐하고 국가와 자본권력에 정면으로 맞서는 전투성은 이후 전투적 노동조합주의의 전범이 되었다.

마지막으로 투쟁의 전개과정은 한국의 노동정치에서 국가변수의 중요성을 명료히 보여주었다.[11] 즉 한국 노동운동의 전개과정은 국가통제의 변

---

11) 노대투는 크게 세 단계로 진행되었다. 1기(6.30.~8.10.)에는 국가권력의 노동통제가 일

동과 대사업장 조직력의 함수관계 속에서 결정된다는 점이었다. 축적체제의 구조적 제약을 제외한다면 국가정치 및 국가의 노동통제가 노동운동을 규정하는 일차적인 요인이었다. 노대투 자체가 국가정치의 변동에서 발생하였고 8월 말 이후 국가억압의 강화에 따라 급속히 종결된 것도 마찬가지였다. 주목할 점은 이런 동학이 1987년 노동체제에서 좀 더 확대되고 변형된 형태로 다시 되풀이되었다는 점이었다.

2) 노대투와 몇 가지 쟁점들

노대투를 둘러싼 이론적 · 실천적 쟁점들은 크게 세 가지 정도로 나누어 볼 수 있다. 그것은 1970년대 민주노조운동과의 관계, 투쟁의 성격을 둘러싼 논쟁 그리고 투쟁의 결과와 함의에 관한 것들이다.

먼저 역사적 위상과 관련된 문제로 노대투가 1970년대 민주노조운동과 어떤 연관을 갖고 있는가 하는 점이다. 일반적인 평가는 두 시기 운동의 질적 차별성을 강조하는 것이었다(김용기 · 박승옥, 1989; 임영일, 1997). 특히 노대투에서 나타나는 새로운 특징, 곧 중공업 대사업장의 남성노동자라는 주체문제, 전투적 · 대중적 정치투쟁이라는 투쟁양태, 노동해방과 민주노조 건설의 이념지향, 전국적 투쟁확산과 연대투쟁 등에서 차이가 두드러졌다. 노대투는 이와 같이 여러 면에서 1970년대 민주노조의 한계를 극복하는 질적 차별성을 드러내었던 것이다.

그러나 이 글에서 주목하는 것은 그 차별성을 인정하더라도 다시금 돌아보게 되는 연속성의 측면이다. 노대투는 그 폭발성과 쟁의규모에도 불구

시적으로 이완되어 노동자들이 투쟁을 준비하고 조직한 시기였다. 2기(8.11.~27.)에는 정부의 개입이 시작되고 노정 간에 갈등이 진행되었으나 노동자들의 투쟁이 크게 상승하였다. 마지막 3기(8.28.~9월 중순)에는 정부의 공권력투입이 본격화되어 대투쟁이 급속하게 위축되었다. 전체적으로 대사업장 조직-투쟁력과 국가의 억압 정도가 상황전개를 규정한 가장 중요한 요인임이 명료하게 드러났다. 자세한 내용은 노중기(1997b) 참고.

하고 결코 급진적인 정치적 성격을 보여주지 않았다. 예컨대 투쟁요구에서 그것은 기본적인 경제적 요구와 최소한의 작업장 민주화를 넘지 않았다. 그리고 그 정치적 성격도 군부파시즘의 정치적 억압체제, 특히 작업장에서 재생산된 병영적 통제체제에 대한 반대투쟁에 머물렀다. 본질적으로 그것은 '정치적 · 절차적 민주주의를 확보하기 위한 투쟁'이었으며 계급적 변혁이라는 정치전망은 추상적 · 맹아적 형태로만 존재하였다.[12] 1970년대 민주노조와 노대투는 모두 전태일의 꿈, 곧 근로기준법이 지켜지고 민주노조를 자유로이 결성할 수 있는 정치적 민주주의, 노동 민주화의 꿈을 공유하고 있었던 것이다.

둘째로 노대투의 성격에 대해서는 극단적인 두 개의 평가가 존재하였다. 이때 쟁점은 6월항쟁과 노대투의 관계, 그리고 그것이 민주화 이행과정에서 갖는 함의였다. 한편에서는 노대투는 6월항쟁과 무관한, 6월항쟁이 열어준 정치적 기회에 편승한 노동자들의 일시적인 생존권 투쟁이었다(정대화, 1995). 심지어 그것은 민주화 이행과정에서 지배세력이 단결하고 반격을 할 수 있는 계기를 마련해 준 실패한 투쟁으로 평가되기도 하였다. 반대로 다른 한편에서 노대투는 노동해방의 전망을 열어준 급진적 변혁운동, 혹은 그 대중적 출발점으로 높이 평가받기도 하였다(허명구, 1991). 이 두 가지 견해가 공유하는 점은 노대투와 6월항쟁은 질적으로 구별되어야 한다는 인식이었다.

이런 두 가지 평가는 모두 과도하고 편향된 것으로 보인다. 먼저 주체, 요구, 투쟁방식의 세 가지 측면에서 모두 노대투는 6월항쟁과 질적으로 다

12) 노대투는 결코 갑자기 폭발한 투쟁이 아니었다. 노대투의 원형(原型)은 2년 전이었던 1985년의 두 쟁의에서 찾아볼 수 있다. 대우자동차파업은 남성중공업 대사업장에서 처음 조직된 대규모 경제적 파업투쟁이었으며 구로동맹파업은 여성중소사업장의 '정치적인 연대파업투쟁'이었다는 점이 특징이다. 노대투는 이 두 맹아적 투쟁의 특징들이 결합하면서 전국적으로 확대된 투쟁이었다는 것이 필자의 판단이다. 관련하여 구로동맹파업의 정치적 성격은 당시 학생출신 노동운동가들의 급진적 이념 속에서 과대평가된 측면이 있었다.

르지 않았다. 노동자들은 비록 지도적 위치에 있지는 않았으나 6월항쟁의 중요한 대중동력이었다. 그들은 7월 이후 정치사회만이 아니라 병영과 감옥으로 전락한 작업장도 민주화하자고 요구한 것이었다. 또 투쟁방식에서도 불법적이었지만 대체로 질서정연한 평화적 투쟁을 벗어나지 않아 6월항쟁과 크게 다르지 않았다. 결국 노대투는 생존권 요구와 정치적 요구가 결합된 노동자대중투쟁이었으며 공장 문 앞에서 봉쇄된 정치적 민주주의를 작업장에서 확보하고자 했던 투쟁이었다. 그것은 장(場)을 달리한 정치적 민주화 투쟁이었으며 6월항쟁과 질적으로 구별될 수 없었다.[13]

마지막으로 노대투의 결과를 평가하는 문제가 있다. 결과적으로 노대투는 직접적으로 본다면 실패한 운동으로 볼 수 있을 것이다. 대투쟁과 노동법 개정 이후에도 노동기본권은 보장되지 않았으며 민주노조가 승인되지도 않았기 때문이다. 또 민주화이행의 관점에서도 6공 군부 파시즘세력의 집권연장을 막지 못하였을 뿐만 아니라 선거과정에서 노동자세력의 영향은 미미하였다.[14]

그러나 우리 모두가 알고 있듯이 노대투는 결코 실패한 투쟁이 아니었다. 오히려 노대투는 1987년 체제시기에 더욱 더 강하고 조직적인 장기 투쟁으로 확대 재생산되었다. 그것은 이후 10년 동안 수구세력의 정치적 반동을 막고 정치적 민주화를 공고하게 만들었다. 그리고 최종적으로는 노동자 스스로의 힘으로 노동기본권을 확보하고 민주노조의 시민권을 회복하

---

13) 6월 시민항쟁에서 거리에 나온 다수의 시민은 화이트칼라 노동자였으며 산업도시를 중심으로 제조업노동자들의 참여도 후반기에 크게 늘었다. 노대투의 폭력성과 급진성은 방어적 폭력을 제외할 경우 대체로 국가와 보수언론의 이데올로기 공작의 산물이었다. 자세한 것은 노중기(1997b)를 참고할 것.

14) '직접적으로 실패한 운동'이라는 규정의 근거는 노대투 대중의 요구가 실현된 정도에 있을 것이다. 11월 노동법 개정, 상당한 임금인상과 기업노조의 형식적 용인에도 불구하고 작업장 민주주의와 자주적 노조조직은 허락되지 않았다. 또 노동대중의 정치적 민주화에 대한 열망은 두 김씨의 분열과 대선패배로 온전하게 실현되지는 못하였다. 보다 구체적인 논의는 노중기(1995) 참고.

는 결과를 가져왔기 때문이었다. 결국 노대투는 1987년 9월에 종결되지 않은 셈이었다. 다음 절에서는 이를 보다 자세하게 논의해 보자.

4. 확장된 노동자대투쟁 : 1987년 노동체제 10년

노대투는 단기적 · 직접적으로 보면 패배한 투쟁이었다. 그러나 그것은 이후 10년 동안 '확장되고' '심화되어' '승리한' 투쟁으로 살아났다. 투쟁의 주체들은 크게 늘고 조직화되었으며 전노협과 업종회의, 전노대 그리고 민주노총으로 발전하였다. 또 그 요구는 각종 생존권 요구에서 노동법 개정 투쟁, 민주노조 쟁취로 심화되었으며 노동해방이라는 추상적 이념은 보다 구체화되었다. 그 최종결과는 10년간 수많은 전투에서 패배했음에도 불구하고 전쟁에서 승리하는 것으로 나타났다. 1987년 노동체제를 해체시키는 결정적인 사건이었던 1997년 겨울총파업은 확장된 노대투의 한 단계 결산으로 해석할 수 있다.

1987년 9월 노대투의 종결 이후 본격적인 노대투가 다시 시작되었다. 노대투의 확대재생산은 네 시기에 걸쳐 진행되었다(노중기, 1997a). 그리고 그 진행과정은 본질적으로 노동자대투쟁의 재현이었으나 단순한 재현이 아니라 변형되고 심화된 재현이었다. 노대투의 자연발생적인 성격을 극복하고 조직적 연대투쟁과 조직화 확대를 통해 국가억압을 극복하였다는 점에서 운동의 커다란 진전이었다. 1987년 체제의 동학을 네 가지 시기로 나누어 간략히 살펴보고 이를 노대투와 대비해 보자.

먼저 체제 형성기(1987~89년)는 노대투 이후 다시금 국가억압의 이완된 시기로 노대투 1기인 7월 초에서 8월 초의 시기와 대비된다. 6공의 출범과 여소야대 정국으로 상대적으로 개방된 정치적 환경에서 새 노동체제는 형성되기 시작하였다. 노대투 시기의 경험을 기반으로 민주노조들은 기업노조를 조직하거나 안정화하는 한편 보다 체계적으로 연대하였고 그 성과를 조직으로 발전시켰다. 더불어 임금투쟁 등 기초적 활동을 전개하는 과정에서 민주노조의 제도화를 위한 노동법 개정의 필요성을 절감하였고 투쟁요구를 보다 분명히 정식화할 수 있었다. 산별노조 건설과 노동자 정치세력화의 장기적 전략목표도 추상적인 수준에서나마 이 시기에 이미 대중적으로 인식되었다. 또 지식인 출신 활동가들은 노동운동단체협의회 등을 조직하여 노동대중과 보다 체계적으로 결합하기 시작하였다.

다음으로 체제 정착기(1989~92년)는 1989년 상반기 공안정국을 전환점으로 국가억압이 다시 강화되는 시기였다.[15] 이 시기는 8월 중순 이후의 노대투 2기와 조응하는 것으로 볼 수 있다. 지배블록은 내부의 갈등을 5공 청산과 3당합당을 통해 정리하였고 이후 전열을 정비하여 민주노조운동을 가혹하게 억압하였다. 지배블록 내부에서 추동된 국가프로젝트는 '노동 없는 민주화' 전략이었다. 다만 이 시기의 노동정치에서는 민주노조운동이 일방적인 수세로 몰리지 않았다는 점이 노대투와 달랐다. 여기에는 조직적 연대 역량의 확대, 전국적 지도 중심의 형성, 시민사회와 자유주의 정치세력의 지원, 개방된 정치적 환경 등의 변화된 주·객관적 조건이 작용하였다. 또 민주노조들은 1990년 초 전국노동조합협의회(이하 '전노협'으로 줄임)를 결성하여 전국적 전선을 형성하고 장기 대치할 수 있는 조직적 준비를 할 수 있었다. 전체적으로 이 시기에는 지배블록과 저항세력 간의 대체적인 세력균형이 이루어져 1987년 체제의 기본틀이 형성되었다.

세 번째 시기는 변화 모색기(1993~95년)였다. 1993년 이른바 문민정부의 등장으로 세력균형의 변화조짐이 노동정치에서 뚜렷이 나타났다. 3

15) 1989년 5월 방북사건으로 공안정국이 본격화되기 이전에 이미 6공 국가는 노동억압을 재개하였다. 연초 풍산금속에서, 3월에는 서울지하철, 현대중공업에서 공권력을 투입하여 쟁의를 진압하였다. 또 1989년 상반기부터 보수대연합을 위한 물밑의 정치공작이 진행되고 있었다.

당 합당 이후 지배블록 내부의 갈등은 온건파 보수세력의 집권으로 정리되었고 이들은 상황의 변화를 모색하였다. 이들은 '노동 없는 민주화' 라는 일방적 프로젝트가 더 이상 가능하지 않을 뿐만 아니라 자본계급 전체에 심각한 정치적 · 경제적 비용을 야기한다는 점을 간파하였다. 동시에 노대투 시기와 같은 지배블록 주도의 일방적 노동법 개정도 불가하다는 점을 잘 알고 있었다.[16] 한편, 민주노조운동은 교착된 상황을 조직의 수평적 확대로 돌파하고자 하였다. ILO공대위와 전노대 결성과정에서 사무전문직 중심의 업종회의와 제조업 (재벌)대기업노조가 전노협과 결합한 것은 상황 변화를 꾀한 적극적 모색이었다. 동시에 이 과정에서 노동운동의 대항헤게모니 프로젝트도 온건한 '(노동)민주화 전략' 으로 정리되는 뚜렷한 변화가 나타났다.[17]

마지막으로 체제 변동기(1996~97년)는 지배블록 내부의 전략변화가 새로운 노동정책으로 전개되고 새로운 노동정치의 국면이 형성된 시기였다. 지배블록 내부의 온건파가 구성한 새 전략은 '민주화 국가프로젝트' 와 '선진화 국가프로젝트' 로 나타났다. 1996년 봄 김영삼 정부가 신노사관계 구상을 발표하고 노사관계개혁위원회(이하 '노개위' 로 줄임)를 설치한 것은 국가전략 전환의 상징적 행사였다. 이후 날치기 노동법 개정과 겨울총파업 등 우여곡절이 있었으나 노대투 노동대중의 최소요구였던 작업장 민주주

16) 이 점과 관련해서 예컨대 1993년 집권 직후에 진행된 노동부장관 주도의 노동법 개정 시도는 주목할 만하다. 법 개정이 보수세력과 민주노조의 반발로 실패한 이후 지배블록 내부의 온건파들은 제한적이나마 민주노조를 포섭하는 방향으로 전략을 전환하려고 시도하였던 것이다.

17) 전노협과 노동운동단체협의회 내부의 조직 및 진로와 관련된 많은 논쟁과 대립, 그리고 1992년 노동운동위기 논쟁은 대항헤게모니전략의 구체적 내용을 둘러싼 이견이었다(김진균, 2008). 1995년 11월 결성된 민주노총의 운동노선과 조직성격은 '변혁' 보다는 '정치적 · 절차적 민주화' 를 운동의 당면한 전략목표로 설정한다는 대중적 합의였던 것으로 볼 수 있다. 그 구체적인 내용은 노동법 개정을 통한 민주노조의 시민권 확보, 산별노조 전환과 (합법적) 노동정당의 건설 등이었다. 이에 대해 비판적인 관점으로는 김창우(2007)를 참고할 수 있다.

의, 민주노조의 시민권 획득이 이루어짐으로써 1987년 체제는 결정적으로 해체되기 시작하였다. 민주노조의 겨울총파업 성공은 확장된 노대투가 '승리한' 노대투로 종결되었음을 보여준다. 확장된 노대투에서 드러난 민주노조운동의 계급역량 확대는 이후 '민주' 정부들이 두 개의 '국가프로젝트'를 강하게 추진하게 만든 중요한 동인이었다.

결국 1987년 체제 10년의 노동정치과정은 노대투라는 출발점에서 보면 다음과 같이 재정리할 수 있다. 먼저 이념의 측면에서 1987년의 '노동해방'은 민주노조운동의 민주-자주-연대-변혁성의 이념으로 보다 구체화되었다. 전노협과 민주노총의 이념으로 이어진 노동해방은 결국 민주주의와 계급세력화를 매개로 한 체제변혁의 전망이었다. 그것은 1997년 겨울총파업과 이후의 외환위기를 거치면서 산별노조로 민주노조를 재조직하는 것과 노동자 정치세력화를 위해 대중정당을 건설하는 두 개의 구체적 목표로 재정립되었다. 1987년에 추상적 구호였던 이 요구들은 1997년 이후에야 비로소 현실적 과제로 전환할 수 있었다.

둘째로 주체의 측면에서 보면 제조업 노동자로부터 시작된 노대투는 사무직과 전문직, 그리고 공공부문 노동자로 확장되었다. 지노협과 업종회의, 그리고 전노협과 민주노총은 그 조직적 표현이었다. 확장된 노대투가 1987년 투쟁에 참가하지 못하였던 다수의 화이트칼라 노동자들을 포괄한 것은 중요한 진전이었다.[18] 또 지식인 출신 활동가와 선진노동자들이 노동자 대중과 전면적으로 결합한 것도 중요한 변화였다. 전노협과 노동운동단체협의회의 조직적 연대과정을 거쳐 민주노총과 민주노동당 결성과정에서

18) 그러나 다른 한편에서 기업별 노조체제의 한계와 국가억압 속에서 중소 영세사업장의 노동자들이 민주노조운동으로부터 배제되기 시작한 것도 또 다른 중요한 변화였다. 이 변화는 보다 구조적인 측면에서 유연한 노동시장과 노동과정을 기반으로 하는 자본의 축적전략 변동, 즉 신자유주의 축적체제의 형성과정과 연관되어 있었다. 그러나 보다 직접적으로 보면 여전히 강력했던 국가억압을 견딜 수 없었던 취약한 조직력의 중소규모 노조들이 탈락한 것이었다. 자세한 것은 노중기(1995: 6장) 참고.

그 결합은 보다 체계화되었다.

셋째로 1987년의 폭발적인 자연발생적 파업투쟁은 목적의식적이고 조직적인 연대 총파업으로 발전하였다. 1987년과 1997년 두 개의 총파업은 그 변화의 양상을 압축하고 있다. 불법을 불사한 대투쟁의 전투성은 전노협의 전투적 조합주의로 정식화되었고 개별 사업장의 작업장 권력관계와 노사 간의 계급세력관계를 크게 바꾸어 놓았다. 또 국가권력의 탄압에 저항하는 노대투 시기의 소극적 정치투쟁은 전노협과 민주노총에서 노동법 개정 투쟁, 3당합당 반대와 반(反)민자당 투쟁, 국가보안법 폐지 투쟁과 통일운동 등 구체적이고 목적의식적인 정치투쟁으로 발전하였다.

넷째로 1987년에 고립되었던 민주노조들은 10년의 투쟁과정 중 시민사회에서 여타 중간계급과의 강한 연대를 형성할 수 있었다. 학생과 지식인, 그리고 농민과의 전통적인 연대는 더욱 조직적인 것으로 바뀌었다. 그리고 민주화 이후 폭발적으로 확대된 시민사회의 조건을 반영하여 각종 시민단체들과의 연대도 점차 확대되었다. 결과적으로 확장된 대투쟁에서 민주노조운동은 1987년의 고립을 적극적으로 벗어날 수 있었다.[19]

마지막으로 확장된 노대투인 1987년 체제의 동학을 이해하는 일은 매우 중요하다. 이 10년 노동정치의 핵심은 국가와 자본의 '노동 없는 민주화 프로젝트'와 민주노조의 '(노동)민주화 프로젝트'의 대결에 있었다. 그 기본구도는 노대투의 그것과 본질적으로 다르지 않았다고 평가할 수 있다.

'노동 없는 민주화 프로젝트'는 6공화국 노태우 정부와 지배블록 내 수구파들의 기본전략기획이었다. 노대투 직후의 노동법 개정, 5공청산과 3당합당(민자당), 그리고 가혹한 노동탄압(전노협 탄압 및 신경영전략)은 모두

19) 시민사회와의 연대는 이중적 의미를 갖는다. 직접적으로 전노협 이래 민주노조들은 국가의 탄압을 저지하는 과정에서 시민운동과 연대하여 그들의 힘을 빌리지 않을 수 없었다. 그러나 다른 한편에서 그 투쟁들은 수구세력의 정치적 반동을 제어하는 국가와 시민사회 대결의 최전선이기도 하였다. 곧 수구세력의 반동으로 민주화가 역전되고 국가가 시민운동을 곧바로 억압하는 일을 막음으로써 시민권의 안정적인 확대를 도왔던 것이다.

이 기획에 기초한 전략실행이라고 볼 수 있었다. 민주화이행에 따라 지배블록은 군사파시즘 시기의 노동배제체제를 유지해 주었던 강력한 지배수단인 억압적 국가장치들을 상당 부분 상실하였다. 그러나 대투쟁 이후에도 6공 국가는 4대 악법조항과 억압적 국가기구를 체계적으로 동원하여 낡은 노동배제체제를 그대로 유지하고자 하였다. 그것은 절차적 민주화 이후에도 지배블록 내 독점재벌과 보수적 관료, 군부세력의 입지가 여전히 굳건하였기 때문이다. 국가에 내장된 전략적 선택성(strategic selectivity)이 작용한 것이었다.

그러나 이 기획은 노동-시민사회의 강고한 투쟁으로 국가와 지배블록 내부에서 통일된 프로젝트로 성립하는 데 실패하였다. 우선 '노동 없는 민주화'는 그 자체가 형용모순이었다. 자본주의 사회에서 압도적 다수인 노동자를 배제한 민주화는 불가능하기 때문이었다. 특정 상황에서 노동기본권은 일시적으로 통제될 수도 있지만 이는 장기적으로는 가능하지 않다. 그 뿐만 아니라 이런 대응은 민주정부로서 6공 정부의 정당성을 끊임없이 훼손하는 정치적 비용을 야기했다. 1987년 노동체제의 정치적 모순은 바로 여기에 있었다.

나아가 이 전략은 축적체제의 구조적 모순 및 그 변동방향과도 조응하지 않았다. 주변부 포드주의 축적체제에서 정치적 민주화는 노동계급에 대한 최소한의 포섭을 강제하기 때문이다. 결국 총자본의 입장에서 볼 때 자본의 (정치적 · 경제적) 비용은 증대하였으며 피지배계급의 계급역량이 크게 확대되는 의도하지 않은 결과가 초래되었다. 노동의 생존권 요구와 3저호황 이후의 불황으로 축적위기에 처한 자본은 1990년대 들어 신경영전략을 통해서 작업장 권력을 다시 회복하고자 하였다(박준식, 2001: 12장). 그러나 1987년 체제에서 그 한계는 뚜렷하였고 전쟁터로 변한 작업장은 쉽사리 통제되지 않았다.[20] 결국 지배블록(또는 그 일부)은 절차적 민주체제에 조응

20) 1990년의 3당합당과 대북정책의 변화, 1991년 이후의 한 자리수-총액임금정책과 1993~

하는 지배수단, 곧 새로운 국가프로젝트와 헤게모니 프로젝트를 기획하지 않을 수 없었다.

한편, 민주노조운동의 '대항헤게모니 프로젝트'는 넓은 의미의 '민주화전략'으로 결집되었다.[21] 대부분의 측면에서 그것은 노대투의 문제제기에 기초해서 그 범위 내에서 성립한 것으로 보인다. 그것은 직접적으로 민주노조의 건설과 그 정치적 · 사회적 시민권 확보였다. 그렇지만 노대투의 연장이었으나 단순한 연장은 아니었다. 앞서 본 바와 같이 그것은 확장되고 승리한 그리고 심화된 노대투 프로젝트였기 때문이다. 노대투에서 창출되었고 이후 정형화된 전투적 조합주의 운동방식은 '민주화전략'의 주요한 투쟁수단이었다.

끝으로 계급적 산별노조 건설과 노동정당 건설의 과제도 이미 노대투 이후 노동운동 일각에서 핵심 과제로 제기되었다는 점을 지적할 필요가 있다. 예컨대 전노협-민주노총 건설과정의 조직논쟁과 1992년 노동운동위기론 논쟁 등 여러 차례 산발적 논쟁들이 진행되었다. 또 다른 한편에서는 이 시기에 민중당 등 합법정당과 다양한 비합법 정치조직의 실험들도 있었다. 그러나 대부분의 활동가들이 동의했던 이 과제들도 의식, 조직 면에서 취약한 계급역량과 국가와 자본의 가혹한 탄압이라는 객관적 조건 속에서 당장의 현실적인 목표가 될 수는 없었던 것으로 보인다.[22] 요컨대 기업단

94년의 노-경총 임금 합의, 민자당 내 분파갈등과 92년 대선에서의 헤게모니 다툼, 1994년 세계화 선언과 1996년의 노동개혁과 날치기 법 개정 등은 모두 '노동 없는 민주화' 전략과 관련되어 있었다. 그것들은 지배블록 내부의 긴장과 갈등이 정치적으로 표출된 사례들이었고 지배체제의 위기를 반영한 일들이었다.

21) 대항헤게모니로서 '민주화전략'의 내용은 초기에 상당히 모호하였다. 절차적 민주주의 외에 실질적 · 경제적 민주주의의 내용도 포괄하고 있었던 것이다. 민주변혁과 체제변혁의 전망이 공존하였다고 할 수 있다. 그러나 국가의 탄압이 심화되고 민주노조의 제도화가 당면한 과제로 등장하면서, 특히 대기업노조와 사무직노조가 민주노조 대열에 합류하면서 그것은 노동사회의 절차적 · 정치적 민주화라는 최소 민주화로 수렴되는 경향을 보여주었다.

22) 그러므로 이 기간 동안 선진노동자 일부가 제기하였던 급진적 변혁운동에 대한 각종 요구는 관념적인 것이었다. 정치사회의 민주화가 진전되고 사회주의권이 붕괴되는 상황에서

위 민주노조에 기초한 전국조직 건설 및 전투적 조합주의 노선은 1987년 체제 '민주화 대항헤게모니 프로젝트'의 현실적 가능태였고 구체적 모습이었다.

5. 노동자대투쟁의 종언 : 종속적 신자유주의 노동체제의 형성

1) 두 개의 국가프로젝트

노대투 노동대중의 최소요구가 현실화되는 순간 1987년 체제가 결정적으로 해체되기 시작한 것은 역사의 아이러니가 아닐 수 없다.[23] 주지하듯이 두 가지 계기가 1987년 체제해체과정에서 중요한 역할을 수행하였는데 그것은 1997년 초의 겨울총파업과 그해 말의 IMF 외환위기였다.

먼저 민주노조가 시민권을 쟁취함으로써 1987년 체제의 핵심적 모순이 해체되었다. 그것은 노대투의 최소요구, 곧 전국적 수준의 민주노조 조직화와 그 활동의 자유가 확보되었음을 의미한다. 여기에는 노동인권과 노동기본권 외에도 노동세력이 합법 정당을 조직할 권리도 포함된다. 요컨대 '민주화' 대항헤게모니전략의 최소요구가 실현된 것으로 볼 수 있다.

그리고 동시에 노대투의 최대요구였던 산별노조와 노동정당의 건설이 비로소 현실적인 과제로 제기된 것도 지적해야 한다. 누구도 자신할 수 없

전위적 정치운동이나 대중적 변혁운동의 가능성은 없었기 때문이다. 특히 노동대중의 의식과 활동에서 변혁은 민주변혁이었고 기업단위 민주노조의 기본권 확보와 합법화가 그 현실적인 양태였다고 볼 수 있을 것이다.

23) 역사에 가정은 불필요하겠으나 외환위기가 4~5년 후에 도래하였다면 노동정치의 전개과정은 크게 달라졌을지도 모른다. 체제전환의 속도는 상당히 완화되었을 것이며 민주노조운동은 이에 대해 좀 더 체계적 · 조직적으로 대응할 수 있었을 것이다. 불행하게도 민주노조들은 시민권 획득의 이데올로기적 조직적 성과를 누릴 시간을 갖지 못하였다.

었던 한겨울의 조직적 총파업과 그 승리를 보면서 민주노조운동은 이 새로운 과제들에 상당한 자신감을 갖게 되었다. 그러나 파업의 종결과정과 3월 노동법 개정의 불완전한 내용, 그리고 '국민승리 21' 경험에서 보듯이 이들은 그렇게 쉽사리 달성할 수 있었던 과제가 아니었다. 그것은 더 많은 조직적 준비와 대중적 경험을 요구하는 중장기 과제였다. 다만 이를 급속하게 추동한 것은 외환위기와 그에 따른 심각한 고용위기, 그리고 대규모 구조조정이었다.

1997년 11월 말에 닥친 IMF 외환위기는 노동정치의 주체들이 통제할 수 없었던 외적 변수였다. 신자유주의 축적체제에 내재한 세계 자본주의 체제의 모순이 한국의 노동정치를 강타한 것이다.[24] 초국적 금융자본의 노동유연화, 구조조정 요구는 첫 자유주의 보수정부의 집권과 함께 노동정치의 지형을 근본적으로 뒤흔들었다.

한국의 노동자들은 1960년대 초 국가 주도의 자본주의 발전이 시작된 이후 초유의 심각한 고용위기 국면을 맞이하였다. 이는 전투적 조합주의와 민주화 대항프로젝트를 가능하게 했던 환경이 소멸된 것을 의미하였다. 기업별로 조직된 민주노조운동은 기업 울타리를 넘어서는 노동시장의 구조적 압력에 속수무책이었다. 조직역량이 컸던 대사업장 민주노조들은 전투적 저항과 함께 기업단위의 수세적 양보교섭으로 물러설 수 있었다. 그러나 대부분의 민주노조들은 구조조정과 경영위기의 압박 속에서 현장의 조직역량을 급속하게 상실하였다. 노동자 대중들은 연대하기보다 분열하고 동요하였으며 민주노총과 선진 활동가들은 새로운 정치·경제적 조건에 조응하는 단일한 대안전략을 제출하지 못한 채 내부에서 심각하게 갈등하였다. 결국 이런 상황 속에서 국가와 자본은 새로운 헤게모니 프로젝트를

---

24) 보다 정확하게 말하면 내부 축적체제의 구조적 모순과 지배블록의 전략적 대응이 외적 변수와 결합되었던 변동이었다. 그 정치과정과 신자유주의 축적체제 전환에 대한 자세한 분석은 지주형(2011)과 장석준(2011)을 참고할 수 있다.

안착시킬 수 있었던 좋은 기회를 맞게 되었다.

노대투와 1987년 체제를 통해서 드러난 것은 주변부 포드주의 축적체제의 구조적 모순이었다. 이미 1987년 체제기간 중에 시작되었던 개별 자본들의 치열한 투쟁과 암중모색 속에는 종속적 신자유주의 축적체제를 형성하고자 하는 전략적 기획의 요소들이 포함되어 있었다. 신경영전략과 정규직 고용의 중단, 비정규노동과 하청노동, 외주화의 확대, 정리해고와 변형노동 그리고 파견노동자의 제도화 요구 등 노동시장에서 자본의 전략은 명료하였다. 이런 자본의 요구는 1990년대 초반부터 노동정치에서 노동시장 유연화를 위한 노동법 개정 시도들로 계속 표출되어 왔다. 그러나 1987년 체제의 한계와 노동계급의 저항으로 말미암아 그것은 법제화될 수 없었고 개별 자본 수준에서 매우 제한적으로만 실현될 수 있었다.

총자본의 수준에서 자본의 새로운 요구를 국가전략으로 새로이 기획한 것은 김영삼 정부였다. 1994년 말 세계화선언과 1995년 민주노총 결성을 전후로 해서 지배블록 내부의 온건파들은 노동정치에서 '민주화 프로젝트'와 '선진화 프로젝트'라는 두 개의 국가프로젝트를 기획 추진하였다. 이 프로젝트를 수행할 물질화된 국가기구는 노개위와 김대중 · 노무현 정부의 노사정위원회였다. 1998년 이후 민주정부 10년의 노동정치는 두 국가프로젝트의 충돌과 갈등, 위계화, 대체-폐기의 과정으로 볼 수 있다(노중기, 2010). 그리고 그 모순은 국가기구 내부에서 보수파와 개혁파의 갈등으로, 또 노사정위원회 합의정치의 딜레마로 끊임없이 표출되었다.

민주화 프로젝트는 노대투 이후 '변화된 계급 역관계를 반영하여 조직노동 일부를 포섭하는 전략기획'으로 지배블록 내부의 자유주의 온건파가 기획하였다. 이들은 1987년 노동체제의 '노동 없는 민주화' 프로젝트를 총자본 수준에서 냉정하게 평가하였으며 이를 과감하게 폐기하였다. 그러므로 1996년 총선 직후 발표된 '신노사관계 선언'과 노개위는 새 국가프로젝트의 물질적 제도화과정이었다. 이후 '날치기 노동법사태'에서 민주화 국가프로젝트는 지배블록 내부의 수구파의 극심한 반발에 직면하였고 실패 일보직전까지 몰렸다. 그러나 민주노조의 겨울총파업은 온건파가 위기를 극복하고 새 프로젝트를 추진할 동력을 새롭게 마련해 주었다.

한편, 외환위기 이후에는 지배블록 내 수구파가 상당 기간 무력화된 특별한 정치적 조건이 형성되었다. 또 야당 민주화세력으로서 처음 집권한 김대중 정부는 민주화 프로젝트의 개혁과제들을 본격적으로 추진할 수 있는 세력이었다. 이후 10년간 진행된 그 구체적 내용은 1987년 체제의 악법 폐기와 새 통제수단 제도화, 민주노총 합법화와 정책참가 허용(노개위, 노사정위), 법정 노동시간 단축, 노동복지제도의 확대 등으로 구성되었다. 그것은 노동정치에서 최소한의 절차적 민주주의 체제를 제도화하려는 국가의 전략적 기획이었다. 그리고 2006년 노무현 정부의 9·11 노사관계 선진화(로드맵) 노사정위 합의는 그 마지막 종결과정이었다.[25]

다음으로 선진화 프로젝트는 1994년 말 세계화선언으로 시작되었으며 현재까지도 진행 중이다.[26] 그것은 김영삼 정부의 금융자유화와 OECD 가입, 김대중 정부의 구조조정과 경제위기 극복 담론, 노무현 · 이명박 정부의 FTA 추진과 선진화담론으로 이어진 거대한 경제구조 개편, 곧 축적체제 재편전략의 일환이었다. 주변부 포드주의 축적체제의 모순을 극복하면서 종속적 신자유주의의 새로운 성장동력을 만들려는 것이었다. 선진화 프로젝트가 노동에 대한 '민주화 프로젝트' 없이 작동할 수 없었던 상황에서 외환위기는 노동자 주체들의 저항을 일거에 무력화하고 선진화 프로젝트를 민주화 프로젝트와 결합하여 추진할 수 있는 좋은 계기를 마련하였다.

---

25) 물론 2006년 9·11 노사정 합의에서는 작업장단위 복수노조와 전임자임금 문제가 해결되지 못하였다. 2009년 말 이명박 정부에서 이 문제들은 노동개혁 사안이 아니라 노동통제 수단으로 전치되어 제도화되었다.

26) 이명박 정부는 2012년 8·15 광복절에 '선진국 진입, 선진화 원년'을 공식적으로 선언한 바 있었다.

노동정치에서 선진화는 영미(英美)형 노동시장 유연화와 법치주의(legalism)를 결합하여 '종속적 신자유주의 노동체제'를 구성하는 전략기획으로 나타났다.[27] 구체적인 제도수준에서는 전자에는 정리해고 · 파견노동 · 변형노동시간제도의 법제화, 비정규노동 합법화와 규모 확대, 각종 행정적 노동시장 유연화 조치, 공공부문 민영화 해외매각과 구조조정 등이 포함된다. 또 이 과정의 노동자의 저항을 제어하고 법치주의 강화를 위한 제반 조치들이 제도화되었다. 각종 자본이데올로기와 법적 통제장치들이 개발되었고 억압적 국가기구가 재편성되어 강화되었으며 민주노조에 대한 강한 억압과 통제가 실시되었다.[28] 이명박 정부 이후 민주화 프로젝트가 폐기됨에 따라서 선진화 프로젝트는 단일한 통합적 국가프로젝트로 격상되었다.

두 국가프로젝트가 노동정치에 미친 효과는 상당하였다. 민주정부의 민주화 프로젝트는 국가통제의 '정당성과 효율성'을 크게 높이는 변화를 가져오는 한편, 민주노조운동 내부에서 균열을 야기하는 결과를 가져왔다. 또 민주정부들이 추진한 '선진화전략'의 법치주의는 민주노조운동의 동원능력을 크게 잠식하였다. 그러나 결정적인 변화는 '선진화전략'의 제도적 안착으로 비정규노동이 늘어나고 차별이 심화되는 노동시장 상황이 크게 악화되고 양극화된 점이었다. 그 결과 민주노조운동 내부는 균열되었고 대중의 의식은 보수화되었다(조돈문, 2011). 요컨대 두 프로젝트는 종속적 신자유주의 노동체제를 조기에 제도화함으로써 민주노조운동이 구조적 위기에 봉착하게 되는 효과를 가져왔다. 노대투의 시각에서 본다면 효과는 이

---

27) 대체적으로는 영국 대처(Margaret Thatcher) 정부의 노동정책과 대동소이한 것이었다. 대처 정부의 노동정책에 관해서는 Marsh(1992) 참고.

28) 노무현 정부 선진화 로드맵의 이른바 '사용자 대항권', 그리고 이명박 정부의 복수노조 교섭창구 단일화와 전임자 임금지급 통제 등이 대표적인 제도적 조치들이었다. 2001년 김대중 정부의 '작고 강한 국가론' 이래 노무현 정부의 '법과 원칙', 이명박 정부의 '법치주의'로 신자유주의 경찰국가는 꾸준히 강화되어 왔다(노중기, 2010). 그리고 그 결과를 우리는 2009년 철도파업과 쌍용차파업, 그리고 용산참사 진압과정에서 볼 수 있었다.

중적이었다. 노대투의 최소요구는 빠르게 제도화된 반면에, '확장된 노대투' 의 요구는 적절하게 통제되는 결과를 초래하였다.

2) 민주노조운동의 대응전략

1998년 이후 변화된 국가전략에 대한 민주노조운동의 대항전략은 기본적으로 1987년 체제에서 시작된 '민주화 대항헤게모니 프로젝트' 를 지속하는 것이었다. 그 주요 내용은 민주노조의 시민권을 쟁취하고 확장하는 것과 함께 전투적 조합주의를 기초로 경제적 이익을 방어하는 것이었다. 물론 변화가 없었던 것은 아니다. 그것은 크게 사회적 합의주의 운동노선, 산별노조와 합법적 노동정당 건설의 세 가지 축으로 나타났다.[29]

먼저 '사회적 합의주의' 는 1998년을 전후로 민주화 대항프로젝트의 일부로 추진되었고 기존의 '전투적 조합주의' 를 대체하고자 했던 민주노조운동 일각의 새로운 전략적 시도였다.[30] 그것은 민주정부들이 주도한 '민주화 국가프로젝트' 의 연장선 위에서 기획된 전략이었다. 운동노선의 전환을 통해서 민주노조는 노동법 개정을 통한 노동개혁의 확대, 집권 민주정부의 정책결정과정에 대한 참가, 참가를 매개로 경제적 이익 방어에 주력하였다. 또 그것은 정치전략에서 수구세력에 대항하여 자유주의 세력과 연대하는 민주대연합 전략과 연관되어 있었다. 결국 다수의 민주노조들은 민주정부들의 '민주화 프로젝트' 와 자신의 대항헤게모니였던 '민주화

29) 새롭게 동시에 추진된 산별노조 건설과 노동자 정치세력화는 '확장된 민주화 프로젝트' 를 넘어서지 않았다는 점을 지적할 필요가 있다. 1987년 체제에서 현실적 과제가 아니었던 두 가지 대안전략은 종속적 신자유주의체제에서 급속히 당면과제로 부각되었다. 그러나 그것은 새로운 계급적 노동운동으로의 질적 전환이기보다 민주화전략의 보조전략이나 조직적 수단에 머물렀다는 한계를 보여주었다.

30) 사회적 합의주의는 변화된 정치적 조건에서 '민주화 대항헤게모니전략' 의 수단으로 제기된 노조운동노선이었다. 이런 맥락에서 제기된 대표적인 문제제기로는 김유선(1998)을 참고할 수 있다.

전략'을 동일시하고 그 실현에 몰두하였던 것으로 볼 수 있을 것이다.[31)]

그러나 노동시장 유연화와 법치주의 선진화전략과 함께 진행된 노사정 참여전략의 한계는 처음부터 뚜렷하였다. 노사정위는 점차 유명무실한 이데올로기기구나 통제기구로 전락하였고, 민주노조는 '사회적 합의주의'와 경제적 방어투쟁으로 변질된 '전투적 조합주의' 사이에서 혼란과 갈등을 겪게 되었다.[32)] 참가전략이 정규직과 미조직 비정규노동의 조직적 연대, 그리고 중간계급과의 정치적 연대의 계기로 작동할 것으로 기대한 것은 오판이었다. 그것은 자본의 전략적 목표였던 선진화 국가프로젝트와 상충하였고 조직 노동내부에서 운동의 동력을 만드는 데에도 실패하였다. 궁극적으로 그것은 신자유주의 노동유연화를 노동의 저항 없이 수용하게 하는 통제기구를 넘어서지 못했고 반신자유주의 대항헤게모니전략 수립에 중요한 걸림돌로 작용하였다.

참가전략의 실패는 두 개의 국가프로젝트의 내용을 정확하게 인식하지 못하고 주체적으로 대응하는 데 실패한 민주노조운동의 한계를 단적으로 보여주었다. 전체적으로 민주노조운동은 1998년 이후 시효가 소멸되어 가고 있었던 민주화 프로젝트에 매달리는 한계를 보인 것으로 평가할 수 있다. 그러나 여기서 더 주목해야 할 점은 이 시기 '민주화 프로젝트'와 '참여전략'의 한계가 곧바로 노동자 정치세력화와 산별노조 건설전략에 직접 영향을 미쳤다는 점이다.

---

31) 노사정위원회는 이 두 가지 전략기획이 만나는 물질적 공간이었다. 노사정위 참가문제가 이 시기 민주노조운동 내부에서 심각한 갈등과 대립을 산출한 것은 이 두 프로젝트를 결합하는 데 대한 활동가들의 상반된 평가 때문이었다(노중기, 2008a: 10장).

32) 한편, 민주노조운동 일각에서 제기되었던 '반(反)신자유주의' 대항프로젝트는 지배적인 대항전략(노동운동 내 '헤게모니전략')으로 자리 잡지 못한 것으로 평가할 수 있다. 이 프로젝트의 주창자들은 참여전략을 비판하였던 일부 급진적 좌파활동가들이었다. 그러나 이들은 산별노조운동과 노동자 정치세력화에 대해 적절히 대응하지 못하여 반신자유주의의 내용을 구체화하기보다 전투적 조합주의의 수세적 방어전략만을 계속 주장하는 데 머물고 말았다.

다음으로 산별노조 건설전략은 새로운 것은 아니었다. 이미 노대투 시기로부터 논의는 시작되었고 전노협과 민주노총 건설과정에서 그 필요성은 더 구체적으로 확인된 바 있었다. 또 1989년 결성된 전교조를 예외로 하더라도 1990년대 중반 전국과학기술노조를 필두로 몇 개의 소 산별업종노조가 건설되어 활동하기도 하였다. 그렇지만 민주노조운동의 보다 급박한 현실적 과제가 된 것은 1998년 이후의 일이다. 심각한 고용불안과 비정규직의 증가, 국가자본의 구조조정 공세 속에서도 기업별노조의 산별노조 전환은 쉬운 일이 아니었다. 거의 10여 년의 노력 끝에 2006년을 전환점으로 해서 금속노조와 공공노조 등 주력 연맹들이 산별노조로 전환함으로써 일단계 조직형식의 전환은 마무리되고 있는 것으로 보인다(임영일, 2008).

그러나 2012년 현재까지 산별노조 건설전략의 미래는 여전히 매우 불투명하다. 재정자원, 인력의 집중에 의한 미조직 비정규직 노동자에 대한 조직화 효과는 거의 나타나지 않고 있다. 또 기업지부 등 기업별 노조체제의 낡은 유산도 여전하며, 현장과 지역조직역량은 거꾸로 약화되고 있는 실정이기도 하다. 결국 현재까지 첫 단계 산별노조운동은 커다란 한계를 보여주고 있다고 할 수 있다(조효래, 2010).

그 한계의 한복판에는 산별노조가 계급적 연대전략이기보다 정규직 조직노동의 경제적 이해를 수세적으로 방어하는 경제주의 전략의 일환으로 추진된 현실이 놓여 있는 것으로 생각된다. 노동기본권의 사각지대인 중소영세 미조직 비정규 노동자에 대한 계급적 연대 확장전략, 곧 반신자유주의 대항헤게모니 수립전략이기보다는 정규직 노동자들의 조직-교섭역량 확대를 위한 수단에 머무른 것이었다. 요컨대 현재의 산별노조운동에는 경제주의 조합주의의 한계, 곧 기업별 노조의 민주화라는 1987년 체제 민주화 프로젝트의 한계가 드리워져 있었다.

마지막으로 노동자들의 정치세력화운동에서도 '민주화 대항헤게모니 프로젝트'의 한계가 뚜렷이 나타났다. 2000년 민주노총의 전폭적인 지원 하에 출범한 민주노동당은 2004년 선거에서 승리하여 제도정당으로 안착하는 듯하였다. 그러나 곧바로 의회주의, 패권주의의 문제가 내부의 정파 문제와 함께 제기되었다. 내부의 갈등은 2007년의 대선패배를 계기로 진보신당의 분당으로 이어졌고 급기야는 최근 통합진보당 사태로 확대 재생산되었다.

민주노동당 실험의 파산 뒤에 존재하였던 전략적 문제는 두 가지이다. 그 하나는 현실적 세력으로 존재하는 북한에 대한 정치적 태도의 문제였다.[33] 그리고 다른 하나는 민주노총과의 관계 및 자유주의 보수세력에 대한 정치전략의 문제였다. 이 둘은 서로 연관되어 있으나 노대투와 1987년 체제를 주목하는 이 글의 관점에서 중요한 문제는 후자이다.

민주노동당에 대한 '배타적 지지'는 당 건설 초기의 현실적 조건의 반영일 수 있지만 적어도 2008년 분당 이후에는 시급히 교정되어야 할 잘못된 전략이었다. 그것은 정당운동의 노조운동에 대한 불합리한 종속을 필연적으로 야기할 것이기 때문이었다. 민주노동당의 민주노총에 대한 구조적 종속으로 말미암아 노동자 정치세력화는 노조운동의 연장에 불과한 것으로 전락하였다. 노동정당은 '민주노총당'이었으며 독자적인 노동의제를 제시하지 못하였고 노동계급에 대한 정치적 조직화는 노조에 맡겨지거나 방기되었다. '자판기 노조'의 문제가 '자판기 정당'으로 확대 재생산된 것이었다. 또 사회적 합의주의 문제로 확대되었던 노조 내부의 정파갈등은 곧바로 당으로 이전되었고 당내 패권주의를 심화시키는 악순환을 낳았다. 그리고 노동조합에서 진행되었던 합의정치 시도는 노동정당에서 자유주의

33) 이른바 종북주의와 패권주의의 문제이다. 흔히 '종북주의'는 핵심적 쟁점이 아니라는 견해가 있으나 필자의 생각은 다르다. 문제의 근원은 객관적으로 존재하는 물질적 권력인 북한체제와 남북 간 냉전적 대립의 현존에 있다. 노동자 정치운동이 더 이상 이 문제를 회피하거나 방치할 수 없음을 보여준 것이 진보당사태의 중요한 함의이다. 이 주제에 대한 자세한 논의는 노중기(2012a) 참고.

보수세력과의 '민주대연합' 전략으로 확대 재생산되었다. 그것은 기업단위 노조가 주도한 '민주화 대항헤게모니 프로젝트'의 경제주의와 조합주의, 그리고 정치적 절차적 민주주의의 한계 속에 갇힌 정치세력화였다(장석준, 2008).

나아가 '배타적 지지'로 상정되는 당-노조 관계의 이런 문제들은 새로운 노동체제에서 당의 역할을 제한하였다는 점에서 더 심각한 문제를 야기하였다. 2004년 국회진입을 계기로 민주노동당은 반신자유주의 전선의 구심이 될 수도 있었다. 당시 비정규 노동자들의 자연발생적 투쟁은 극한적이었고 폭발적이었기 때문이었다. 그러나 노조에 대한 구조적 종속, 당내 갈등, 신자유주의 집권세력에 대한 불철저한 인식 등이 겹쳐 비정규직 노동자투쟁의 구심으로 설 수 있는 기회를 놓치고 말았던 것이다.

요컨대 외환위기 이후 새로운 시도들에도 불구하고 현재까지 민주노조운동은 전체적으로 뚜렷한 한계에 봉착하고 있다. 한편에서 그것은 노조가 경제적 기능을 담당하고 정당이 (제도)정치 기능을 분리하여 수행하는 양날개론, 곧 정치적 경제주의(political economism)의 한계였다(Hyman, 1994). 그리고 동시에 변화된 축적체제, 노동체제, 국가전략에 체계적으로 대응하지 못하고 본질적으로 1987년 체제의 운동전략인 민주화 대항헤게모니 프로젝트를 되풀이하는 오류였다. 예컨대 산별노조 건설과 노동정당 건설에도 불구하고 양자는 계급적 연대를 확장하는 데 모두 실패하였다. 그 결과로 신자유주의의 두 국민전략(two nation strategy)은 큰 저항 없이 관철되었고 노동시장의 양극화 문제는 더욱 심화되었다. 종속적 신자유주의 노동체제에 대응하는 대항헤게모니전략은 조직된 정규노동자를 미조직 비정규노동과 연결하는 연대 확장전략 곧 반신자유주의 전략으로 발전해야만 했다. 그러나 산별노조와 노동정당은 모두 이 문제를 각자의 영역에서 배제하거나 부차적인 것으로 취급하였을 뿐이다.

노조운동 수준에서는 전투적 경제투쟁과 참가전략의 혼란 속에서 기업단위 조직노동 중심의 경제주의, 조합주의적 실천이 계속되었다. 형식적 산별전환에도 불구하고 미조직 노동과의 연대를 실천하는 내용이 빠짐으로써 노동계급은 연대하기보다 분열하였다. 그리고 정당운동은 노조운동에 의존하거나 추수함으로써 견제와 균형의 건강한 관계를 갖는 데 실패하고 의회주의와 패권다툼으로 매몰되었다. 그것은 노조운동과 구별되는 독자적 · 계급적 정치세력화가 아니었으며 민주노총을 중심으로 하는 노조운동의 외연확장에 불과하였다.

결국 2012년 현재 민주노조운동이 보여주고 있는 구조적 위기는 노대투에서 시작된 문제의식과 과제, 그 조직과 주체의 역사적 한계가 드러난 것으로 평가할 수 있다.[34] 변화된 구조적 조건 속에서 산별노조 전환과 정치세력화는 그 방향에서 지배블록의 두 국민전략에 대응하는 올바른 전략 선택이었으며 지금도 그러할 것이다. 그러나 그 내용의 측면에서는 여전히 기업별 노조주의와 조합주의적 조직활동의 관행과 한계를 크게 넘어서지 못하고 있다.

6. 결론 : 요약과 토론

이 글은 '1987년 노대투에서 노동자 계급대중이 제기한 문제들이 현재 어디에 와 있는가?' 라는 물음에 답하고자 하였다. 앞서 보았듯이 많은 문제들을 민주노조운동은 1987년 이래의 지난한 투쟁을 통해서 해결하였고

34) 그것이 '역사적 한계' 인 것은 1987년 노동체제의 민주화 대항헤게모니 프로젝트의 한계 속에는 해방 이후 구조화된 노동정치의 역사가 놓여 있기 때문이다. 해방 직후 산별노조로 강한 정치지향성을 가진 계급적 노동운동은 완벽히 절멸되었다. 이후 오랜 기간 동안 기업별 노조 중심의 노동정당 없는 노동운동은 우리 노동정치의 구조적 지형이 되었다. 노대투의 성과에도 불구하고 이 역사적 무게가 현재 민주노조운동의 앞길을 가로막고 있다는 인식이다.

최소한의 노동기본권을 확보하여 제도화하였다. 그 요구와 투쟁들을 묶어 필자는 '민주화 대항헤게모니 프로젝트'라고 불렀다.

'민주화 대항헤게모니 프로젝트'는 1987년 노동체제에 조응하였기 때문에 일정한 성과를 낳았다. 현재적 관점에서는 이 점을 확인하는 일이 매우 중요하다. 1997년 외환위기 이래 노동체제는 결정적으로 전환하였고 더 이상 과거의 대항헤게모니는 유효하지 않은 것이다. 종속적 신자유주의 노동체제에서 시민권은 '조직된 정규직'만의 시민권이 되었고 '기업 울타리 안에서만' 유효한 것으로 바뀌었기 때문이다. 또 법률적 기본권리는 이제 법치주의라는 국가자본의 칼이 되어 거꾸로 노동을 법치의 굴레에 가두고 있기 때문이다.[35] 비정규보호특별법을 제정하거나 비정규문제를 제기하는 국회의원과 정당이 존재한다는 사실만으로는 신자유주의의 계급적 모순을 넘어설 수 없다는 점이 분명히 드러났다.

노대투가 역사적으로 종결되었다는 의미는 무엇인가? 그것은 곧 새로운 주체(세대), 새로운 의제, 새로운 운동방식, 새로운 투쟁과 조직의 객관적 필요성이 제기된 것을 의미한다. 형식적인 산별전환이 아닌, 그리고 노조권력과 의회주의의 굴레에 갇힌 노동정당이 아닌 새로운 산별노조와 정당, 그 질적 비약이 필요하다. 정규직과 비정규직 중소영세사업장 노동자가 만나는 새로운 주체, 새로운 조직의 틀, 새로운 운동전략이 개발되어야 할 것이다. 그리고 뺑파업으로 전락한 정규직 중심의 전투적 조합주의는 지양되어야 하며, 미조직 노동자들과 함께하는 새로운 연대투쟁방식이 창출되어야 한다. 그 내용을 구체화하는 것은 새로운 전략적 기획과 투쟁기획에 의해서 이루어질 것이다.

35) 일반적으로 법치주의는 양날의 칼이다. 그런데 한국과 같은 종속적 신자유주의 체제에서 그것은 반민주적 노동억압을 법적으로 정당화하는 무소불위의 통제수단이 되기도 한다. 노무현 · 이명박 정부 법치주의의 내적 논리에 대한 비판적 분석은 노중기(2010: 20-28) 참고.

제 5 장

일본군 '위안부' 문제와 지역여성운동 : 경남지역 활동을 중심으로

| 이혜숙(경상대 사회학과) |

1. 지구화 · 지방화시대 지역여성운동

지구화 · 지방화시대에는 국가 이외에 다양한 행위자들이 동등한 구성원으로 참여하고 있으며 지구화 · 지방화시대의 지역은 한 국가의 하부단위가 아니라 자율적인 주체들의 삶이 이루어지는 상대적으로 독립된 단위이다. 따라서 자신이 살고 있는 지역과 삶의 문제에 대해 스스로가 주체로서 참여하고 해결을 모색하는 지역사회운동이 활발해지고 여성운동도 성평등을 향한 운동의 지평을 지구, 국가, 지역 차원의 모든 수준으로 확대해 나가고 있다.

지구화는 여성운동과 관련하여 여러 가지 기회를 제공한다. 지구화는 탈국가 중심의 과정에서 여성들의 다양성을 고양시키는 가능성을 지니게 되며 지역수준의 사회운동이 전 지구적인 네트워크로 연결되는 기회를 준다(황영주, 2006: 338). 더욱이 지방자치의 실시는 중앙 중심의 운동에서 지방단위로 운동의 폭을 넓히는 결과를 가져오게 되었다. 지역여성운동은 전국적 여성이슈의 흐름에 따라 움직이는 동시에 지방분권화의 영향으로 지방정부의 역할이 중요해지고 책임의 소재가 분명해지면서 지역의 구체적 문제에 관심을 두면서 전개되고 있다(이혜숙, 2012a: 105-242; 이혜숙, 2012b). 지구화 · 지방화시대 지역여성운동의 형성과 전개과정, 운동의 성격에 대한 다각적이고 종합적인 분석은 이런 시점에서 필요하다고 하겠다.

이 글은 일본군 '위안부'[1] 문제 해결을 위한 지역여성운동의 형성과 전개과정, 성격과 전망 등을 경남지역 활동을 중심으로 정리해 보고자 한다.[2] 일본군 '위안부' 운동은 민간단체들이 중심이 되어 역사 속에 파묻혀

1) 1993년 10월 2차 아시아연대회의에서 1차 회의에서 사용했던 '강제 종군위안부'라는 말이 문제가 있다는 지적이 제기되어서 위안부로 불렸던 여성들이라는 의미에서 ' '를 사용하고 범죄주체인 일본군을 붙여 일본군 '위안부'로 했다. 영어로는 일본군 성노예(Military Sexual Slavery by Japan)로 사용하기로 합의해서 지금까지 사용하고 있다(윤미향, 2012: 151).

있던 문제를 사회적으로 쟁점화하고 세계적으로 공론화했다는 점에서 한국여성운동사에 중요한 획을 그은 것으로 평가된다. 그동안 일본군 '위안부' 관련 연구들은 크게 '위안부' 존재를 규명하고자 하는 연구(강정숙, 2010), 일본군 '위안부' 문제를 보는 관점과 연관된 연구(강선미 · 야마시타영애, 1993; 김은실, 1994; 정진성, 1999), 일본군 '위안부' 생존피해자 실태조사 및 경험에 대한 연구(전기택 외, 2012), 일본군 '위안부' 증언의 내용과 해석, 방법론에 대한 연구(양현아, 2001; 양현아, 2006; 김수진, 2013), 일본군 '위안부' 운동과 관련된 연구(정진성, 2004; 이나영, 2010; 최명숙, 2012) 등으로 분류해 볼 수 있으며, 일본군 '위안부' 운동 연구는 한국정신대문제대책협의회(이하 '정대협' 이라 함)의 활동이나 2000년 여성국제법정(정진성, 2001; 강가람, 2008), 아시아연대회의(강정숙, 2013) 등을 중심으로 이루어졌다. 이 운동의 가장 중요한 성과 중 하나는 '민족주의' 라는 고정된 틀에서 벗어나 지구적 보편성을 추구하는 초국적 운동의 가능성을 보여주었다는 점이다(이나영, 2010: 67).

그런데 일본군 '위안부' 문제를 다루는 단체들이 대구와 경남 지역에서도 활발하게 활동하고 있다. 일본군 '위안부' 이슈는 국가수준의 이슈에서 초국적, 지구 수준으로 이어졌고, 지역 이슈도 된 것이다. 경남지역을 중심으로 한 일본군 '위안부' 문제해결을 위한 지역여성운동의 검토는 지구화 · 지방화시대에 국가수준, 지구수준의 이슈가 지역에서 어떻게 다루어지는가를 보여줌으로써 지구수준, 국가수준, 지역수준의 다층적 공간 속에서 여성 이슈가 어떻게 전개되는지[3]를 보여주는 좋은 사례라 하겠다. 기

2) 자료수집을 위해 일본군 '위안부' 할머니와 함께하는 통영거제시민모임, 일본군 '위안부' 할머니와 함께하는 마창진시민모임의 단체에 대한 설문지 조사(2013년 8월 13~27일)와 각 단체 대표에 대한 심층면접(2013년 8월 26일 오후 3~5시, 8월 28일 오후 5시~7시)을 실시했고 내용은 모두 녹음하였다. 이하 각각 설문지 1, 2, 심층면접 1, 2로 표시하고자 한다. 그 외 부족한 점은 이메일 교환을 통해 수정, 보완했다. 설문지 조사와 심층면접에 협조해 준 각 단체의 대표들에게 지면을 빌려 감사함을 전한다.

3) "현재의 국가 중심적 젠더정치학이 지역-국가-지구적 수준의 다층적 정치공간을 포함하는

존에 이와 관련한 여성운동에 대한 검토는 주로 정대협의 활동이나 아시아연대회의 등 초국적 여성운동에 대한 것이었다. 일본군 '위안부' 문제해결을 위한 운동을 경남지역 활동을 중심으로 살펴보는 것은 지역의 활동에 관심을 둠으로써 지구화·지방화시대 지역여성운동의 성격이해에 기여하고 이 운동의 활동과 성격에 대한 총체적 이해에도 기여한다는 점에서 의의가 있다고 하겠다.

2. 일본군 '위안부' 문제해결을 위한 국내외 활동

1931년부터 1945년에 이르기까지 일본제국주의가 아시아 태평양지역을 침략하며 저지른 15년 전쟁 속에서 일본군 '위안부'로 연행되어 성노예로서의 삶을 지낸 여성은 약 20만 명으로 추정된다. 그러나 가해국 일본은 범죄를 은폐했으며 피해자들은 오히려 수치심을 갖고 고통 속에서 살아왔는데 현재 피해자로 확인된 여성은 모두 237명이다. 생존 피해자는 2013년 8월 현재 국내 51명 국외 5명이다. 일본군 '위안부'는 일본 국가의 제도 및 정책으로 집행된 것이었는데(윤미향, 2012: 153), 일본정부는 여전히 국가의 전적인 책임을 인정하지 않고 있다.

2011년 8월 30일 헌법재판소에서 한국정부의 일본군 '위안부' 문제해결을 위한 부작위에 대해 헌법위배 판결이 내려졌다. 헌법재판소 판결 이후 한국정부는 일본정부를 향해 재협상을 공식적으로 제안했으며 외교통상부 산하에 실무팀을 구성하여 일본정부와의 재협상과 중재안에 대한 실무를 담당하고 있다. 최근에는 피해자들이 일본정부를 상대로 손해배상을

것으로 재구성되어야 한다"고 제안하고 있는 대표적 연구로는 허성우(2006: 169)를 참조할 것.

청구한 민사소송 비용을 정부가 지원하기로 했다.

현행 피해자 권익증진 사업은 '일제하 일본군 위안부 피해자에 대한 생활안정지원 및 기념사업 등에 관한 법률'에 의한다. 이 법률은 일제에 의하여 강제로 동원되어 '위안부'로서의 생활을 강요당한 피해자를 보호·지원하고 일본군 '위안부' 피해자의 명예회복과 진상규명을 위한 기념사업을 수행함으로써 이들의 생활안정과 복지증진을 꾀하고 국민의 올바른 역사관 정립과 인권증진에 이바지함을 목적으로 하고 있다.[4]

일본군 '위안부' 문제를 한국에서 사회적으로 논의하기 시작한 것은 1980년대 말, 1990년대 초인데 1990년 11월 16일 37개 여성단체들 대표가 모여 이 문제를 전담하는 정대협을 설립하였다. 1991년 8월 14일 김학순 피해자의 증언으로 생존피해자가 세상에 알려지게 되었으며, 1992년 1월 8일 일본군 '위안부' 문제해결을 촉구하는 첫 수요시위가 시작되었다. 이후 정대협은 피해자들과 함께 일본군 '위안부' 문제해결을 위한 국내외 운동을 진행하면서 동시에 피해자들의 경제적·심리적 지원활동을 펴 나갔다. 이러한 지원과 지지에 의지하며 피해자들은 정대협 운동에 주체로서 적극 참여하기 시작했다. 그 후 1992년 10월에는 나눔의 집이 설립되어 활동하고 있다.

일본대사관 앞에서 매주 수요일마다 열리는 수요시위 참가, 배상청구 소송, 책임자 처벌 고소·고발, 아시아 피해자들과의 연대투쟁, 증언활동, 유엔(UN)과 국제노동기구(ILO)에의 고발, 미국과 유럽 등 세계 여러 나라 의회에서의 증언활동 등 활동의 무대도 한국을 넘어서서 일본·미국·유럽·호주 등 어디든지 진실을 알릴 수 있는 곳이면 찾아다녔다. 이렇게 피해자들은 정대협 운동에 참여하여 유엔의 결의채택, 세계 여러 나라의 의

4) 1993년 6월에 '일제하 일본군 위안부에 대한 생활안정지원법'이 제정된 이래 5차례의 일부 개정이 있었는데 2012년 12월 18일 '일제하 일본군 위안부 피해자에 대한 생활안정지원 및 기념사업 등에 관한 법률' 개정을 통해 '법률상담 등(제11조의 3)'에 관한 조항을 신설하였다(전기택 외, 2012: 15).

회에서의 결의채택, 2000년 '일본군 성노예 전범 국제법정'[5]의 법적 판결 등을 이끌어 내는 데 중요한 동력이 되었다(윤미향, 2012: 164-165). 또한 아시아연대 및 국제연대활동을 해 나갔다. 아시아연대회의의 결의문에 나타난 일본정부에 요구하는 내용은 진상규명, '위안부' 제의 범죄사실 인정, 공식사죄, 법적 배상, 교과서 기록과 교육, 책임자 처벌 등이다(강정숙, 2013: 29).

이러한 활동의 결과 2007년 미 하원의 결의안이 채택되었고, 이를 시작으로 유럽의회, 네덜란드, 캐나다, 필리핀, 대만 등의 결의안 채택을 통하여 '위안부' 문제에 대한 일본정부의 사죄와 배상을 촉구하였다. 이후 일본에서 지역 시민단체와 개인들의 적극적인 활동으로 일본 지방의회 40여 곳에서 자신들의 정부에 대해 문제해결을 촉구하고 비슷한 수준의 지방의회 건의서를 채택하였다. 2010년 미국 펠리세이즈파크에 첫 '위안부' 기림비가 세워졌으며(이인순, 2012: 19), 이후 미국에 6개의 기림비가 세워졌다. 2012년에는 '전쟁과 여성인권박물관'이 세워졌으며, 11차 일본군 '위안부' 문제해결을 위한 아시아연대회의에서 고(故) 김학순 할머니가 피해증언을 처음으로 한 1991년 8월 14일을 기념해 세계 일본군 '위안부' 기림일로 선포하고, 2013년 8월 14일 첫 번째 기림일 기념행사는 일본·대만·필리핀·캐나다·미국·독일·네덜란드·인도네시아 등 9개국 17개 도시에서 개최되었다(「여성신문」, 2013.8.14.). 또 2013년 7월 30일 해외 최초로 미국 캘리포니아 글렌데일에 '평화의 비 소녀상'이 세워졌다.

피해자들은 '위안부' 문제를 이슈화하며 이를 통해 세계에서 일어나는 전쟁 중 여성인권유린 범죄를 해결하고자 애썼다. 정대협 내 전쟁과 여성

---

5) 2000년 12월 7일부터 12일까지 일본 도쿄에서 개최된 피해자와 활동가, 연구자, 법률가들이 조직한 민간법정으로 일본정부의 배상책임을 묻는 민사재판과 책임 있는 개인들에 대한 처벌을 요구하는 형사재판으로 구성되었다. 이 법정에서 히로히토 천황과 도조 히데키를 비롯한 9명의 고위관료와 군부지도자에게 유죄를 판결하고 일본정부에 대해서는 피해자 배상을 권고하였다(경상남도교육청, 2013a: 80).

인권센터를 발족해 무력갈등하에 벌어지는 여성인권 문제와 연대하고 관련 자료도 모으게 되었다. 최근에는 연대의 범위를 넓혀 기지촌, 성매매 여성들과도 손을 잡기 시작했다. 이러한 연대는 일본군 '위안부' 문제 해결운동을 평화와 치유의 운동으로 변화시키는 계기가 되었다(「여성신문」, 2012.12.21.).

3. 일본군 '위안부' 문제해결을 위한 경남 지역 단체의 형성

일본군 '위안부' 이슈는 지역에서 출발한 지역관련 이슈는 아니나 이를 다루는 단체들이 대구[6]와 경남지역에서 활발하게 활동하고 있다. 일본군 '위안부' 관련해서 현재 등록된 생존 피해자들 중에서 경남에 8명[7]이 거주하고 있다(「경남도민일보」, 2013.3.11.). 경남에 피해자들이 많고 통영 · 거제 지역은 인구 대비 단일지역 최대 피해지역이라는 점이 통영 · 거제지역에서 일본군 '위안부' 문제해결을 위한 단체 형성과정의 배경이라 하겠다.

1997년 10월 1일 경남정신대문제 대책을 위한 시민연대모임이 창립되어 활동하였고,[8] 2002년부터는 일본군 '위안부' 할머니와 함께하는 통영거제시민모임[9](이하 '통영거제시민모임' 이라 함), 2007년부터는 일본군 '위안부' 할머니와 함께하는 마창진시민모임(이하 '마창진시민모임' 이라 함)이

6) 대구에서는 1997년부터 '정신대 할머니와 함께하는 시민모임' 이 활동하고 있다(http://www.1945815.or.kr).

7) 이 중 5명이 창원시에 거주하고 통영, 양산, 남해에 각 1명씩 거주하고 있다.

8) 이 모임은 현재에는 활동하고 있지 않다.

9) 통영거제시민모임의 일자별 구체적 활동에 대해서는 일본군 '위안부' 할머니와 함께하는 통영거제시민모임(2013b)을 참조할 것.

활동하고 있다.

1) 인적 자원과 조직구조

사회운동에 대한 분석은 운동의 목표에 대한 분석에 그치는 것이 아니라 운동과정에 대한 경험적인 분석이 필요하다. 1970년대 중반을 전후해서 미국에서 등장한 자원동원론은 조직수준에 그 초점을 두고 동원으로부터 목표달성 내지 쇠퇴에 이르는 운동과정을 운동을 규정하는 내적 · 외적 조건들로 설명한다(McCarthy and Zald, 1977; Jenkins, 1983; McAdam, 1988). 사회운동의 기초가 이념이나 신념에 있는 것이 아니라 합리성과 행위주체의 조직화의 능력과 동원, 기회의 변화에 의해 산출되며 집합적 행위자로서의 사회운동조직의 중요성에 주목한다. 자원동원론은 운동의 과정, 그러한 과정에서 활용 가능한 자원의 특성, 그리고 전략적 행위, 동원의 방법 등에 관심을 나타낸다.

사회운동의 형성과 전개에 있어서 인적 자원의 동원은 가장 기초가 된다. 즉 사회운동이 발생하고 세력화되려면 참여하는 인적 자원이 있어야 하고 이들의 조직화가 필수적이다. 조직화는 서로 간의 대화과정을 통해 성찰과 비판을 가능하게 하고 집합적 신념과 유대를 만들어 집합적 행동으로 나타날 수 있는 능력을 개발해 준다.

통영거제시민모임의 대표는 1995년 일본군 '위안부' 생존피해자들의 증언채록을 하던 한국정신대연구소 연구원들과 만난 일을 계기로 지역에 피해자가 있다는 사실을 알게 되었다. 당시 피해자들은 경제적 어려움 속에 있었으며 외로움 · 자책감 · 수치심 등이 많았는데, 가족들로부터도 소외받는 것을 보고 안타까움을 느끼고 당시 지역단체의 필요성에 대한 논의도 있어서 통영거제시민모임을 만들게 되었다. 통영 · 거제 지역은 대개 지역 분위기와 정서가 보수적이었지만 연고에 바탕을 두고 문화예술인 및 사회단체 관련자, 시민들을 중심으로 만들었다.

> "1992년부터 전국 읍면동사무소와 시민단체에 설치된 일본군 '위안부' 피해자 신고센터를 통해 정부에 등록된 피해자들의 증언녹취를 한국정신대연구소에서 진행하고 있었고, 그 연구원을 통해 통영의 피해자 현황을 알게 되었다. 이를 계기로 1995년 즈음 생존피해자들을 만나기 시작하면서 그들의 생활실태와 사회적 · 가족적 냉대로 인한 소외와 외로움, 그리고 수치심에 힘겨운 삶을 살아가고 있음을 보고 정서적인 교류를 가지다, '위안부' 문제가 가지고 있는 무게를 인식하고 일본군 '위안부' 피해자들의 치유, 복지지원과 명예인권회복을 통한 여성인권과 평화의 가치실현을 위해 지역의 뜻있는 분들과 함께 시민모임을 조직하게 되었다."(설문지 1)

마창진시민모임 대표의 경우는 1997년 '경남 정신대문제 대책을 위한 시민연대모임'이 창원지역을 중심으로 만들어지면서 일본군 '위안부' 관련 운동에 동참하였고, 그 뒤 천주교마산교구정의평화위원회 활동을 하면서 추모제와 여성인권미사를 주도하였다. 2004년부터는 경남여성단체연합[10]과 공동활동으로 마산과 창원, 진해 거주 생존피해자 방문 등의 지원활동을 했다. 이 과정에서 독자적 조직의 필요성을 느끼게 되어 2007년 5월에 마창진시민모임을 창립하고 활동하기 시작했다.

그동안 한국의 사회운동이 지녔던 중앙집중적 · 획일적 방식은 적절하지 않다고 생각하고 지역의 시민들과 학생 등 지역시민사회에 보다 효율적으로 이 문제에 대한 관심과 참여를 이끌어 내기 위해서는 그 지역을 잘 알고 있는 지역단체의 존재와 역할이 반드시 필요하다고 본 것이다. 근거리에 있는 지역단체가 대상자들과의 보다 가깝고 긴밀한 접촉을 통해 대상자들의 형편과 상황, 요구, 필요 등을 훨씬 적절하고 원활하게 지원할 수 있다는 것이다.

10) 경남여성단체연합의 성격과 활동에 대해서는 이혜숙(2008)을 참조할 것.

"피해생존자들이 계속 사망하고 있고, 남아 있는 분들 또한 고령과 중증질환 중이어서 이 문제해결의 시간적 촉박감도 없지 않아 피해생존자들을 잘 돌보는 일이 매우 중요한데 중앙, 서울 중심의 관점, 관 중심과 행정 편의적 접근으로는 지역에 거주하는 피해생존자를 제대로 지원할 수 없는 현실적 문제가 많다."(설문지 2)

조직구조는 2013년 8월 현재 통영거제시민모임의 경우 고문 2명, 상임대표 1명, 감사 2명, 운영위원회 7명(당연직 2명, 선출직 5명), 기획팀 2명, 대외협력팀 2명, 재정팀 2명, 그 외 사무국과 총회로 이루어져 있으며 자원봉사단 90여 명(통영, 거제, 고성, 부산, 산청 등 인근지역의 학교와 학생)과 연대하고 있다. 마창진시민모임의 경우는 고문 2명, 감사 2명, 대표 1명, 운영위원회 위원 9명, 사무국으로 되어 있으며, 자원봉사활동가 5명, 창원과 인근지역 학교의 학생들로 구성된 소속 동아리인 일본군 '위안부' 할머니 명예회복을 위한 청소년실천단 '우리할머니'가 활동하고 있다. 마창진시민모임의 경우는 발기인[11]이 150여 명이었지만 실제 회비 납부회원은 20여 명 정도이다.

2) 재정적 자원

인적 자원의 동원과 함께 어떻게 물적 · 재정적 자원을 계속 동원하는가는 운동의 유지와 발전에 있어서 매우 중요하다. 통영거제시민모임의 경우 2012년 예산 총액은 1억 9,780만 원이었는데, 재원구성을 살펴보면 회비수입은 1.5%(300만 원), 기부금 및 모금활동 48.5%(9,615만 원), 시·도보조금 49.5%(9,765만 원), 기타 0.5%(100만 원)이다(설문지 1). 마창진시민모임의 경우 2012년 예산은 2,505만 원이었으며 회비, 후원금, 수익사업, 정

11) 대부분의 발기인들은 지역에서 시민운동을 하는 사람들이었는데 회비를 내는 회원은 교사(주로 전교조 소속 역사관련), 일반 시민 약간 명이다.

부지원금으로 이루어져 있다. 재정상황을 보면 전체 재정 중 회원 자체 수입 비중이 매우 약하며 정부지원금의 비중이 높다.[12] 마창진시민모임의 경우 열악한 재정을 해결하기 위한 회원조직 강화와 재정사업, 후원회원 관리 등을 제대로 하기 위해서는 상근 유급인력이 필요하나 현 재정형편상 유급인력을 둘 수 없는 상황이다.

> "청소년, 대학생들도 최근 관심을 가지고 적극적인 활동을 하고 싶어 하나 이를 뒷받침해 줄 수 있는 재정이 미약하다. 최근 일본군 '위안부' 문제가 이슈로 부각되면서 언론, 방송, 연구기관, 학계 등에서의 관심도 높아져서 인터뷰, 자료요청, 생존자 면담주선 등을 요구받는 일이 많아지는데, 상근인력이 전무하고 대표 혼자서 계획된 사업을 추진하면서 모든 일을 해야 하는 현 상황에서는 이런 요청을 일일이 감당하기가 너무 힘들고, 당장의 인력확충도 쉽지 않아서 고민이다."(설문지 2).

따라서 필요불가결한 필수적 사업 중심으로 전개하면서 후원회원 모집과 재정사업을 점차 적극적으로 추진해 나가고 있지만 여전히 재정적인 면에서는 어렵다. 정부의 프로젝트는 대개 중앙에 있는 단체에게 지원이 많이 가고 있으며 후원금도 서울에 있는 단체 쪽으로 가는 편이 많아서 지역의 단체는 불리하다고 느끼고 있다. 특히 정부가 바뀌면서 관련 부서의 위상이 여성가족부 권익증진국에서 복지지원과로 격하되었고 경남도의 경우도 역사관 건립을 위한 2013년도 예산을 전액 삭감하였다(심층면접 1).

---

12) 2012년 통영거제시민모임의 정부지원금은 정서적 안정지원사업, 건강치료사업(여성가족부 아동과 여성폭력피해중앙지원단), 평화인권문화제(통영시사회단체), 일본정부의 법적 책임이행을 촉구하는 제2차 탄원엽서보내기 운동(통영시여성발전기금), 경남여성인권포럼(경남여성인권특별위원회), 일본군 '위안부' 피해자명예인권을 위한 추모비건립사업(경남도, 통영시), 경남 일본군 '위안부' 역사관 건립사업(경상남도), 일본군 '위안부' 피해자 일대기 영상교육제작사업(경상남도교육청) 등이며, 마창진시민모임의 경우는 일본군 '위안부' 피해자 정서안정지원사업(중앙정부), 여성발전기금지원사업(경상남도), 일본군 '위안부' 경남도립역사관 건립준비 자료수집사업(경상남도), 할머니명예회복 청소년 실천행동사업(경상남도 공익지원사업), 일본군 '위안부' 희생자 위령제(창원시여성발전기금) 등이다.

4. 운동의 지향성과 활동

1) 운동의 목표와 방향

일본군 '위안부' 문제는 일본이 전쟁을 일으키는 과정에서 자행된 전쟁범죄이다. 제국주의 전쟁에서 자행된 성폭력은 국가에 의해 조직적이고 체계적인 동원을 통해 이루어졌다. 또한 '위안부'의 동원과 실태 그리고 해방 후의 이들의 처리 문제 등은 한국과 중국 그리고 일본의 점령을 받은 동남아시아 국가들 각각 차이가 존재한다. 이 문제는 전시하 여성에 대한 성폭력이라는 여성의 인권문제이면서도 한편으로는 민족의 문제인 것이다(김미정, 2007: 121). 즉 '위안부' 문제는 민족, 여성, 국가, 계급 등과 관련된 복합적이고 중층적인 문제이다(정진성, 2004; 양현아, 2006).

문제해결과 관련하여 일본정부에 요구하는 것은 전쟁범죄 인정, 진상규명, 공식사죄, 법적 책임인정과 배상, 전범자 처벌, 올바른 역사교육을 위한 역사교과서 수록, 추모비와 역사관 건립 등이다(김경영, 2012: 45). 가장 기본적이고 중요한 것은 일본 정부의 법적 책임인정의 방식과 내용에 대한 것이다. 고노 담화 수준의 사죄가 현실적 대안이며 배상금이 국가기금이면 수용해야 된다는 것과, 법적 책임의 구체적 내용, 즉 어느 시기에 얼마나 많은 사람들에게 구체적으로 어떠한 내용의 범죄를 저질렀다는 것을 규정하고 그것에 대해 사죄하여야 한다는 것이다. 또한 일본의 배상과 관련하여 생존자 개개인의 요구를 확인할 것을 요구하는 움직임이 있다. 한일청구권협정을 통하여 개인의 청구권이 살아있음이 중요한 논쟁이 되고 있고 생존자들이 고령임을 강조하며 배상의 시급함을 호소하고 있는 것이다(이인순, 2012: 22).

통영거제시민모임과 마창진시민모임의 경우 일본군 '위안부' 문제의 진상과 책임에 대한 역사의 진실을 밝혀 바로잡는 한편, 그 피해자들의 명예회복과 복지지원을 통해 여성의 인권과 평화를 증진하는 데 그 목적을 두고 있는데 지역단체의 대표들은 이 문제를 여성, 민족, 계급 등과 관련된 중층적인 문제로 보면서도 그동안 민족을 너무 강조해 왔기 때문에 여성이나 보편적인 인권, 평화 문제를 강조하고 있다(심층면접 1; 이경희, 2012).

> "일반적으로 민족의 문제, 여성의 문제, 계급의 문제가 내재되어 있지만 교육현장에서 너무 민족의 문제, 애국심, 나라사랑 등을 강조하면서 집중적으로 교육을 하며 그런 쪽으로만 몰아간다. 애들한테 그런 식으로만 … 활동가들의 입장에서 보면 미국이라는 사회가 과연 민족의 문제로 보고 결의안을 채택했을까요? 아니거든요. 물론 민족의 문제도 있지만 보다 근본적인 문제는 여성에게 가해진 폭력의 문제이고 인권의 문제, 평화의 문제라는 것을 반드시 주지하고 있어야 한다고 봅니다."(심층면접 1)

> "어느 지역보다 경남지역에서 일본군 '위안부' 피해자들이 많으면서도 이 운동 시작의 관점이 주로 여성인권보다 민족문제나 전쟁 중 민간인학살 등과 같은 전쟁범죄에 중점을 두고 있는 듯하다. 이 문제가 여성인권문제임에도 여성인권단체들이 매우 소극적이고 형식적인 참여에 그치고 있다."(설문지 2)

또한 지역에 있는 피해자들에 대한 실질적인 복지지원과 아카이브 구축을 위해서는 지역에서 활동하는 단체의 필요성과 과제를 중요하게 인식하고 있다.

> "정대협은 서울이라는 중앙에 위치한 운동단체로서 수도권이 중심활동영역이다. … 이러한 수도권 중심의 운동은 지역, 그것도 가장 많은 피해자가 난 곳인 대구, 경북 · 경남지역의 피해역사를 거의 담아내지 못하였고 생존피해자들 또한 수도권의 피해자들보다도 관심과 지원의 대상에서 멀어져 있었기에 지역의 활동가들이 중심이 되어 조직을 꾸려 일본군 '위안부' 문제해결운동에 적극적으로 뛰어들었다."(설문지 1)

2) 활동과 프로그램

인적 자원과 재정적 자원이 확보되면 구체적으로 어떤 프로그램으로, 운동을 어떻게 전개할 것인가 하는 점이 제기된다. 사회운동조직이 활동하기 위해서는 어떤 일을 어떻게 할 것인가 하는 전략과 전술이 중요하기 때문이다. 사회운동은 시민들의 관심을 촉발하고 여론형성과 시민계몽을 통하여 정책결정에 압력을 행사한다. 대외적인 토론회와 공청회 그리고 조직 내 모임을 활성화하여 합리적인 정책대안을 지속적으로 만들어 내고 있으며 사안에 따라서는 서명운동, 집회, 시위와 같은 직접적인 방식을 활용하기도 한다(임현진 · 공석기, 1997: 11). 프로그램 기획은 거의 사무국 대표가 하며 검토와 결정은 운영위원회와 총회에서 하는데 일본군 '위안부' 문제해결을 위한 경남지역의 활동은 다음과 같이 정리할 수 있다.

〈표 1〉 일본군 '위안부' 문제해결을 위한 경남지역의 활동

연도	활동내용	추진단체
1997	• 중국 거주 정신대 할머니 귀향 기금 모금 활동	• 경남정신대문제 대책을 위한 시민연대
1998.3.14. ~3.23.	• 중국 거주 정신대 할머니 한국정신대연구소와 합동 현지조사	• 경남정신대문제 대책을 위한 시민연대
1997~1998	• 일본군 '위안부' 할머니 가족 찾기 및 국적문제 해결운동	• 경남정신대문제 대책을 위한 시민연대
2003~ 현재	• 일본군 '위안부' 피해자 정의를 지향하는 평화인권문화제 매년 개최	• 통영거제시민모임
2007	• 나고야 교류회, 증언 집회	• 통영거제시민모임
2009	• 경남 지방의회 일본군 '위안부' 결의안 채택운동 전개	• 통영거제시민모임

2010	• 일본군 '위안부' 문제해결을 위한 일본의회의 입법을 촉구하는 제1차 탄원엽서보내기 운동 • 일본 정부, 의회에 탄원엽서, 지방의회 결의문, 50만 서명지 전달	• 통영거제시민모임 • 마창진시민모임
	• 오사카 교류회, 증언 집회, 간담회	• 통영거제시민모임 • 마창진시민모임
2011	• 1000차 수요시위 맞이 '1000통영거제시민 정의의 인간띠 잇기'	• 통영거제시민모임
2012	• 일본군 '위안부' 피해자 명예와 인권회복을 위한 문화제	• 마창진시민모임
	• 일본군 '위안부' 피해자 명예와 인권회복을 위한 일본정부의 법적 책임 이행을 촉구하는 제2차 탄원엽서보내기 운동	• 통영거제시민모임
	• 일본군 '위안부' 피해자 명예와 인권회복 및 추모를 위한 '정의의 비' 건립운동	• 통영거제시민모임
	• 일본군 '위안부' 생존피해자 일대기 역사교육자료 제작활동	• 통영거제시민모임
	• 경남 일본군 '위안부' 역사관(가칭) 건립운동	• 통영거제시민모임 • 마창진시민모임

자료 : 경상남도교육청(2013a: 64), 통영거제시민모임 대표와의 이메일 교환자료 참조하여 작성함.

세부적으로 활동과 프로그램을 나누어 보면 경남지역의 일본군 '위안부' 문제해결을 위한 활동, 이 문제를 알리고 인식증진을 위한 다양한 형태의 행사 및 교육활동, 기념사업활동, 역사자료 발굴보존 및 기록물제작활동, 경남지역에 거주하는 생존피해자에 대한 구체적 지원사업 등으로 나누어 볼 수 있다.

(1) 일본군 '위안부' 문제해결을 위한 활동

① 경남 지방의회 결의안 채택운동

경남지역에서 일본군 '위안부' 문제해결을 위한 단체들은 우선 경남지역 지방의회의 일본군 '위안부' 결의안 채택운동을 전개해 나갔는데 그 결과 대구시의회와 부천시의회에 이어 통영시가 2009년 11월 30일 전국에서 세 번째로, 거제시가 12월 24일 네 번째로 결의안을 채택하였고 같은 날 전국에서 네 번째로 경남도의회가 결의안을 채택하였다. 이는 2010년 1월에 창원시와 합천군으로 이어져 경남지역 전체 21곳(마창진 통합 이전)의 의회 중 14곳[13]에서 채택된 것으로 전국에서 가장 많은 지방의회 결의안 채택을 이끌어 내었다(송도자, 2012: 31).

〈표 2〉 일본군 '위안부' 결의안 채택내용(경남도의회)

일본군 '위안부' 결의안 채택(경남도의회, 2009.12.24.)
• 일본정부의 반인륜적 범죄사실 인정, 사죄 • 역사교과서 기록 • 일본의회 인권회복과 법적배상특별법 제정 • 대한민국 정부 전담기구 설치를 통한 일본과의 협상 • 국회 특별위원회 설치 • 양국 의회 간 협상 • 도의회 차원의 일제하 일본군 '위안부' 피해자 생활지원과 기념사업 법률에 따른 지원

자료 : 김경영(2012: 49).

② 탄원엽서보내기 운동의 전개

2010년 마창진시민모임과 통영거제시민모임은 9월 15일 기자회견을 시작으로 탄원엽서보내기운동을 공동 진행하였다. 일본군 '위안부' 문제

13) 2010년 1월 창원시, 합천군, 3월에 양산시, 남해군, 4월에 마산시, 거창군, 진해시, 진주시, 사천시, 9월에 함양군, 10월에 창녕 군의회에서 결의안을 채택하였다(일본군 '위안부' 할머니와 함께하는 통영거제시민모임, 2013a).

해결을 위한 경남 시민행동으로 이 문제가 미래 세대의 인권과 평화 문제임을 알리기 위한 것이다(「여성신문」, 2012.7.20.). 이는 경남지역과 일본 내 운동단체와의 연대 물꼬를 트는 계기가 되었으며, 경남지역 생존피해자 3명이 참석해 최초로 일본사회에 경남출신 피해자들을 알려내는 장이 되었다.

이후 2012년 6월 20일 통영거제시민모임은 기자회견을 갖고 일본정부의 법적 책임이행을 촉구하는 제2차 범국민탄원엽서보내기운동을 전개하였다. 경상남도교육청의 협조를 이끌어 내어 진행된 2차 엽서보내기운동은 경남지역 중등학교의 많은 참여를 이끌어 냈으며 8차에 이르는 거리캠페인을 고등학교 학생들과 함께 펼쳤다(송도자, 2012: 33).

(2) 다양한 형태의 행사 및 교육활동

통영거제시민모임은 일본군 '위안부' 문제해결을 위해 2003년부터 그림, 영상, 사진, 영화, 연극 등의 문화매체를 통해 역사적 진실을 알려내는 교육의 장, 지역민들의 행동을 이끌어 내는 참여의 장으로 평화인권문화제를 매년 개최해 오며 추모제도 함께 지내오고 있다. 평화인권문화제는 특히 고등학교 동아리와의 연대를 통해 청소년들의 적극적인 참여활동을 모아낸 것이 두드러진 특징이다(송도자, 2012: 35). 마창진시민모임에서도 추모제를 매년 개최해 지역의 시민사회단체와 학생들의 참여를 이끌어 내고 있다. 그 외 다양한 활동 및 교육사업으로 도내 학교에서의 강연, 청소년실천단 역사탐방, 거리사진전, 문화공연, 피해생존자 증언 및 토크쇼, 3·1절 기념 일본군 '위안부' 문제해결 촉구대회 등을 하고 있으며, 2013년에는 '만남과 희망의 캠프'를(「경남일보」, 2013.5.16.) 개최했다.

(3) 기념사업활동

① 피해자 추모비 건립운동

1992년 경남지역 최초 일본군 '위안부' 피해자임을 밝힌 정서운 피해자가 2004년 2월 운명한 이후 살아생전 할머니께 자원봉사활동을 해 온 봉사자들이 중심이 되어 할머니의 뜻과 정신을 기리기 위한 추모비 건립운동을 2006년부터 전개하였다. 경남도와 하동군이 3천만 원, 국민모금 3,300만 원으로 민관이 함께 건립한 고 정서운 할머니 추모 평화의 탑은 2007년 5월 26일 경남 하동 악양면에 있는 취간림 공원에 세워져 있다(송도자, 2012: 33).

2012년에 들어서면서 통영거제시민모임에서 일본군 '위안부' 피해자를 추모하고 정의의 역사를 새기는 역사교육의 장으로 피해자 추모비 건립운동을 7월 18일 기자회견을 시작으로 전개했다. 김복득 할머니가 자신의 증언록 출판기념회에서 받은 위로금 200만 원과 통영시내 초중고학생, 교사 등이 참여하여 전국적으로 4,000만 원의 성금이 모였고 통영시도 1,000만 원을 내놓았다(「헤럴드 경제」, 2013.3.28.). 또한 지자체는 부지제공과 조형물제작비를 일부 지원하는 형태로 민관이 함께 참여하였는데, 그 결과 2013년 4월 6일 통영 남망산 공원에 일본군 '위안부'를 추모하는 정의비가 국내 처음으로 세워졌다. 거제와 창원에도 추모비가 건립될 전망[14]인데 창원 추모비 추진을 위한 건립기금은 시민모금 형태로 진행하되 거리모금, 기금마련 문화공연, 백화점, 은행과의 제휴 등 다양한 방식으로 전개해 나가기로 했다(「경남도민일보」, 2013.6.25.).

---

14) 통영거제시민모임은 추모비건립위원회 거제실행위원회와 연대하고 있는데 거제에도 추모비를 세울 예정이다. 창원지역 일본군 위안부 추모비 건립을 위한 1차 제안자 모임에는 마창진시민모임 이경희 대표, 천주교마산교구 정의평화위원회 주연옥 사무국장, 경남도민일보 김주완 편집국장, 열린사회희망연대 김지란 공동대표, 문순규 · 이옥선 창원시 의원, 이종엽 경남도의원, 경남여성단체연합 이경옥 상임대표, 진해여성의전화 최정희 이사가 참석했다(「경남도민일보」, 2013.6.25.).

② 경남지역 역사관 건립운동

기념관이나 박물관, 역사관 등은 과거의 경험을 어떤 특정의 맥락에 놓음으로써 현재의 기억으로 불러내고 이를 유통시키는 역할을 함으로써 '기억정치'를 드러낸다(김은경, 2010: 177-179). 2002년 만들어진 '일제하 일본군 위안부 피해자에 대한 생활안정지원 및 기념사업 등에 관한 법률'에는 국가와 지자체가 위안부 피해자와 관련한 역사적 자료를 수집해 전시하는 등의 기념사업을 할 수 있도록 하고 있다(「한겨레」, 2013.2.12.).

2012년 2월 경남도지사와 경남지역 생존피해자, 관련단체와의 오찬간담회가 마련된 자리에서 통영거제시민모임과 마창진시민모임은 기념사업의 필요성을 제기하여 경남 일본군 '위안부' 역사관 건립이 현재 진행 중이다.

(4) 역사자료 발굴보존 및 기록물제작 활동

① 증언 및 구술기록 사업

증언채록과 증언연구는 일본군 '위안부' 운동 초기부터 시작되었는데, 이는 트라우마적인 사건을 공적 기억의 장으로 끌어내고 그와 관련된 다양한 주체들의 경험을 드러내는 일이다(김수진, 2013). 이를 위해서는 피해자 중심주의와 생존자의 개별성과 특이성에 주목하는 것이 필요하다(양현아, 2006).

통영거제시민모임은 1990년대 후반부터 통영지역 생존피해자들을 상대로 한국정신대연구소에서 진행하는 증언구술 작업을 지원하였으며, 2003~04년에는 통영, 거제 생존피해자들을 대상으로 정대협과 함께 증언영상 및 구술기록 작업을 진행하였다. 2009년에 들어서면서 본격적인 심층증언 영상, 구술 기록작업을 자체적으로 진행하여 아카이브를 구축하였고, 2010년 지역의 생존피해자와 함께 일본 오사카네트워크 단체들과 증언행사를 하였으며, 도쿄 여성과 전쟁박물관을 방문하여 증언을 하였다. 2012년에는 김복득 생존피해자의 일대기를 제작하면서 추가 구술기록 작업을 진행하였다.

마창진시민모임의 경우 2013년에 대학생들이 생존피해자의 말씀을 기록하는 캠프, '할머니, 힘내세요' 사업을 진행 중이다. 지역단체의 입장에서 보면 피해자 아카이브 구축작업은 평소 피해자들과 정서적인 유대감을 지니고 있는 지역민들이 하는 것이 바람직하다고 생각하고 있다(심층면접 1). 더구나 생존피해자들의 개인적 상황이나 피해경험에 대한 인식과 경험, 그 해석은 매우 다양한데 언론을 통해 알려진 생존피해자들의 이미지가 일반화되어 있고 도식화된 질문들을 하는 경우가 많아서(설문지 2, 심층면접 2) 구체적인 증언사업은 계속되어야 한다고 보고 있다.

> "가장 중요한 것은 피해자와 질문자 간에 정서적 유대가 반드시 있어야 피해자가 속에 있는 것, 감추고 싶은 이야기들도 나온다. 내용면에서 초창기에 정대협과 같이 진행하면서 얘기했던 것과 지금 우리와 같이 편하게 웃으면서 이야기하는 것과 다르다. 새로운 이야기가 나온다. … 오랜 기간 동안 긴밀한 유대를 통해 정말 딸 같다. 정서적 끈이 형성되어 있는 상태이니까 우리가 안 물어도 얘기가 나오는 겁니다."(심층면접 1)

② 생존피해자 일대기 역사교육자료 제작 및 지원활동

일본군 '위안부' 문제해결을 위한 단체들이 활동하는 가운데 경남도교육감이 생존피해자 중 최고령인 김복득 할머니를 방문하여 할머니를 위로하는 자리에서 할머니의 일대기를 역사교육자료로 활용하고자 제안하기에 이르렀고 경남도교육청, 통영교육지원청과 일선학교 역사 · 국어 교사, 통영거제시민모임으로 제작위원회를 구성해서 사업을 추진하는 민관의 협력체계를 구성하였다. 이러한 과정을 거쳐 경남도교육청이 2013년 3월 통영에 거주하고 있는 최고령 생존자 김복득 할머니[15]의 일대기를 다룬『나를

15) 김복득 할머니는 재산 2,000만원을 통영여고 장학금으로 기증하고 자존감을 많이 회복하

잊지 마세요』 역사교육 자료를 전국 최초로 발간했다. 90쪽 분량의 책과 10분짜리 다큐멘터리 CD가 나왔는데(「경남도민일보」, 2013.3.11.), 일본어판을 만들어 일본의 정치 · 교육계에도 발송하였다(경남신문, 2013.8.12.). 경남도내 학생들은 『나를 잊지 마세요』를 토대로 2시간 이상 '위안부' 피해자 문제이해 교육을 받는다(「경남도민일보」, 2013.3.11.).

(5) 경남지역에 거주하는 생존피해자에 대한 복지지원사업

일본군 '위안부' 운동의 활동가들은 생존피해자들의 생활을 직접 돌보는 일을 한다(이나영, 2010: 65). 가정을 방문하여 생존피해자에 대한 구체적인 복지지원사업을 진행하고 있는 것이다. 말벗, 각종 생활불편해소 지원 및 복지 코디네이팅, 목욕지원, 마음속 분노와 한의 해소, 상처의 회복을 위한 다양한 심리치료 프로그램(이야기 들려주기, 그림 그리기, 요가, 안마, 발마사지, 행복밥상나누기, 대화나누기 등), 피해생존자의 격리감, 우울감 등의 해소와 자아존중감 향상, 사회적 관계 증진 등의 목적으로 하는 나들이(인권나들이, 문화나들이, 건강나들이 등), 기념일 챙기기(생신, 어버이날, 명절 등에 홀로 쓸쓸히 외롭지 않도록 방문, 위로, 축하행사 등), 병원, 약국 동행 및 수발, 기타 일상의 문제 지원(여행, 물품구입 등), 장례지원(보호자와 의논하여 시민사회장, 추모식) 등"(설문지 2)이 있다.

지금까지 일본군 '위안부' 문제해결을 위한 경남지역 단체의 활동들을 살펴보았다. 많은 활동이 있었지만 통영거제지역의 경우 지역기반이 작고 지역민들의 정서가 보수적이라서 운동의 확산이 어려운 점이 있으며 재정적으로 어렵다. 앞으로 단체가 역점을 두고 싶은 활동과 사업에 대해서는 운동적 측면에서 그동안 홍보와 행사로 조금씩 증진된 시민들의 관심을 보다 적극적인 참여활동으로 끌어내어 좀 더 힘 있는 운동력을 확보할 수 있

여서 행사에 많이 참여하고 있다.

도록 해야 한다고 본다. 또한 지역거주 피해생존자의 증언을 최대한 확보하고 보존 · 전달하는 일이 중요하며, 지역시민들의 관심과 참여의지를 모으는 구심점 역할을 할 수 있는 거점이나 상징물의 마련도 중요하다고 본다. 내용적 측면에서는 이 문제를 바라보는 관점을 인류보편의 인권 중에서도 여성인권의 문제임을 보다 분명하게 부각시키고 현재의 성매매, 성폭력의 문제와 결부시켜야 한다고 보고 있다. 세대의 측면에서는 다음 세대인 대학생, 청소년, 초등학생에 이르기까지 이 운동을 계승하도록 하는 작업이 중요하다고 보며 활발한 사업을 전개할 수 있는 안정적 재정기반의 마련이 중요하다고 본다(설문지 2). 또한 상근자 활동에 대한 기본적인 운영비 정도는 정부의 지원이 있어야 한다고 본다(심층면접 1).

5. 지역사회환경과 연대

1) 환경 : 언론 및 지방자치단체 등과의 관계

단체의 여러 가지 행사에 지역 시민사회단체들은 공동주최로 함께 참여하고 있으며 관심 있는 시의원들이 추모비 건립운동이나 피해자지원센터 건립 추진에 관심을 가지고 협력하고 있다. 지역단체의 활동 및 사업에서는 중앙정부뿐 아니라 경상남도와 시의 지원금이 중요한 역할을 하고 있다. 또한 역사관 건립은 민관협력으로 이루어지고 있으며 경상남도는 2012년 여성인권특별위원회의 활동의 일환으로 '위안부' 문제 해결을 위한 홋카이도 시민모임과 교류를 했다(경남여성인권특별위원회, 2012). 그러나 좀 더 가시적인 지방자치단체의 관심과 민관협력이 필요하다. "삿포로 시의회와 홋카이도 의회의 '위안부' 문제해결을 위한 노력의 일환이 우리 경남의 도의회, 시군의회와 연계되어 힘이 될 수 있는 방안을 찾고 인권특

위에서 지원해 줄 방안"(김경영, 2012: 59)을 찾아야 하며, 경남지역의 '위안부' 문제해결을 위한 다양한 과제에 함께하고 이들이 국제적 연대를 형성할 수 있도록 다양한 지원방법이 검토되어야 할 것이다.

> "지방자치단체는 중앙, 광역, 기초 정부 모두 일본군 '위안부' 문제에 대하여 매우 소극적이고 형식적 · 기계적인 행정대응 일변도이다. 가장 기본적인 것은 일본군 '위안부' 문제에 대한 관계공무원의 시각이 제대로 확립되어야 한다. 정부 내 여성관련 부처조차도 여성인권문제로 보다는 민족문제나 정부가 알아서 해결하면 된다는 생각이 대부분이다. 자발적 시민운동에 대한 정부로서의 최소한의 성의와 예의가 있어야 한다."(설문지 2)

> "경남도의회는 이미 2009년 일본군 '위안부' 결의문을 채택하여 입장을 표명하고 그 역할을 다할 것을 결의문에 명시했으나 그에 따른 행동은 정반대의 길로 가고 있음을 본다. 경남도 역사관 건립을 위한 1차 자료조사수집 예산을 전액 삭감하려는 행태, 지역 추모비 건립 지원요청에 대한 몰역사적 반대 입장을 취하고 있어 결의문 채택이 허울 좋은 미사여구에 불과했음을 스스로 증명하고 있다"(강성훈, 2012: 38-39).

언론과의 관계는 관련 행사 시 보도자료로 협조요청하면 대체로 우호적이며 인터뷰도 많이 하는 편이다(설문지 1). 이는 지역사회에 일본군 '위안부' 문제를 알리는 데 큰 역할을 했다고 본다. 그러나 3·1절, 8·15 등 때만 되면 겉핥기식 이슈보도와 생존피해자 인터뷰 요구만 하면서 정작 이 운동이 어떻게 가고 있는지, 실제적인 필요는 무엇인지에 대한 사정에는 관심이 적다고 하겠다(설문지 2). 경남교육청과는 최근 경남 교육감의 관심과 함께 교육자료 『나를 잊지 마세요』 발간을 계기로 협력하고 있다.

2) 연대활동

연대활동과 관련하여 통영거제시민모임의 경우 통영지역에 있는 통영여성장애인연대, 전국어린이책시민연대통영지회, 아이쿱통영생협, 전국공무원노조통영시지부, 민주노총경남본부 통영연락소, 통영YWCA, 통영성폭력상담소, 한길아카데미, 통영고등학교 역사단체 도화지 등과 연대하고 있다. 거제지역 단체로는 거제시민사회단체협의회,[16] 대우조선노동조합, 삼성중공업노동자협의회 등이다. 경남지역단체로는 마창진시민모임, 열린사회희망연대, 민주노총경남본부와 연대하고 있다. 지역 외부와는 대구 정신대할머니와 함께하는 시민모임, 나눔의 집, 정대협, 한국정신대연구소, 민족문제연구소, 역사정의실천시민연대 등과 연대한다(설문지 1).

마창진시민모임의 경우 해마다 개최하는 일본군 '위안부' 희생자 추모문화제, 3·1절 기념 행사 등을 마산, 창원, 진해 지역의 여성, 노동, 농민, 인권, 교육, 환경, 언론 등의 다양한 시민사회단체들과 공동주최나 공동협력의 방식을 통해 개최하면서 자연스럽게 느슨한 지역연대가 형성되었다. 이러한 연대기반을 통하여 피해자의 장례를 시민단체공동장례위원회 구성을 통한 시민사회장으로 치르기도 하고 추모비건립추진운동에도 그동안 연대의 틀에 함께해 온 시민단체들이 참여하고 있다(마창진시민모임 대표와의 이메일 교환). 구체적으로는 경남지역 내에서는 통영거제시민모임, 경남여성단체연합, 민주노총경남지역본부, 경남진보연합, 열린사회희망연대, 김주열열사기념사업회 등과 다양한 연대활동을 하며 지역 외부와는 정대협, 나눔의 집, 대구에서 활동하는 정신대할머니와 함께하는 시민모임과 연대하고 있다(설문지 2).

여성연대의 출발은 곧 "자신의 직접적인 삶의 경험과 지역성에서 출발

16) 소속단체들은 거제경실련, 참교육학모회거제지회, 거제YMCA, 거제여성회, 통영거제환경운동연합, 거제개혁시민연대, 거제농민회, 아이쿱거제생협, 좋은벗 등이다(설문지 1).

한다. 하지만 곧 자신의 경험에서 공유하는 여성의 경험으로, 궁극적으로는 지구성으로 전환될 가능성이 높다"(황영주, 2006: 332). 실제로 이들 단체들은 일본에서 활동하는 단체와 연대했다. 2007년 통영거제시민모임은 나고야 평화의회와 함께 나고야 증언집회를 개최하여 경남지역 일본군 '위안부' 생존피해자인 김복득 할머니의 증언 강연과 교류회 활동을 펼쳤다.

또한 2010년 마창진시민모임과 통영거제시민모임은 모아진 탄원엽서를 11월 25일 일본방문을 통해 전달한 후 여성들의 전쟁과 자료관을 방문하여 간담회를 가졌다. 여기에서 건립배경과 취지, 과정, 전시내용, 운영에 대한 전반적인 설명과 활동을 공유, 관람을 통해 경상남도 역사관 건립에 대한 의견을 나누었다. 오사카 증언집회와 교류회를 칸사이네트워크와 공동주최하고, 이 자리에서 창원지역 생존피해자의 생생한 증언이 처음으로 이루어졌으며, 참가자들로 하여금 일본군 '위안부' 문제해결 의지를 다지고 연대의 기틀을 마련하는 계기가 되었다. 그동안 국제연대는 대개 중앙에 의해서 독점되는 경향이 있었는데 중앙을 통하지 않고 직접 소통하는 방법을 모색했다는 점에서 의미 있다고 하겠다.

이처럼 연대의 수준은 다양하지만 이들 단체들은 우선 지역시민사회에서의 공동연대 구축이야말로 운동의 확산과 시너지효과를 가져다줄 수 있다고 보고 있다.

> "열악한 조건에서 힘겹게 이어져 온 이러한 활동은 의미 있는 성과를 내었지만 경남지역사회의 공감과 연대를 제대로 이루어 내지는 못한 것으로 보인다. 이제 생존피해자가 얼마 남지 않은 시점에서 경남지역사회의 공감을 바탕으로 시민사회단체와의 공동행동 연대벨트는 시급한 과제로 인식된다."(송도자, 2012: 37)

국제적인 연대뿐 아니라 국내에서의 지역 외부와의 연대도 중요한데 정대협과는 정보공유가 잘 안 되고 항상 수도권에서 주도권을 가지려고 한다고 느끼고 있어서 향후 수평적 연대의 방법을 좀 더 모색할 필요가 있어 보인다(심층면접 1; 심층면접 2).

> "22년이 넘는 오랜 시간 동안 정대협의 적극적인 활동이 '위안부' 문제해결운동에 있어 많은 역사를 만들어 왔음은 누구도 부인하지 못하는 점이다. 그러나 지역에서의 활동과 함께 전국공동의 행동을 모색했던 지역의 단체들은 정대협과의 긴밀한 네트워크를 형성하여 공동목표와 공동대응을 설정하여 '위안부' 운동을 전국적으로 시너지화하고자 노력하였으나 정대협의 외면으로 번번이 좌절을 맛보았다. … 이는 국내 일본군 '위안부' 문제해결운동에 있어 큰 걸림돌로 작용하고 있다."(설문지 1)

6. 맺음말 : 지역여성운동의 성격과 전망

이 글은 일본군 '위안부' 문제해결을 위한 지역여성운동의 형성과 전개과정 등을 경남지역 활동을 중심으로 정리해 보았다. 경남지역의 단체들은 경남지역의 일본군 '위안부' 문제해결을 위한 활동, 이 문제를 알리고 인식증진을 위한 다양한 형태의 행사 및 교육활동, 기념사업활동, 역사자료 발굴보존 및 기록물제작 활동, 경남지역에 거주하는 생존피해자에 대한 구체적 지원사업 등의 활동을 하였다. 일본군 '위안부' 문제해결을 위한 경남지역의 활동을 통해서 본 지역여성운동의 성격과 전망은 다음과 같이 정리해 볼 수 있다.

첫째, 일본군 '위안부' 문제해결을 위한 경남지역의 활동은 국가수준에서 초국적, 지구 수준으로 진행된 이슈를 수동적으로 받아들이는 것이 아니라 지역현실과 관련하여 지역여성들에 의해 운동이 자발적으로 전개되었고 확산해 나갔다는 점에서 의의가 있다. 경남지역에 피해자가 많다는 지역적인 배경도 작용했지만 이러한 단체의 형성과정에는 지방자치의 실시, 지역여성운동 역량의 축적, 인적 자원과 재정적 자원의 동원이 중요하게 작용하였다. 이는 지구화 · 지방화시대에 지역이 한 국가의 하부단위로서가 아니라 자율적인 주체라는 점을 보여주는 예이며 한국사회운동의 중앙중심, 서울중심, 국가중심의 한계를 극복할 수 있는 새로운 가능성을 보여주었다고 하겠다.

둘째, 이들의 활동을 통해 구체적으로 지역사회에 일본군 '위안부' 문제의 성격을 알리게 되었고, 통영에 '위안부'를 추모하는 정의비를 국내에서 처음 세우고 역사교육자료를 발간하여 학생들이 일정 시간 교육을 받도록 하였으며, 역사관 건립의 필요성 등등을 지역사회에 공론화 했다. 또한 경남 지방의회 일본군 '위안부' 결의안 채택운동을 통해 전국에서 가장 많은 지방의회 결의안 채택안을 이끌어 내는 결과를 가져왔다. 이는 지구화 · 지방화시대 지역여성의 역량이 지역사회의 변화를 이끌어 냈다는 점에서 지역여성운동의 세력화와 젠더정치의 측면을 잘 보여주는 예라 하겠다.

셋째, 일본군 '위안부' 문제해결을 위한 경남지역의 활동은 지구화 · 지방화시대의 다양한 연대의 양상과 한계를 보여주었다. 지역 내에서 다양한 시민사회단체들과 연대활동을 통해 일본군 '위안부' 문제해결에 대한 지역사회의 관심을 이끌어 냈으며 지역 외부와도 2012년 10월 전국여성인권포럼을 공동으로 개최하는 등 연대활동을 하고 있다. 이러한 활동 속에서 2007년 통영거제시민모임은 일본 나고야 평화의회와 함께 나고야 증언집회를 개최하는 등 활동을 같이하면서 서로 간에 연대의 기틀을 마련하는 계기가 되었다. 그러나 서울의 정대협과 연대양상은 그리 순조롭지 않고 한국사회의 중앙중심성이 운동의 영역에서도 나타나고 있음을 느끼고 있어서 중앙조직과의 수평적 연대의 필요성이 제기된다고 하겠다. 향후 경남 지역사회의 시민사회단체들과 공동연대 구축에 따라 운동의 확산과 시너지 효과가 나타나고 지역사회 내 영향력을 증대시킬 것으로 보인다. 지역 내 수준에서의 여성연대의 범위를 확대해야 하는 연대의 방법을 더욱 모색해야 하며 중앙의 여성운동과의 수직적 연대가 아니라 수평적 연대, 지역/국가를 넘어서는 초국적 연대가 활성화되어야 할 것이다.

넷째, 일본군 '위안부' 문제해결을 위한 지역사회의 활동에서 민관협력의 중요성과 한계 등을 보여주었다. 지역단체들은 경남교육청 등과 연대하여 역사교육자료 등을 제작하였고, 도·시 지방정부로부터의 재정적 지원은 단체가 활동을 지속하는 데 중요한 역할을 하고 있으며 현재에도 역사관 건립을 위한 공동사업을 추진 중에 있다. 그러나 좀 더 가시적인 성과를 보여야 하며 경남지역 생존피해자에 대한 경남 도차원의 지원책도 보다 구체적으로 마련되어야 한다. 아카이브 구축작업과 역사관 건립의 실현도 이러한 민관협력에 따라 실현가능성이 높아질 것인데 이런 과정에서 도지사 및 교육감 등 지방자치단체장의 역할이 매우 크다는 점을 보여주었다. 이는 지역여성운동이 전개되는 과정에서 민관협력을 통한 젠더 거버넌스의 구축이 매우 중요함을 시사한다고 하겠다.

지구화 · 지방화의 진행으로 지역여성은 다층적인 공간 속에 놓이게 되며 지구화의 통합과 분화 속에서 젠더체계는 지구적 · 국가적 · 지역적 차원의 모든 수준에서 새롭게 재편되고 있다(이혜숙, 2013: 40). 따라서 지역여성운동에 대한 경험적 연구의 축적이 매우 중요하며 이론적 · 실천적 차원에서 미시적인 지역여성의 문제를 다루면서도 그것을 지구, 국가, 지역의 다층적인 공간과 거시적 구조와 연결시키는 작업이 필요하다고 하겠다.

일본군 '위안부' 이슈는 국가수준의 이슈에서 초국적, 지구 수준으로 이어졌고 지역 이슈가 되었다. 경남지역을 중심으로 한 일본군 '위안부' 문제해결을 위한 지역여성운동의 검토는 지구화 · 지방화시대에 국가수준, 지구수준의 이슈가 지역에서 어떻게 다루어지는가를 보여주는 좋은 사례이며 지구화 · 지방화시대 운동의 확산과 전개과정을 잘 드러내 주고 있다. 지역수준에서 이루어지는 지역여성운동의 특성은 무엇인가, 운동의 활동역량은 어떻게 가능하고 어떤 방향을 모색해야 하는지 구체적인 경험에 기반을 둔 연구가 앞으로도 계속 필요하며, 이러한 지역여성의 구체적인 활동은 전반적인 한국여성운동사에서도 중요하게 다루어져야 할 것이다.

제 6 장

사회운동과 감정 : 한국 기독교 보수주의 운동의 사례

| 이승훈(숙명여대 리더십 교양교육원) |

1. 들어가며

최근 사회운동과 관련하여 우리 사회에는 주목할 만한 두 가지 현상이 나타나고 있는 것 같다. 하나는 사회운동이론 분야에서 감정에 대한 관심이 높아지고 있다는 점이다. 물론 감정에 대한 강조가 최근에 등장한 새로운 흐름이라고 하기는 어렵다. 비록 주류의 틀에서 다뤄지지는 않았지만, 감정에 대한 관심은 꾸준하게 있어 왔다. 하지만 최근 감정에 대한 관심이 증대된 데에는 몇 가지의 계기가 있다고 할 수 있다. 먼저 이성과 감정, 이론과 실천, 미시와 거시 등과 같은 오래된 이분법적 사고를 극복하고자 하는 노력, 감정적 감수성에 민감한 페미니스트들과 여성운동의 등장, 그리고 최근 사회학이론에서의 '문화적 전환'의 흐름 등이 그 계기들이라 할 수 있을 것이다(Goodwin, Jasper, and Polletta, 2000: 77-78). 주목할 만한 두 번째 현상은 기독교 보수주의 운동의 등장이다. "성속 이원론과 정교분리론을 내세워 공개적인 정치참여를 극구 회피해 온 보수 개신교 세력이 마침내 공공연히 '정치적 행동주의'로 전환한"(강인철, 2013: 15) 사건을 말하는 것이다. 그동안 우리 사회에서의 사회운동이라고 하면 기존의 질서에 저항하고 변혁하려는 움직임과 관련되어 이해되었다. 독립운동, 농민운동, 노동운동, 민주화운동 등이 바로 그러한 것들이었다. 하지만 최근 우리는 시청 앞 광장에서 성조기를 흔들고, 사회의 변화에 적극적으로 저항하려는 우파 보수주의 운동[1]에 관한 뉴스를 심심찮게 접하게 된다. 이런 보수주의 운동이 우리 사회에서 나타나기 시작한 것은 비교적 최근의 일이라 할 것이다.

하지만 이러한 흐름들에 대한 체계적인 연구가 아직 우리 사회에서는 많이 미흡한 것으로 보인다. 물론 감정을 과학적으로 연구하는 일은 여러

1) 물론 '우파'나 '보수주의'가 어떤 내용을 담고 있는 개념인가에 대해서는 또 다른 논의가 필요할 것이다. 이에 대한 개념규정은 4절에서 간략하게 논의할 예정이다.

가지 어려움을 낳는다. 사회운동 참여자들은 보통 자신들이 합리적이고 이성적으로 행위하고 있다는 인상을 심어주기 위해 감정을 억압하려는 경향이 있기 때문이다. 그래서 연구자들은 1차 자료나 참여관찰 등을 통하여 사후적으로 감정을 재구성해야 하는 문제에 부딪히게 된다(굿윈 · 재스퍼 · 폴레타, 2012: 32). 그럼에도 불구하고 감정은 사회운동 연구에 빠질 수 없는 부분이다. 감정의 개입 없이는 어떠한 행위도 일어나지 않는 것이고, 따라서 사회운동도 불가능하기 때문이다(바바렛, 2010: 9).

한국의 기독교 보수주의 운동의 등장도 마찬가지이다. 최근 새롭게 나타난 사회운동과 관련된 현상임에도 불구하고, 아직 많은 연구가 진행되지 못한 것이 사실이다. 민주화 이전까지 철저한 정교분리의 원칙을 주장하던 대형교회들이 왜 2000년대 들어서면서 갑자기 시민사회에 적극 참여하는 주체가 되었는가? 이들의 등장은 어떤 구조적 조건을 배경으로 하고 있는가? 사회운동으로서 이들이 추구하는 목표와 전략은 구체적으로 무엇인가? 그리고 한국 시민사회에서의 이들의 등장과 활동을 어떻게 평가할 수 있을 것인가? 기독교 보수주의 운동과 관련하여 이밖에도 설명되어야 할 다양한 문제들이 있다.[2]

따라서 이 글은 사회운동이론에서의 감정에 대한 새로운 접근방식에 기초하여, 한국에서의 기독교 보수주의 운동을 해석해 보려는 시론적인 분석을 목표로 한다. 아직 감정을 중심으로 체계적으로 사회운동의 이론틀이 수립되어 있다고 보기도 어렵고, 또한 기독교 보수주의 운동의 분석도 기존의 2차 자료에 의존하고 있기 때문에, 감정에 관한 본격적인 경험연구라고 하기에는 어려울 것이다. 다만 감정이라는 새로운 접근방식에 주목하여 기독교 보수주의 운동의 등장과 과정을 고찰하고, 이후 수행되어야 할 연

2) 미국의 경우에는 기독교 보수주의 운동을 포함하여, 미국 내 보수주의 운동의 현상과 역사에 관한 다양한 연구들이 비교적 체계적으로 진행되었다. 이를 소개하고 있는 Gross, Medvetz, and Russell(2011)을 볼 것. 아마도 한국의 경우에는 종교적 사회운동을 꾸준하게 연구해 온 강인철(2013)의 연구가 드문 사례라 할 수 있을 것이다.

구과제를 제시하고 있다는 측면에서 그 의의를 찾을 수 있을 것이다. 이를 위하여 이 글은 다음과 같은 순서로 구성된다. 먼저 사회운동이론의 역사에서 감정이 어떻게 다뤄졌는지를 간략하게 살펴볼 것이다. 그리고 감정과 합리성을 통합하여 이해하려는 대표적인 논의들을 소개할 것이다. 이어서 한국 기독교 보수주의 운동 사례를 중심으로 사회운동이론에서 감정이 어떤 역할을 수행하는지를 대략적으로 살펴보려고 한다. 마지막으로 감정의 도덕적 정당화라는 맥락에서 한국에서의 기독교 보수주의 운동을 비판적으로 평가하게 될 것이다.

2. 사회운동이론에서의 감정과 합리성

1) 사회운동이론과 감정

사실 사회운동이론에서 감정이라는 요소는 그렇게 낯선 개념은 아니다. 1960년대까지 감정은 제도정치 밖에서 발생하는 모든 정치행위를 이해하는 하나의 열쇠였다. 이 시기 집합행동에 관한 연구는 르봉의 군중이론 전통과 프로이드의 집단심리학 전통으로 구분할 수 있다. 군중이론 전통에서 감정이란 군중의 속성, 곧 암시와 전염성으로 인한 개성과 이성의 상실로부터 발생하는 것이다. 반면 프로이드 전통에서 감정은 공적 정치행위의 실제 동기를 구성하는 것으로, 정치행위는 사적인 삶에서 충족되지 못한 욕구를 충족시키려는 노력의 일환이라고 할 수 있다. 그래서 이러한 전통들에서는 선동정치가의 존재를 강조하는 경향이 있다. 만약 군중들의 행동이 전염에 의한 것이거나 오이디푸스 충동에 의한 것이라고 한다면, 누군가는 이들의 결정과 행동을 인도해 줄 사람이 있어야 하기 때문이다 (Goodwin *et al.*, 2000: 68). 하지만 이 이론들은 많은 비판을 받아 왔다. 군중들의 행위를 비합리적인 것으로 규정할 뿐 아니라, 이성과 감정을 구분하고, 나아가 감정을 비합리적이며 충동적이고 정신병과 같은 것으로 전제하고 있다는 이유 때문이다(Emirbayer and Goldberg, 2005: 474).

이에 반해 1970년대 사회운동이론은 사회운동을 긍정적으로 평가하기 시작한다. 이것은 이 시기에 등장한 시민권운동, 반전운동, 반핵운동, 여성운동 등의 영향이기도 하였다. 이들에게 이제 사회운동은 더 이상 비합리적이고 무의식적인 충동의 표출이 아니라, 합리적이고 도구적인 "다른 수단에 의한 정치"로 이해된다. 따라서 사회운동이론도 동기 차원의 '왜' 라는 문제보다 전략 차원의 '어떻게' 의 문제를 분석하기 시작했다. 이전 연구자들이 사회운동 발생의 원인으로 주목하였던 '불만' 은 어느 시기에나 존재하는 보편적인 현상에 불과한 것으로 다뤄졌다. 오히려 이들의 관심은 불만이 왜 특정한 조건에서만 집합행동으로 발전하는가라는, 사회운동 발생의 조건에 관심이 있었다(Goodwin *et al*., 2000: 69-70). '자원동원이론' 과 '정치과정이론' 이 이 시기의 대표적인 이론들이다. 먼저 자원동원이론에서는 사회운동의 성공이 시간이나 돈과 같은 자원의 제공이나 정부, 조직화된 노동 등과 같은 강력한 조직의 후원에 달려 있다고 본다. 이에 비해 정치과정이론에서는 사회운동의 발생이 연결망 내부의 사람들에 의해 인지되고 있는 새로운 정치적 기회구조 때문이라고 주장한다. 이처럼 이 이론들은 사회운동을 병리적 현상으로 보던 1960년대의 고전이론과는 달리, 특정한 목적을 달성하기 위해 합리적으로 상황을 판단하고 자원을 동원하는 지극히 정상적인 과정으로 보고 있다.

하지만 이 이론들 역시 이성과 감정의 이분법을 수용하면서 감정을 비합리적으로 규정한다는 점에서는 이전 이론들과 동일한 전제를 공유하고 있다. 자원동원이론가 맥아담(McAdam)이 사회운동이란 "정치적 현상"으로서, 감정적 열정으로 특징지어지는, 비합리적 '심리적인 현상' 이 아니라, "실질적인 정치적 목표를 추구하는 합리적 집단행위"의 형식이라고 주장하는 것이 그 사례이다(Emirbayer and Goldberg, 2005: 475). 그에게 실질적이고 합리적인 이성과 비합리적이고 열정적인 감정은 날카롭게 대비되고 있으며, 감정은 배제되어야 할 열등한 것으로 다뤄지고 있다.

한편, 1980년대 사회운동이론은 사회운동의 문화적 차원을 인식하기 시작한 단계라고 할 수 있다. 이것은 일정 부분 유럽을 중심으로 일어난 새로운 사회운동의 영향이기도 하다(Goodwin *et al*., 2000: 72). 이러한 문화적 접근들은 자원동원이론 등 사회구조 차원을 강조한 이론들이 합리성을 지나치게 좁은 경제적이고 전략적인 행위로 파악하고 있다고 비판한다. 그리고 인간이 추구하는 목적이 단지 물질적인 이해관계에 국한될 수 없으며, 집단 형성이나 연대성, 상호주관성, 성찰성 등 문화적 차원도 포함되어야 한다고 강조한다(굿윈 외, 2012: 18; Emirbayer and Goldberg, 2005: 475; Goodwin *et al*., 2000: 72). 대표적으로 프레임이론과 집단정체성이론을 들 수 있다. 프레임이론은 사회운동이 등장하기 위해서는 활동가와 잠재적 참여자들 사이에 상황에 대한 공동의 의미규정, 그것을 해결하기 위한 공동의 처방 등을 공유하고 있어야 한다고 주장한다. 반면 집단정체성이론에서는 사회운동 구성원들 사이의 연대성이 사람들의 이해관계를 구성하는 데 일정한 역할을 하며, 사회운동의 발생을 정체성의 방어나 회복이라는 관점에서 이해해야 한다고 주장한다(Jasper, 1998: 412, 415). 이런 접근들은 합리성의 범위를 확장시키고 있다는 점에서 분명 긍정적인 요소들이 있다고 할 수 있다.

그렇지만 여전히 문화 가운데 인지적 측면을 강조하면서 감정을 합리적 행위의 범주에서 배제시킨다는 점에서는 이전의 이론들과 크게 다르지 않다. 대표적으로 코헨의 주장을 보기로 들 수 있을 것이다. 그녀는 사회구조이론이 좁은 합리성에 집착하면서 가치, 규범, 이데올로기, 문화, 정체성 등의 '아이'를, 비합리성과 감정의 폭발이라는 '목욕물'과 함께 버렸다고 비판한다. 이런 주장은 사회운동에서 감정의 측면을 '목욕물'이라는 부수적인 요소로 밀쳐버리고 있음을 보여주는 것이다(Emirbayer and Goldberg, 2005: 475).

지금까지 살펴본 것처럼, 그동안 사회운동이론에서는 이성(합리성)과 감정의 이분법을 확고히 하면서, 활동가와 제도는 합리적인 반면 참여자들과 비제도적 행위는 비합리적이라는 분석틀을 유지해 왔다고 할 수 있다. 비교적 최근의 문화적 접근방식은 상대적으로 합리성의 개념을 확장하고 있다는 점에서는 긍정적이기는 하지만, 여기에서도 여전히 감정은 비합리적인 것으로 다뤄진다.

그럼에도 불구하고 감정은 사회운동을 포함하여, 우리의 사회생활 모든 측면에 내재되어 있는 것이다. 비일상적 행위가 더 많은 감정을 유발하기는 하지만, 제도적이고 일상적인 행위도 일정한 감정의 바탕 위에서 일어나는 것이다. 또한 감정은 특정한 사건에 대한 우리의 반응이면서, 동시에 우리의 행위목표를 형성하는 안내자이기도 하다. 따라서 감정은 사회운동뿐 아니라, 인간행위 일반을 관찰하는 데 반드시 고려해야 할 변수라고 할 수 있다(Jasper, 1998: 398-399). 이처럼 감정의 역할에 주목하는 학자들은 감정이야말로 이성적 인식이나 판단을 가능케 하는 토대이자, 행위의 동기를 구성하는 핵심적인 요소라고 강조하고 있다. 다음 장에서는 감정과 합리성의 이원론을 극복하고 좀 더 총체적인 합리성 개념을 구성하고자 하는 이론적 시도들을 살펴보고자 한다.

2) 감정과 합리성, 그리고 불편부당함

합리성과 감정의 이분법을 극복하기 위한 노력은 다양한 영역에서 꾸준하게 제기되어 왔다. 하지만 감정에 대한 강조는 동시에 해결해야 할 또 다른 과제를 제기하는 것이기도 하다. 바로 불편부당함(impartiality)의 문제이다. 감정이 야기하는 애착이나 혐오 등은 객관적이고 공정한 판단이나 인식, 행위를 방해한다는 것이 기존 이론의 전제였다. 이러한 딜레마를 크라우스는 다음과 같이 설명한다. 이성주의자 입장에 서게 되면 행위나 판단을 유도하는 동기로서의 감정을 배제함으로써, 행위의 발생을 제대로 설명할 수 없다는 한계를 가지게 된다. 반면 감정주의적 입장에 서면, 옳고 그름이라는 규범의 문제를 무차별적으로 열정에게 맡겨버리는 문제를 낳게 된다는 것이다(Krause, 2008: 6). 따라서 이번 단락에서는 감정의 개념과 종류를 살펴보고, 이어서 합리성과 감정을 균형 있게 통합하려는 시도들을 알아볼 것이다. 그리고 이러한 접근방법이 과연 감정과 규범의 딜레마를 어떻게 해결하고 있는지 비판적으로 논의해 보고자 한다.

(1) 감정의 구분

감정이란 보통 "어떤 현상이나 일에 대하여 일어나는 마음이나 느끼는 기분"이라고 규정된다. 하지만 감정은 이렇게 반응적인 것만이 아니라, 안정감이나 신뢰 등과 같이 깊은 차원의 구성적인 것이기도 하다. 감정이란 누구나 알고 있다고 생각하는 용어이지만, 그것이 무엇인지를 규정하기란 결코 쉽지 않다. 더군다나 영어의 경우 감정을 표현하는 다양한 용어들(emotion, sentiment, affect, feeling, passion 등)이 있기 때문에, 서구의 논의를 소개하고 번역하는 과정에서 혼란이 더 가중되는 측면도 있다. 따라서 복잡한 감정의 개념 정의보다는 다양한 감정의 분류가 우리의 논의를 위해 더 유익한 접근방법이라고 생각된다.

감정이라는 개념 가운데 포함될 수 있는 것들은 매우 다양하다. 따라서 감정의 구분 역시 연구자의 목적에 따라 다양할 수 있을 것이다. 베레진과 칼훈은 감정을 화, 적의, 공포, 분개 등과 같이 위협에 대한 반발이라는 부정적 감정과 평온, 호의, 신뢰, 동정 등 안전에 대한 반응으로서의 긍정적 감정을 구분한다(베레진, 2010: 72-73; 칼훈, 2012: 88-89). 이에 반해 야스퍼는 부모에 대한 사랑이나 공동체에 대한 충성 등과 같이 강력하고 지속적인 감정, 그리고 특정한 결정이나 사건에 대한 분노 등과 같이 단기적이고 반응적인 감정을 구분한다. 그 사이에 존재하는 정치지도자에 대한 존경 등과 같은 중간수준의 감정을 분위기(mood)로 분류한다. 그에 따르면 우리의 감정적 반응은 외부의 맥락, 정확하게 표현하면 외부상황에 대한 해석과 더 깊은 차원의 지속적인 감정 사이의 함수관계로 파악할 수 있다(Jasper, 1998: 402). 하지만 이러한 논의는 어떤 감정이, 어떤 상황에서, 왜 사회운동으로 발전하는가에 대한 대답을 확실하게 해 주지 못한다.

이에 반해 굿윈 등은 감정을 크게 두 차원에서 구분하면서, 그것을 사회운동 현상과 관련지어 설명한다(굿윈 외, 2012: 25). 첫 번째 차원은 야스퍼(Jasper)와 같이 지속적인 정서적 감정인가, 아니면 반응적 감정인가에 따라서 분류된다. 정서적 감정은 지속적인 사회관계를 수반하는 사랑, 증오, 신뢰, 존중 등과 같은 오래 지속되는 감정들을 포함하고, 반응적 감정은 사건과 정보에 대한 단기적인 반응들을 포함하는 것이다. 두 번째 차원은 특정 대상에 대한 감정인가, 아니면 대상을 초월하는 세계에 관한 보다 일반화된 감정인가의 구분이다. 감정의 대상이 있는가 없는가의 여부는 정치적 행동에 미치는 영향에 분명한 차이를 낳는다. 굿윈 등의 이러한 감정분류는 사회운동 현상을 설명하는 데 여러 가지 유용한 점이 있다. 첫째는 야스퍼의 주장처럼, 반응적인 감정이란 지속적인 감정과 당시의 사회맥락과의 상호작용이기 때문에, 정서적 감정과 반응적 감정을 구분하는 것은 분명 의미 있다고 여겨진다. 둘째로 뒤에 좀 더 자세히 논의하겠지만, 감정의 대상이 있는가 없는가의 구분은, 감정이 어떤 맥락에서 사회운동에의 동원으로 이어지는가를 설명하는 중요한 변수가 된다. 따라서 이 글에서는 굿윈 등의 이러한 감정분류를 기초로 논의를 전개할 것이다.

(2) 감정의 합리성, 합리성의 감정

합리성과 감정의 이분법을 비판하는 사람들은 합리성은 감정을 매개로 작동한다거나, 더 나아가 합리성도 감정의 일종이라고 주장한다. 아마도 감정과 이성의 이분법을 극복하고자 했던 대표적인 사상을 우리는 프래그머티즘 전통에서 발견할 수 있을 것이다. 프래그머티스트인 윌리엄 제임스는 합리성을 하나의 감상(sentiment) 또는 감정(emotion)이라고 주장했다. 그에 따르면, 대상이나 사건과의 친밀성 정도가 합리적이라는 느낌을 낳는다는 것이다. 곧 사람들은 누구나 대상이나 사건과 그것이 낳을 미래의 결과에 대한 인식을 필요로 하는데, 이 미래의 결과에 대한 '분명한 기대감'이 '합리성이라는 감상'의 핵심이라는 주장이다(베레진, 2010: 91). 우리는 어떤 사건이 이 기대감을 충족시킬 때 그것을 합리적이라고 인식하는 것이다. 제임스의 동료이자 그의 영향을 많이 받은 존 듀이 역시 이성이나 합리성은 충동이나 감성과 대립된 것이 아니라, 오히려 충동이나 감정들 사이의 조화가 성취된 상태라고 설명한다(듀이, 1982: 320-323).

악셀 호네트(Axel Honneth) 또한 합리성과 인식에 있어서 정서적 측면의 우선성을 주장한 사람 가운데 하나이다. 프래그머티즘 전통을 발전적으로 해석하고 있는 그는 하이데거의 '마음씀', 듀이의 '실천적 관여', 그리고 루카치의 '공감' 개념에 의지하여, "실재에 대한 모든 합리적 이해는 그에 앞서는 경험의 전체론적 형식에 결부되어 있다"고 주장한다. 이는 모든 인식에서 그 대상은 관찰자의 관점에 객관적으로 주어져 있는 것이 아니라, 자신의 관심과 공감의 관점으로부터 비로소 드러나게 된다는 것을 뜻한다(호네트, 2006: 44). 곧, 인식이나 판단은 개인적인 관심과 공감이라는 지평 위에서 일어난다는 것이다.

한편, 도덕 판단의 영역에서 감정의 역할에 주목한 또 다른 사람들은 페미니스트들이다. 이들은 사회운동에의 참여나 인식, 그리고 판단 등에 있어서 감정이 차지하는 역할을 긍정적인 시각에서 재조명하고 있다(Goodwin *et al*., 2000: 74). 대표적으로 캐롤 길리건(Carol Gilligan)은 다양한 연령층이나 남녀 대학생, 그리고 낙태를 고민했던 여성들과의 인터뷰를 통해서, 이들이 각자 서로 다른 도덕적 목소리를 내고 있음을 밝히고 있다. 특히 여성들은 어떤 추상의 원리에 의해서 도덕적 판단을 하기보다는 돌봄의 감정, 곧 다른 사람들의 필요에 대한 인식에 따라 판단하고 반응하고 있다는 것을 밝혀낸 것이다. 돌봄의 윤리는 그 관심의 대상이 사람이지 추상적인 도덕원리가 아니며, 또 보편적이고 일반적인 도덕적 판단을 하기보다는 구체적인 사람의 필요에 근거하여 판단을 한다는 것이다(Krause, 2008: 49). 이는 다른 연구를 통해서도 확인할 수 있는 바이다. 한 연구에 따르면, 낙태문제는 일반적으로 여성의 자기 몸에 대한 통제권이 우선하는가, 아니면 태아의 생명권이 우선하는가 하는 추상적인 원리 사이의 갈등이라는 형태로 논쟁이 이뤄진다. 하지만 실제 낙태문제를 고민하는 여성들은 추상적인 원리가 아니라 가까운 사람들과의 대화를 통하여 낙태문제에 대한 자신의 입장을 결정한다는 것이다(Wolfe, 1989: 239).

이상의 논의들은 모두 감정이 객관적 인식, 도덕적 판단, 정치적 행동주의 모두에 매우 중요한 역할을 감당하고 있다는 사실을 보여주고 있다. 하지만 이것이 감정과 관련해 논의해야 할 전부는 아니다. 그동안 감정이 사회과학이나 철학의 영역에서 배제되었던 것은, 그것이 옳고 그름의 기준을 무시하고 왜곡할 수 있는 가능성 때문이었다. 옳은 감정과 잘못된 감정을 구분할 적절한 근거가 없다는 것이 그동안 감정에 대한 주요 비판이었다. 따라서 합리성과 감정을 통합시키려는 이들이 감정에서의 도덕적 정당성이나 불편부당함을 어떻게 확보할 수 있다고 주장하는지를 살펴보아야 할 것이다.

(3) 감정과 도덕적 정당성

앞서 보았던 것처럼, 우리의 인식과 도덕 판단에서 감정은 매우 중요한 요소이다. 계몽주의 철학자 데이비드 흄은 이성은 결코 행위를 동기화하지 못하기 때문에, 설사 이성을 통해 진리를 발견했다고 할지라도, 사람들이 그 발견된 진리에 무관심하거나, 어떤 욕구나 혐오의 감정도 가지지 않는다면, 그 진리는 아무런 영향도 끼칠 수 없을 것이라고 말한다. 또한 누군가를 덕스럽다(virtuous)라고 판단한다는 것은 그 사람을 생각할 때 특정한 종류의 만족을 '느낀다'는 것을 의미하는 것에 다름 아니기 때문에, 우리의 칭찬이나 감탄을 만들어 내는 그 느낌이 우리의 도덕적 판단을 형성하는 것이라고 주장한다(Krause, 2008: 78). 그렇지만 흄은 도덕적 판단이 감정이나 느낌에만 근거하고 있을 때, 자칫 불편부당함(impartiality)이라는 도덕적 이상이 침해될 수 있다고 보았다. 우리의 감정이나 느낌은 집단의 압력이나 편견에 의해서 영향을 받을 수 있기 때문이다.

그래서 흄은 판단의 감정이 불편부당함을 갖출 수 있는 근거를 크게 세 가지 차원에서 논의하고 있다. 그 가운데 크게 두 가지에 주목하여 논의하고자 한다. 하나는 도덕 감정에서 핵심을 차지하고 있는 '동감'의 감정이 사회적으로 구성된다는 점이다. 옳고 그름과 관련된 도덕 판단은 상호 주관적 토대를 가지는 것으로, 그것은 다른 사람들의 승인(approval)이나 반감(disapproval)의 감정과 관련되어 있다. 이때 어떤 행위를 옳은 것으로 승인하는지, 아니면 그른 것으로 반감을 가지는지의 여부는, 이에 대해 사람들이 어느 정도 동감(sympathy)하는지에 달려 있다는 것이다. 두 번째 근거로 흄은 도덕 감정에 일반화된 관점이라는 개념을 수용함으로써, 도덕 감정을 다른 종류의 감정과 구분하고 있다. 여기에서 일반화된 관점이란 특정한 사람들만의 입장이 아니라, 공동체 모든 구성원들의 관점을 포함하는 것으로, 이것으로부터 불편부당함의 정당성이 획득된다는 것이다(Krause,

2008: 80-83). 이것은 같은 스코틀랜드 계몽주의 전통에 속해 있는 애덤 스미스의 사상에서도 발견된다. 그는 자신의 책『도덕감정론』에서 어떤 행위나 특성을 평가하기 위해서는, 영향을 받는 사람들의 감정뿐 아니라, 그러한 감정의 적절성(propriety)도 고려해야 한다고 주장한다. 이때 적절성의 기준이 필요한데, 그것은 '공정한 관찰자'의 입장에서 그 감정에 동의할 수 있는가의 여부에 의해서 결정된다. 흄의 '일반화된 관점'이 스미스에게서 '공정한 관찰자'로 표현된 것이라고 할 수 있을 것이다.

동감이 가지는 이러한 가능성을 주목한 사상가는 흄과 스미스 두 사람에 국한되지 않는다. 조지 허버트 미드는 인간의 자의식이나 자아가 상호교섭에 참여하는 타인의 관점을 채택할 수 있는 능력에 의존한다고 주장한다. 곧 상호교섭에 참여하는 개별 주체가 타인의 관점을 채택하여 그 관점으로부터 자신을 대상으로 인식할 수 있을 때 비로소 자아정체성이 형성될 수 있다는 것이다. 그래서 그는 자아를 '목적격 나(Me)'와 '주격 나(I)'로 구분하여 이해한다. '목적격 나'가 타인의 관점으로부터 취한 자신의 상으로, "타인의 태도가 조직화된 것"이라면, '주격 나'는 "타인의 태도에 대한 유기체의 반응"이다(미드, 2010: 266). 그런데 인간은 성장하면서 자신이 담당하게 되는 타인의 범위가 점차적으로 확장되어 간다. 처음에는 각 개인의 입장을 취하는 것으로 시작해서(유희 단계), 특정 집단의 관계자들의 입장으로 확대되었다가(게임 단계), 궁극적으로는 추상적 공동체의 입장, 곧 '일반화된 타자'의 입장으로까지 확장되어 간다는 것이다(블루머, 1990: 44). 이는 타인의 입장에 설 수 있는 동감의 능력이 일반화된 관점으로까지 확장되는 과정을 보여주고 있는 것이다.

도덕적 판단이나 행위의 문제를 다루는 한나 아렌트에게서도 비슷한 주장을 확인할 수 있다. 칸트 철학에 기대고 있는 아렌트에게, 판단은 두 가지 정신의 기능, 곧 '상상력'과 '공통감각'에 근거하는 것이다(아렌트, 2002: 130). 이 기능들에 의지하여 인간은 자기 자신을 다른 사람의 관점에

놓음으로써 '확장된 심성(enlarged mentality)' 을 가질 수 있게 된다. 이 '확장된 심성' 으로 인하여 인간의 판단은 타당성을 갖게 되고 다른 사람들과의 소통이 가능하게 되는 것이다(아렌트, 2002: 138).[3]

이처럼 많은 사상가들은 다른 사람들의 입장에 설 수 있는 동감의 능력에 기초하여, 불편부당함과 공정함이라는 도덕의 정당성을 끌어내고 있다.[4] 하지만 동감의 능력으로부터 일반화된 관점이 자연스럽게 획득되는 것은 아니다. 그것은 학습되고 계발되어야 하는 것으로, 이런 의미에서 교육과 사회화가 강조되고 있다(Krause, 2008: 84). 무엇보다도 동감의 능력을 확장시킬 수 있는 가장 좋은 방법은 공론장의 의사소통과정에 직접 참여해 보는 것이라고 할 수 있다. 공론장에서의 대화와 토론에 참여함으로써 실제로 우리는 다른 사람의 관점이나 입장을 취하는 경험을 할 수 있는 것이다. 이러한 경험을 통해서 차츰차츰 내 안에서 고려하게 되는 타자의 범위가 확장되고, 결국에는 보편적이고 일반화된 관점을 가지게 될 수 있다는 것이다. 그래서 크라우스는 공정한 도덕적 판단을 위해서는 평등주의적인 정치질서가 필요하다고 주장한다. 곧 평등하고 자유로운 권리, 공론장과 활발한 공적 숙의(deliberation)의 제도화, 그리고 민주적 논쟁에의 적극 참여 등과 같은 구조화된 맥락이 필요하다는 것이다(Krause, 2008: 89). 이와 같은 의사소통의 제도화와 참여만이 사회적 약자를 포함한 모든 사람

---

3) 사실 다른 글(이승훈, 2012: 22)에서 이미 밝힌 바와 같이 애덤 스미스, 칸트, 미드, 그리고 한나 아렌트는 도덕 판단과 동감이라는 주제와 관련하여 매우 밀접한 관련이 있다. 칸트의 『판단력비판』이 애덤 스미스의 『도덕감정론』의 영향을 받았다는 몇몇 증거들이 존재한다. 특히 마르쿠스 헤르츠가 칸트에게 보내는 편지를 보면, 칸트가 애덤 스미스를 매우 좋아하고 있었다는 것을 알 수 있다. 미드 또한 애덤 스미스에게서 영향을 받았기 때문에, 그가 발전시킨 개념들 중에는 스미스와 유사한 것들을 쉽게 찾을 수 있다. 한편, 아렌트는 칸트를 통하여 간접적으로 애덤 스미스의 영향을 받았다고 할 수 있을 것이다. 자세한 논의는 Aboulafia(2001: 37)를 볼 것.

4) 허버트 미드와 한나 아렌트의 '동감' 에 관한 논의는 글쓴이의 다른 논문에서 그 내용을 다시 따온 것이다. '동감' 의 개념과 그 정치적 기능에 관한 자세한 논의를 보기 위해서는 이승훈(2012)을 참고할 것.

들의 입장을 들을 기회를 제공해 줄 수 있으며, 또 그런 기회를 통하여 자신의 판단과 행위의 보편성과 일반성을 획득할 수 있기 때문이다. 그래서 듀이도 지성(intelligence)이란 인간들 간의 상호작용에 참여하여 타인의 입장에서 사고할 수 있는 능력을 소유하는 것이라고 규정하고 있다. 듀이에게 이 지성이야말로 현실의 대립과 갈등을 해결하고, 판단과 행위의 보편성과 정당성을 성취하는 기능을 하는 것이다(Dewey, 1958: 180).

3. 한국 기독교 보수주의 운동

그렇다면 감정에 대한 새로운 강조는 사회운동 개념과 이론에 어떤 영향을 끼치고 있는가? 이를 위해서 이번 단락에서는 앞서 논의한 감성과 합리성의 관계라는 맥락에서 사회운동이론 개념들을 재구성하고, 이에 근거하여 한국 기독교 보수주의 운동의 등장과 활동 과정을 분석해 보고자 한다.

1) 보수주의 개념과 내용

우리가 보통 사회운동이라고 하면 사회변동이나 불의에 대한 저항운동 등을 먼저 떠올리는 경향이 있다. 기독교 사회운동도 마찬가지이다. 그동안 기독교 사회운동은 멀게는 일제강점기 독립운동에서부터 비교적 가깝게는 반독재 민주화운동에 이르기까지, 기존 체제의 변혁을 추구하는 운동을 의미하였다. 그런데 1990년대 말부터 이러한 기존의 이해에 반하는 운동들이 나타나기 시작하였다. 물론 그 안에도 다양한 이념적 스펙트럼이 있기는 하지만, 우리는 보통 그것을 보수주의 운동이라고 통칭하여 부른다.

그렇다면 보수주의 운동이란 어떤 사회운동을 의미하는 것인가? 보수주의 운동은 보통 우파의 사회운동으로 불리기도 한다. 우파는 기존의 질서, 전통적 가치의 유지를 목표로 하는 사회운동이라고 규정된다(Lo, 1982: 108). 이를 좀 더 분석적으로 구분할 수도 있을 것이다. 미국 보수주의 운동에 대한 한 연구에 의하면, 미국 사회에서 보수주의 운동은 그 대의에 따라 크게 세 가지 차원으로 구분된다고 한다(Gross, Medvetz, and Russell, 2011: 328-329). 첫째는 사회변화의 흐름에 저항하는 것으로, 소수자운동 등과 같이 최근의 진보적인 사회적 · 역사적 발전방향을 거스르려는 목표를 가지고 일어난 운동이다. 둘째는 자유시장 자본주의를 적극 지지하는 사람들로 구성된 사회운동이다. 셋째는 객관적인 도덕적 세계관을 옹호하면서, 인간본성과 도덕질서에 대한 절대적 관점을 주장하는 사회운동이다. 이들에 의하면 인간본성은 변하지 않는 불변의 것으로 거기에 적합한 객관적인 실체로서의 도덕이 존재한다고 주장한다.

보수주의 운동에 관한 이러한 규정에서는 보수주의가 고정되고 안정된 핵심 이데올로기를 가지고 있다고 전제한다. 하지만 이러한 접근은 우파나 보수주의의 특징들을 미리 전제함으로써, 사회과학적 분석의 가능성을 차단하는 한계를 가지고 있다고 비판받는다(Gross *et al*., 2011: 330). 따라서 사회과학적 분석을 위해서는 보수주의에 관한 단일한 핵심을 찾는 것을 포기하고, 대신 사회적 관련성 속에서 보수주의를 이해해야 한다고 주장한다. 곧, 보수주의 운동을 고정된 믿음이나 실천 체계로서가 아니라, 정치영역 내에서 의미를 둘러싸고 벌어지는 투쟁과정에서 생성되는 집단정체성으로 보아야 한다는 것이다(Gross *et al*., 2011: 330).

이러한 비판은 한국 기독교 보수주의 운동을 규정하는 일에도 적용될 수 있을 것이다. 보통 한국 기독교는 전반적으로 보수주의를 그 특징으로 한다. 자연, 타종교, 성역할, 동성애 등을 보는 시각에서 전 세계 기독교의 일반적 경향보다도 더 보수적이다. 또한 정치적으로 친미 반공주의를 특징으로 한다. 그리고 반공주의의 논리는 친 자본주의 논리와 쉽게 결합되기도 한다(김진호, 2007: 219; 김지방, 2007: 33). 하지만 한국 기독교 보수주의는 우리 사회의 특정한 사회역사적인 환경과 맥락 속에서 규정되는 것이고, 이들의 이데올로기도 의미투쟁 과정에서 우연하게 결합되어 생성된 결과물이라는 사실을 잊지 말아야 한다. 따라서 한국 기독교 보수주의 운동에 대한 규정은 이 운동이 등장하게 된 배경과 조건으로부터 규명되어야 할 것이다.

2) 한국 기독교 보수주의 운동 등장과 그 배경

한국 기독교 보수 교회에서 대중적인 정치운동에 본격적으로 처음 참여한 것은 아마도 1987년 대선에서의 공명선거감시단 활동이라고 할 수 있을 것이다. 이들은 한국의 보수 교회들이 정교분리론을 내세워 정치참여를 회피해 온 역사를 비판하면서 등장했다는 점에서, 진보적인 측면이 있었다. 하지만 1987년 민주화 이후 확장된 시민사회를 배경으로 보수 교회들의 정치참여가 본격화되기 시작한다. 민주화 이후 1990년대 개신교 지형의 정치적 재편을 강인철(2013: 300)은 다음과 같이 요약한다. 첫째는 보수 헤게모니의 확대이다. 개신교 보수세력은 1989년 한국기독교총연합회(이하 한기총)의 설립으로 단단하게 집결했고, 1990년대에는 진보세력의 아성이라고 할 수 있는 한국기독교교회협의회(NCCK)마저 상당 부분 장악하게 된다. 둘째, 1990년대부터 보수 교회들이 정치화하면서 현실참여 노선으로 전환하기 시작하고, 2000년대 이후부터는 정치적 행동주의를 표출하기 시작한다. 셋째, 한국의 올드/뉴 라이트 등 한국 우파와의 연대를 하면서, 한국 우익세력 내에서의 비중과 지위가 확대되기 시작한다. 이로써 개신교는 극우 또는 보수라는 이미지를 갖게 되었다.

그렇다면 오랫동안 정교분리를 주장해 왔던 보수 교회들이 현실참여 노선과 정치적 행동주의로 전환하게 된 배경이나 조건은 무엇인가? 이는 무엇보다도 민주화 이후 보수 교회들이 가졌던 상대적 박탈감과 피해의식으로부터 비롯되었다고 할 수 있을 것이다. 민주정부가 들어선 이후 과거 민주화운동에 참여했던 일부 기독교 인사들과 기관들이 정부권력의 중요한 자리를 차지하게 되었다. 이로 인해 양적으로 절대다수를 차지하고 있던 보수적인 기독교인들과 기관들은 상대적으로 박탈감을 느낄 수밖에 없었다는 것이다. 민주화 이전까지 한국의 보수 교회들은 음성적이든 양성적이든 정치권력과 우호적인 공조관계를 맺어 왔는데, 민주화 이후 이 상황이 역전된 것이다. 따라서 과거에 대한 향수가 이들로 하여금 정치권의 동향에 민감하게 만들었다는 것이 일반적인 평가이다(김진호, 2007: 225; 김지방, 2007: 124-125; 류대영, 2009: 379; 조현연, 2010: 434).

또 다른 조건은 '정치적 기회구조'를 긍정적으로 인식하게 되었다는 점이다. 이것은 정치적 혼란으로 인해 정치영역에서의 '힘의 공백'을 인식하고, 동시에 그 공백을 채울 만한 힘과 자원이 자신들에게 있다고 느꼈다는 것을 뜻한다. 류대영은 하비 콕스(Harvey Cox)를 인용하면서, 보수적 교회 지도자들은 정치적 힘의 향방을 대단히 민감하게 감지하는 경향이 있다고 지적한다. 이들은 정치영역에서의 어떤 '힘의 공백'을 감지했을 때 그것을 채우는 데 재미를 느낀다는 것이다(류대영, 2009: 375). 한국의 경우에도 개혁세력이 정권은 잡았지만 정치, 관료, 언론, 자본 등 보수 · 수구세력이 여전히 힘을 가지고 있는 상황에서, 누구도 실제적인 주도권을 장악하지 못한 정치적 혼돈상태를 보수 교회 지도자들이 '힘의 공백' 상태로 인식했다는 것이다(류대영, 2009: 377, 379). 더군다나 이들은 신자들 사이에 대단한 권위를 가지고 있기 때문에, 한국 교회는 이러한 '힘의 공백'을 채울 수 있는 힘과 자원, 그리고 권위를 가지고 있다고 스스로를 인식하고 있었다고 한다(김지방, 2007: 125).

이런 맥락에서 정치적 행동주의로 나서게 된 이들 보수 교회들은 진보정권과 모든 개혁세력들을 자신들이 싸워야 할 적으로 규정하게 된다. 이들의 이데올로기와 집단정체성은 많은 부분 이들과의 투쟁 가운데서 형성되는데, 그 대표적인 것이 바로 친미 반공주의라고 할 수 있다. 물론 보수교회의 친미 반공주의가 이 시기에 새롭게 나타난 것은 아니다. 그것은 한국에 기독교가 전래될 때부터 지금까지 오랫동안의 역사적 경험을 통하여 형성된 것이다.[5] 하지만 이 시기 특별히 보수 교회들은 적대세력과 자신들의 경계를 설정하고, 자신들의 정체성을 구성하는 중요한 핵심 요인으로서 반공주의를 표면적으로 부각시키고 강조하기 시작하였다. 이들에 따르면, 공산주의는 사탄의 세력으로 기독교의 제1의 적이라고 규정되며, 이에 반해 미국은 하나님의 세력으로서 우리는 미국을 '돕는 배필'이 되어야 한다는 것이다. 사탄이 가장 두려워하는 것이 한미동맹이기 때문에, 반미를 주장하는 것은 곧 사탄의 세력이라는 논리가 성립된다(류대영, 2009: 372-373). 따라서 진보개혁 세력이 주장하는 모든 개혁입법들, 곧 사학법, 미디어법, 차별금지법 등은 사회혼란을 조성하여 사탄의 세력인 공산주의를 이롭게 하는 것이라는 주장을 하게 된다. 이렇듯 진보개혁 세력과의 대립을 통하여 기독교 보수주의 운동은 자신들의 이데올로기를 구체화하게 된다. 이러한 과정을 거치면서 한국의 기독교 보수주의 운동은 반공산주의, 친미, 자유시장적 자본주의, 반동성애 등을 자신들의 정체성이자 이데올로기로 적극적으로 수용하게 된 것이라 할 수 있을 것이다.

3) 기독교 보수주의 운동의 참여와 동원, 그리고 과정

(1) 사회운동의 발생 : 보수 교회의 도덕적 충격과 분노

사회운동 발생의 조건 또는 원인으로 지적되는 것이 '도덕적 충격'이다. '도덕적 충격'이란 의도하지 않았던 사건이나 정보가 어떤 사람 안에

5) 이를 좀 더 자세하게 보기 위해서는 류대영(2009)의 글 9장, 그리고 강인철(2007)을 볼 것.

분노의 감정을 야기할 때 발생하는 것으로, 정치적 행동도 이로부터 야기되는 경향이 있다. 앞서 감정의 구분에서 보았던 바와 같이, 모든 사회나 조직에는 기존의 정서라는 것이 있고, 또 특정 사건이나 결정에 대하여 발생하는 단기간의 감정적 반응이라는 것이 존재한다. 도덕적 충격은 지속적인 정서와 사회적 맥락의 상호작용을 통하여 발생하는 반응적 감정이라고 할 수 있는 것이다. 특별히 활동가가 사람들을 성공적으로 사회운동에 참여시키기 위해서는, 초기의 걱정이나 불안을 구체적인 정책이나 정책결정자를 향한 도덕적 분노로 전화시킬 수 있어야 한다(Jasper, 1998: 405, 409).

따라서 감정의 범위가 특정한 대상을 지니는 것인지, 아니면 일반적인 대상인지의 구분은 불안이나 걱정이 도덕적 분노로 전환되는 데 매우 중요한 변수이다. 정치적 저항이 도덕적 충격으로부터 비롯되는 것이라면, 그 잘못에 대한 책임소재가 비교적 분명해야 사회운동이 발생할 가능성이 커진다고 할 수 있다. 보기를 들어, 사람들은 자연재해 등과 같이 직접적인 책임추궁의 대상이 모호한 경우에는 보통 숙명론적인 슬픔이나 체념, 두려움의 감정이 지배적이 되어서 사회운동의 발생가능성이 낮아지게 된다. 반면 원자력 발전소나 핵폐기물 등과 같이 책임소재가 정책을 결정한 사람들에게 있다고 판단하는 경우에는, 두려움이 도덕적 분노로 발전되어 사회운동으로 발전할 가능성이 높아지게 되는 것이다. 곧 위협의 원인이나 이것이 낳는 감정의 대상이 구체적이고 명확할수록, 막연한 두려움과 슬픔은 분노로 변형되고 이로부터 사회운동이 발생할 가능성이 커지는 것이라 할 수 있다. 특별히 책임소재를 분명히 하는 것은 비난해야 할 악당을 탄생시킨다는 점에서 사회운동의 성패에 매우 중요한 요소이다. 야스퍼에 의하면, 이러한 위협과 책임추궁은 '불의의 프레임'을 구성하여 강력한 감정을 야기한다고 한다(Goodwin *et al.*, 2000: 76).

기독교 보수주의 운동의 등장도 이런 맥락에서 분석할 수 있을 것이다. 보수 교회들이 사회에 대하여 가지고 있는 지속적인 정서는 우월감과 피해의식 또는 경멸과 공포가 함께 혼재되어 있는 이중적인 감정이다. 이는 보수 교회의 신학이 '선악 이원론'에 기초하고 있다는 데에서 기인한다. 선악 이원론은 자연스럽게 '선한 우리'와 '악한 그들'이라는 구분을 낳는데, 이러한 틀에서 '선한 우리'는 '악한 그들'에 비해 도덕적으로 우월한 집단이라는 선민의식과 함께, 어쩌면 이들에 의해 정복될지도 모른다는 공포와 피해의식을 동시에 가지게 되는 것이다(강인철, 2013: 347).

미디어법, 사학법, 차별금지법 등의 법개정 움직임들은 보수 교회의 이러한 기본정서를 도덕적 분노로 폭발시키는 계기가 되었다. 막연한 공포나 불안은 사회운동으로 이어지기가 쉽지 않다. 이러한 공포나 불안의 감정에 대해 책임을 전가할 대상이 있어야 비로소 이런 감정들은 도덕적 분노로 전화되어 사회운동으로 발전하는 것이다. 이러한 법들의 재개정 문제는 이들에게 싸워야 할 적이 누구인지 그 대상을 명확히 해 주는 계기가 되었다. 사학법 재개정에 관련된 보수 교회 지도자들의 발언을 살펴보면, 이들의 우월감 또는 피해의식이 어떻게 도덕적 분노로 변해 갔는지를 잘 보여준다. 조용기 한국사학법인연합회장은 2007년 사학법 재개정에 관한 한 기자회견장에서 다음과 같이 주장했다. 당시의 정부는 사학 비리를 빌미로 해서 "법을 개정, 학교 운영권을 어떤 특수한 집단에 넘겨주려 한다"면서, "그들은 자기들이 설립하지도 않은 학교를 뺏어서 이념 교육장으로 만들 것"이라고 우려했다. 그리고 이 문제는 사립학교만의 문제가 아니고 "국가 정체성 문제이기도 하기 때문에 끝까지 양보하지 않고 목숨을 걸고 싸워나갈 것"이라고 밝히고 있다(이민정, 2007). 이러한 발언에서 알 수 있듯이, 이들은 암묵적으로 사립학교법을 반기독교, 곧 좌익이나 공산주의 문제와 연결시키고 있으며, 좌익세력들이 자신들의 학교를 빼앗아서 (좌익) 이념의 교육장으로 만들려고 한다는 음모론과 피해의식에 빠져 있는 것을 볼 수 있다. 또한 "분명한 것은 사학에도 비리가 있지만 정치권에도 비리가 있다. 열린우리당 의원과 사학인을 같이 광화문 네거리에 세워놓고 '누가 더

냄새나느냐' 고 물어봐 달라"라며 당시 여당에 대한 강한 불만을 나타내고 있다(이민정, 2007). 이처럼 사학법 재개정 문제는 그동안 잠재되어 있던 불만과 피해의식이 좌익세력과 좌익정권이라고 하는 적을 통하여 도덕적 분노와 사회운동의 형태로 발전해 나간 것으로 볼 수 있을 것이다.

(2) 보수주의 운동과 교회의 자원동원

자원동원이론이 밝히고 있는 것처럼, 사회운동은 불만이나 도덕적 분노만으로 등장하는 것은 아니다. 사회운동의 발전을 위해서는 조직이나 재정 등의 자원뿐 아니라 외부인들의 지지를 필요로 한다. 기독교 보수주의 운동의 경우 기존 교회 조직과 재정이라는 엄청난 자원을 그 배경으로 하고 있다. 따라서 사회운동으로의 동원이 비교적 쉬웠다고 할 것이다.

시청 앞에서 보수주의 집회가 열릴 때마다 보수 교회의 교인들의 동원과 금전적인 후원은 이제 특별한 일도 아니다. 1997년과 2002년 대통령선거에서 정권획득에 실패함으로 인하여 휘청거리고 있던 보수세력들에게 김홍도 목사와 금란교회의 인적 · 물적 동원능력은 이들 보수세력들이 다시 일어설 수 있는 기반을 제공했다고 평가받는다(김지방, 2007: 111). 기존 보수 교회의 이런 동원능력은 기독교 보수주의 운동뿐 아니라, 한국의 우익 보수주의 운동의 자원으로 활용되기도 한다. 이는 조갑제 월간조선 사장의 말을 통해 확인할 수 있다. 2003년 초 한기총이 주최한 한 목회자 모임에 조갑제 사장이 강연자로 초대되었다. 비개신교도가 한기총 모임의 강사로 초대된 것은 처음이었다고 한다. 여기에서 조갑제 사장은 "신이 없다고 하는 공산주의는 기독교의 적이다. 지금 정권이 그런 공산주의자와 결탁하고 있다. 공산주의에 맞서야 할 우파, 우익에게는 지금 힘이 없다. 정치적인 힘도 없고, 금전적인 힘도 없다. 교회에는 힘이 있다. 금전적인 힘도 있고, 수십만 명의 사람들을 동원할 수 있는 정치적인 힘도 있다. 교회가 나서야 한다"고 주장했다(김지방, 2007: 64-65). 다른 우익 보수주의 운동의 입장에서도 한국 보수 교회는 보수주의 운동을 활성화시킬 수 있는 인적·물적 자원을 갖추고 있는 강력한 조직이었던 것이다. 조갑제 사장의 발언 때문이라고는 할 수 없지만, 어찌되었건 이때를 전후하여 한국의 보수 교회와 우익 보수주의 운동단체들 간의 협력을 많이 볼 수 있으며, 심지어 기독교계의 참여가 한국 우익 보수주의 운동에 활동성을 불어넣고 대중화를 앞당기는 계기로 작용했다는 평가를 받기에 이르렀다(김지방, 2007: 191).

한편, 기독교 보수주의 운동의 힘이 이처럼 기존 교회의 조직이나 물적·인적 자원에 의존하고 있다는 것은, 반대로 일반 대중들이나 시민사회 세력들로부터의 동의와 지지를 받기 위한 노력을 소홀히 하는 결과를 낳게 된다. 미국 보수주의 운동을 분석하고 있는 연구결과에 따르면, 보수주의 운동의 힘이 보수적인 개신교에 의존하게 될 때, 보수주의 운동은 대중들의 승인보다도 운동조직이나 정부의 엘리트와의 유대를 더 추구하게 된다고 한다(Lo, 1982: 107-108). 한국 기독교 보수주의 운동도 크게 다르지 않다. 이들은 시민사회에서의 공적 토론을 통해 정당성을 얻기보다는, 자신들이 가진 정치적 힘과 경제적 능력의 과시를 통해서 자신들의 목적을 관철시키려고 한다. 따라서 한국 기독교 보수주의 운동은 외부의 소통과 더욱 더 단절된 채 자신들만의 세계에 갇히게 되는 것이다. 이것은 결과적으로 이들의 주장과 감정, 인식이 가지는 정당성을 훼손시키는 원인이 된다. 이것은 아래에서 좀 더 자세하게 논의할 것이다.

(3) 기독교 보수주의 운동의 프레임 형성과 감정의 역할

자원동원이론이나 정치과정론이 사회운동을 지나치게 좁은 경제적 합리성의 관점으로 설명하고 있다고 비판하면서, 프레임 분석은 사회운동의 충원과정에 활동가들과 잠재적 참여자들 사이의 틀정렬(frame alignment) 과정을 강조한다. 여기에서 틀(프레임)이란, "누군가의 현재 또는 과거의 환경 내에서 대상, 상황, 사건, 경험 그리고 행위의 계기를 선택적으로 강조하고 부호화함으로써 '외부세계'를 단순화하고 압축하는 해석적 도식"으로 정의할 수 있다(Snow and Benford, 1992: 137; 굿윈 외, 2012: 19쪽의 번역을 따옴). 이때 틀정렬이라고 하는 것은, 활동가와 잠재적 참여자들 사이에서 사회문제에 대한 공동의 의미규정, 그것을 해결하기 위한 공동의 처방을 함께 공유하는 과정이라고 할 수 있을 것이다(Jasper, 1998: 413).

하지만 프레임 분석은 앞서 지적한 바와 같이 지나치게 인지주의적이라고 비판을 받는다. 상황이나 목표에 대한 인식의 공유, 곧 틀정렬은 감정과 밀접한 관련 속에서 일어나는 것이다. 한 연구에 따르면 사적인 관심이 공공의 관심으로 전환되는, 일종의 틀정렬이 일어나기 위해서는 사회문제와 관련된 정보만큼이나 구성원들 사이의 친밀한 감정이 중요하다고 한다. 사람들이 새로운 정보를 받아들이고 이를 통해 자신의 인식을 변화시키거나 강화하기 위해서는 친밀한 사람들의 동의과정을 거쳐야 하기 때문이라는 것이다(이승훈, 2011: 259-260). 또한 광주항쟁에 대한 분석에서 신진욱은 당시 광주항쟁 참여자들의 도덕 감정과 프레이밍 과정이 서로를 견제하고 강화하는 등의 관계를 가졌음을 밝히고 있다(신진욱, 2007). 이러한 연구 결과들이 의미하는 것은 프레이밍 과정이 단지 인지적인 과정이 아니라, 참여자의 감정과의 상호교섭을 통해서 일어난다는 것이다.

기독교 보수주의 운동이 세상을 보는 프레임도 이렇게 인식과 감정의 작용을 통해 형성되었다고 할 수 있다. 기독교 보수주의 운동의 프레임은 한마디로 '영적 전쟁'이라고 할 수 있다. 이것은 앞에서 지적한 것처럼 보수 기독교의 신학이 선악 또는 성속 이원론에 기초하고 있다는 데에 기인하는 바가 크다. 여기에 '전쟁'이라는 상황 정의가 추가됨으로써 극단적인 갈등을 유발하고 있는 것이다(강인철, 2013: 347). 전쟁상황에서는 적이냐,

동지냐는 극단적인 구분만 있을 뿐이며, 공격당할 것인가 아니면 공격할 것인가라는 선택만 주어지게 된다. 기독교 보수주의 운동 참여자들에게 참여정부나 소위 좌익세력들은 공산주의를 옹호하는 반기독교 세력, 곧 사탄의 세력으로 규정된다. 사탄과의 타협이란 있을 수 없다. 따라서 당할 것인가, 정복할 것인가라는 극단적인 상황만이 존재하는 것이다. 이러한 상황인식은 감정을 극대화하고, 극대화된 감정은 다시 상황인식을 더욱 강화하는 순환과정을 거치게 된다. 이들의 발언에서 이런 인식을 쉽게 찾아볼 수 있다.

2009년 7월 미디어법이 국회에서 날치기로 통과될 당시, 금란교회의 김홍도 목사는 "미디어법이 통과되면 사탄의 큰 입 역할을 하는 MBC가 박살이 날 것"이며, "미디어법 통과로 사탄의 입과 혀를 잘라내자"라는 섬뜩한 주장을 했다(강인철, 2013: 342-343). 그리고 영락교회 이철신 목사는 "(교회를 향한) 정부의 공격도 그동안은 간접적이었지만 앞으로는 직접적인 공격도 있을 것이다"라고 경고하기도 했다(김지방, 2007: 124-125). 최근의 차별금지법에 대한 보수 기독교계의 대응에서도 이러한 인식을 엿볼 수 있다. 한기총에서는 차별금지법과 관련하여 "좌파 언론들은 일제히 기독교가 무조건적으로 포괄적인 차별도 반대하는 것처럼 여론을 몰아가고 있다"고 주장한다. "사이비 종교와 주사파 같은 명백한 반사회적인 세력을 비판했다고 민형사상의 책임을 져야 한다면" 그것은 잘못된 입법이라는 것이다. 그리고는 뜬금없이 "주사파 논리에 의해 기독교계가 공공의 적이 되는 것도 상식에 맞지 않는다"고 주장한다(한기총신문, 2013). 이러한 발언들에서 사용되고 있는 용어들을 보면 침략, 국가안보의 위험, 적, 사회혼란, 박살, 공격 등 온통 전쟁과 관련된 용어들이다. 나아가 그 자극적인 용어만큼이나 위기의식과 불안의 감정을 고조시키는 역할을 한다.

(4) 기독교 보수주의 운동과 집단정체성

집단정체성은 사회운동 참여를 설명하는 매우 중요한 요소이다. 여기서 집단정체성이라는 것은 구성원들이 공유하고 있는 집단의 정의로서, 이것은 구성원들 공동의 이해관계, 경험, 연대 등으로부터 비롯된다고 할 수 있다. 일반적으로 사회운동 참여과정에서 참여자들은 자신의 동조자들과 연대감을 형성하고, 자신의 반대자들을 구별하는 경계짓기 과정을 거치게 된다. 이러한 과정은 불만스러운 상황에 대한 구성원들의 집합적 정의를 형성하는 과정이면서, 동시에 구성원들과의 결속을 확인하는 과정이기도 하다(조현연, 2010: 443). 이것을 보통 집단정체성 형성이라고 하는데, 우리는 이를 토대로 상황을 인식하고 또 사회운동을 조직하게 된다. 이처럼 집단정체성은 다른 집단들과의 인지적이고 정서적인 경계짓기의 과정이라는 점에서 프레이밍 과정과의 상호작용을 통하여 형성되는 것이라고 할 수 있을 것이다. 실제 연구에 따르면, 이렇게 형성되는 집단정체성은 구성원들이 여러 장애를 극복하고 사회운동의 참여를 결정하는 데 중요한 역할을 수행하는 것으로 알려져 있다(이승훈, 2011: 265).

하지만 사회운동이론에서 집단정체성에 관심을 가지는 것은 '정체성 정치' 와 좀 더 깊은 관련이 있다. '정체성 정치' 란 사회적 정체성, 곧 인종, 민족, 젠더, 섹슈얼리티 등의 이슈와 관련된 사회운동을 특징짓기 위하여 사용되고 있는 개념이다. 이것은 1960년대와 1970년대 미국에서의 흑인과 여성의 해방운동, 그리고 유럽에서 등장한 새로운 사회운동을 설명하는 과정에서 나왔다. 이들은 일상생활이나 인간관계 또는 삶의 양식 등과 같이 사사로운 의미를 가지고 있던 것들에게 정치적 의미를 부여하였다(Darnovsky, Epstein, and Flacks, 1995: viii). 특히 흑인이나 여성 등과 같은 '정체성 정치' 의 참여자들은 기존의 지배적인 문화가 자신들을 수치심이나 죄책감과 같은 부정적인 정체성으로 규정해 왔음을 비판한다. 그리고 이러한 부정적 감정을 자긍심이나 자신감으로 바꾸기 위해서 사회운동에 참여하게 되는 것이다(Jasper, 1998: 415). "흑인은 아름답다" 또는 "개인적인 것이 정치적이다"라는 표어는 '정체성 정치'의 성격을 잘 나타내 주고 있다고 할 것이다. 호네트가 주장하는 인정 투쟁도 이런 맥락에서 이해할 수 있을 것이다. 그에 따르면 자신의 개성이나 집단정체성에 대한 무시의 경험은 사람들에게 부정적인 감정의 반응을 낳게 하고, 이것은 인정을 요구하는 정치적 저항의 동기가 된다는 것이다. 따라서 인정투쟁에서 보여지는 부정적 감정 속에는 이미 자신의 정체성에 가해진 불의를 인지적으로 드러내고 있는 것이라 할 수 있다(호네트, 2011: 262-263).

미국의 기독교 신우파의 저항운동에 대한 한 연구는 이러한 부정적 정체성을 통하여 미국의 보수주의 기독교인들의 반동성애 운동의 참여를 설명하고 있다. 그에 따르면, 미국 기독교 신우파 운동의 활동가들은, 특권이 있는 자유주의적 엘리트와 비교하여 자신들의 이전 생활환경과 계급지위에서 발생한 수치심과 사회적 열등감을 치유하거나 극복하기 위하여, 신우파 사회운동에 참여하게 되었다고 한다. 죄책감과 달리 수치심은 자신을 타인의 관점에서 바라봄으로써 발생하는 '사회적 감정'이다. 곧 수치심은 '타자'에 대한 집착의 작용이기 때문에, 수치심의 치유 또는 축소는 수치심 유발자로 간주되는 '타자'에 대한 보복을 수반하게 된다. 기독교 보수주의자들에게 동성애가 바로 그런 '타자'로 이용되어 왔다는 것이다(슈타인, 2012: 194). 물론 미국의 기독교 신우파 운동은 부정적인 정체성을 긍정적인 것으로 인정받으려 하기보다는, 자신들의 수치심을 다른 집단에 대한 복수라는 감정적 치환을 통해 극복하려고 한다는 점에서 앞의 '정체성 정치'와의 중요한 차이가 있다. 하지만 부정적인 정체성이 사회운동 참여의 동기가 되고 있다는 점에서는 유사하다.

그렇다면 한국의 기독교 보수주의 운동도 이런 맥락에서 파악할 수 있을까? 이들 역시 동성애를 저항의 주요 표적으로 삼고 있다는 점에서 공통점을 가지고 있다. 이들은 차별금지법에 대한 반대의 이유로, 만약 차별금지법이 통과된다면 동성애가 만연할 것이며, 그로 인한 사회혼란은 공산주의 사회를 낳을 것이라는 막연한 불안과 두려움을 표현하기도 한다. 하지만 한국 기독교 보수주의 운동의 등장을 단순히 부정적 정체성의 치유나 극복이라는 측면에서만 설명하기에는 어려운 측면들이 존재한다. 이에 대한 좀 더 확실한 설명을 위해서는 한국의 대형 보수 교회, 그리고 기독교 사회운동 참여자들의 사회경제적 지위에 대한 조사와 연구가 있어야 할 것이다. 다만 한국의 대형교회를 중산층 대형교회와 성령운동형 대형교회로 구분하고 있는 서우석의 논의는 이와 관련하여 시사하는 바가 있다. 그에 따르면, 성령운동형 대형교회가 강렬한 종교적 체험을 바탕으로 성장했다면, 중산층형 대형교회는 중산층이라는 사회계층적 동질성을 바탕으로 성장한 유형이라는 차이가 있다. 전자의 교회가 산업화과정에서 상대적 박탈감이나 불안감을 배경으로 성장하였다고 한다면, 후자의 교회는 중산층 증가와 지리적 밀집이라는 사회변화를 배경으로 성장하였다고 할 수 있다(서우석, 1994). 당연히 이들의 교회에 대한 정체성도 다를 수밖에 없을 것이다. 따라서 기독교 보수주의 운동에 대한 성령운동형 대형교회의 참여는 수치심이나 사회적 열등감이라는 요인으로써 설명할 수 있는 반면, 중산층형 대형교회의 참여는 중산층으로서의 지위집단의 유지라는 차원에서 설명할 수 있을 것이다. 실제 우스노우(Robert Wuthnow)는 미국의 '문화전쟁'이 이데올로기의 차이라기보다는 지위집단이나 이해집단의 차이로부터 나오는 것이라고 설명하고 있기도 한다(Wuthnow, 1996: 56). 따라서 이들은 각각 열등감 극복 또는 지위집단의 유지라는 동기를 가지고, 정치영역 내에서 벌어지는 의미투쟁 과정에 적극 참여하면서 자신의 집단정체성을 형성해 왔다고 볼 수 있을 것이다. 물론 이러한 주장은 구체적인 경험조사를 통하여 확인되어야 할 가정이다.

(5) 기독교 보수주의 운동의 과정

감정은 사회운동의 참여 원인과 확산뿐 아니라, 사회운동의 지속과 쇠퇴를 설명하는 데에도 유의미하다. 사람들이 사회운동에 지속적으로 참여하는 이유는 단지 성공가능성에 대한 인지적 신념 때문만은 아니다. 성공가능성의 여부와는 상관없이 참여과정에서 얻게 되는 감정적인 기쁨이 참여를 유지하는 데 중요한 역할을 하기도 한다. 정치과정론에 따르면, 사회운동의 성공가능성, 곧 정치적 기회구조에 대한 긍정적인 인식이 사회운동에 참여하게 되는 중요한 원인이다. 하지만 여러 연구들을 통하여 드러나는 바와 같이, 성공가능성에 대한 객관적 정보보다도 오히려 사회운동 참여경험을 통해 얻게 되는 기쁨이나 자긍심 등이 사회운동에의 참여와 지속을 결정하는 데 더 중요한 동기로 작용하고 있다. 다니엘 벨은 자신의 연구를 통하여, 미국의 시민권 운동에 참여한 흑인들은 투쟁을 통해 평등권을 쟁취할 수 있으리라는 기대보다는, 오히려 투쟁을 통해 얻게 되는 자긍심과 존엄성 등이 더 중요한 동기였음을 밝히고 있다(Jasper, 1998: 417). 그 가운데 특히 사회운동 참여과정에서의 의례, 노래, 적에 대한 조소 등과 같은 문화적 활동은 구성원들의 결속과 의식의 공유를 낳게 함으로써 사회운동의 지속적 참여에 긍정적인 역할을 한다(박영신, 2005; 박선웅, 1998; 이승훈; 2010b). 그래서 콜린스(Collins)는 “의례는 인지적 목적을 위해 감정을 이용한다”고 말하기도 했다(콜린스, 2012: 52).

이처럼 사회운동 참여과정에서의 경험은 감정적 기쁨을 낳는다. 다른 사람들과 함께하는 기쁨, 집합행동이나 노래 등을 통하여 얻게 되는 즐거움, 그리고 자신의 도덕적 원칙을 확인하게 되었을 때 느끼게 되는 자긍심 등이 그것이다(Jasper, 1998: 418). 이러한 즐거움은 보통 두 종류의 집합감정을 낳는다고 한다. 하나는 상호적 감정으로 사회운동 참여자 서로를 향한 감정이다. 다른 하나는 공유된 감정으로서 외부인들이나 정부정책에 대한 분노를 낳게 하는 요인이다. 이 두 가지의 감정은 순환적이다. 외부의 불의를 향한 공유된 분노는, 그들이 서로 동일하게 느낀다는 이유 때문에, 서로를 향한 긍정적인 감정을 강화하는 경향이 있다. 동시에 상호 간의 결속과 애정은 새로운 감정과 인식의 공유를 낳는 바탕이 되기도 한다. 우리는 상대방을 좋아하기 때문에, 그들과 같은 감정과 인식을 가지기 원할 수 있는 것이다(Goodwin *et al.*, 2000: 76). 사회운동이 사라지지 않고 지속되기 위해서는 참여과정을 통하여 결속감이 강화되고 이처럼 문제의식이 공유될 수 있어야 한다.

기독교 보수주의 운동에서도 이러한 의례 관련 현상을 찾아볼 수 있다. 이들의 동원은 기존의 교회조직을 배경으로 하기 때문에, 집회현장은 항상 예배나 기도회의 형식을 띠게 된다. '사학법 재개정 촉구를 위한 연합 기도회', '나라와 민족을 위한 평화 기도회', '대한민국을 위한 비상구국기도회', 그 외에도 '통곡기도회', '촛불기도회', '특별기도회' 등 거의 모든 집회들은 종교의례의 명칭을 사용하고 있다(강인철, 2013: 124-125). 이러한 집회에서는 자연스럽게 찬송이 불리어지고 목사의 정치적 연설은 사람들에게 설교의 형식으로 전달된다. 실제로 여의도순복음교회의 조용기 목사는 2004년 시청 앞 구국기도회를 앞두고 "내일 우리가 다같이 모여서 나라와 민족을 위해 기도하는 것은 주님이 그렇게 부탁했기 때문이다"라고 말하며 성도들의 참여를 독려하였다(김미영, 2004). 예배와 기도회라는 형식은 성스럽고 도덕적이라는 분위기를 형성하게 되고, 그 안에서 진행되는 찬송과 설교는 자신들의 도덕적 원칙을 함께 확인하게 되었을 때 느끼게 되는 자긍심과 기쁨을 주게 되는 것이다.

4) 기독교 보수주의 운동과 정당성

지금까지 한국의 기독교 보수주의 운동을 합리성과 감정의 관계라는 맥락에서 검토해 보았다. 하지만 감정이 인식이나 판단의 문제와 관련될 때 언제나 불편부당한 도덕성의 문제에 직면하게 된다. 그렇다면 한국 기독교 보수주의 운동의 인식과 행위는 도덕적 정당성이라는 기준에 비추어 볼 때 어떻게 판단할 수 있을까? 교회의 정치적 행동주의는 사회적 혐오감을 더욱 강화하였다는 것이 일반적인 평가라 할 수 있을 것이다. "사회적 영향력은 크지만 사회적 공신력이 낮은 종교나 교단의 정치참여는 가장 강력한 역풍을 초래할 가능성이 높다"고 한다. 이러한 종교나 교단이 "영향력을 활용하여 정치적 발언이나 행동에 나설수록 더 큰 반감, 더 강력한 반발을 초래"하게 된다는 것이다. 강인철은 이것이 현재 한국 개신교가 직면하고 있는 현실이라고 판단한다. 그것을 가시적으로 보여주는 것이 '반개신교운동'(이른바 '안티기독교운동')의 확산으로 볼 수 있다. 개신교의 정치적 행동주의가 사회의 공공선이 아니라 이기적이고 파당적인 이익만을 추구하는 것으로 해석되고 있다는 것이다(강인철, 2013: 334-335).

그렇다면 한국 기독교 보수주의 운동의 파당성과 이기성은 어디에서 기인하는 것인가? 앞서 감정의 공정성을 위한 조건은 다른 사람의 입장에 설 수 있는 인간의 능력에 있음을 보았다. 이를 위해서는 공론장의 제도화와 대화와 토론을 통한 공론장에의 적극적인 참여가 있어야 한다. 시민사회의 다양한 주체들과 의사소통과정에 참여하게 될 때, 비로소 다른 행위주체들의 입장을 이해할 수 있는 것이고, 나아가 타자에 대해 동감할 수 있는 능력이 커지기 때문이다. 이 과정을 통해서 칸트와 아렌트의 '확장된 심성', 미드의 '일반화된 타자', 그리고 흄의 '일반화된 관점'을 획득할 수 있는 것이다.

하지만 기독교 보수주의 운동은 공론장에의 적극적인 참여보다는, 자신들의 좁은 공동체 내에서의 의사소통을 사회운동의 전략으로 선택하였다. 이것은 이들 보수주의 운동의 힘이 시민사회 주체들의 지지나 승인에 있기보다는, 기존 교회조직의 자원과 힘, 그리고 정치 엘리트들의 권력에 의존하고 있었기 때문이다. 이것은 기독교 보수주의의 '종교적 언어'와 '공중의 언어' 사이의 괴리가 심각하다는 점을 통해 확인할 수 있다. 오늘날 한국 기독교 보수주의 운동의 '종교의 언어'는 열성적 신자들에게는 매력적이고 설득력 있게 들릴지 모르지만, 광범위한 공중들에게는 불편함과 혐오감을 야기하고 있는 것이 사실이다(강인철, 2013: 293). 윌리암스(Williams)는 이러한 상황에서의 '종교의 언어'는 '종파적 언어'로 간주되어서, 해당 종교집단에 대한 '불관용'과 '근본주의' 이미지를 각인시키게 된다고 주장하였다(Williams, 2003: 326-327; 강인철, 2013: 293에서 재인용). 이것의 결과는 명백하다. 당분간 자신의 구성원들에게는 열광적인 반응과 지지를 얻을지 모르지만, 장기적으로는 대중들의 외면과 반감을 조장하게 되면서, 결국에는 사라지거나 자기들만의 종파운동으로 전락하게 될 것이다.

우스노우는 기독교가 시민사회에서 취할 수 있는 입장을 크게 세 가지로 구분하고 있다(Wuthnow, 1996: 80-97). 첫째는 사회적 변화와 흐름과는 무관하게 자신들만의 '정체성 정치'를 추구하는 것, 둘째는 다른 사회단체와 어떤 차별성도 없는, '실용적 보편주의'의 태도를 추구하는 것, 그리고 셋째는 자신들만의 차별적인 정체성을 유지하면서도 다른 시민사회 주체들과의 비판적인 의사소통에 적극 참여하는 '시민비평'의 태도를 갖는 것이다. 첫 번째의 태도가 아무것도 받아들이지 않는 벽돌과 같은 태도라면, 두 번째의 태도는 무엇이든 받아들이는 스폰지와 같은 태도라고 할 수 있다. 하지만 우스노우는 이 두 가지의 태도 모두 기독교가 시민사회에 참여하는 데 바람직하지 못한 태도라고 비판한다. 자신의 집단정체성을 유지하면서도 다른 집단과의 생산적인 대화에 참여하는 것이 시민사회에 참여하는 건강한 방법이라는 것이다. 아마도 우스노우의 이러한 제언은 한국의 기독교 보수주의 운동이 이기적이고 편협하다는 불신을 벗어나, 다시금 도덕적 정당성과 권위를 회복할 수 있는 유일한 방법이라고 할 수 있을 것이다.

4. 나가는 말

이제까지 합리성과 감정의 관계라는 관심을 바탕으로 사회운동이론의 중요 개념들을 재구성하고, 이를 통해서 기독교 보수주의 운동을 간략하게 분석해 보았다. 비록 피상적이고 시론적인 논의에 그쳤다는 한계가 있음에도 불구하고, 최근 우리 사회에서 새롭게 등장하고 있는 기독교 보수주의 운동을 새로운 이론적 관심으로 분석했다는 점에서 나름대로의 의미를 찾을 수 있을 것이다.

분명 감정을 비합리적인 것으로 치부하면서 경험연구의 영역으로부터 배제해 왔던 전통은 극복되어야 한다. 특히 사회운동처럼 도덕 감정이 중요한 역할을 하는 이론분야에서는 말할 것도 없을 것이다. 실제로 앞의 논의에서 보았던 것처럼, 기독교 보수주의 운동의 등장과 과정도 감정이라는 관점에서 분석할 때 훨씬 더 통합적인 이해가 가능하다고 하겠다. 이들이 보여주는 극단적인 상황인식, 이데올로기와 집단정체성, 동원과 운동전략 등에 대한 설명에서 감정은 중요한 비중을 차지하고 있다. 뿐만 아니라 기독교 보수주의 운동은 자신들의 힘이 시민사회 구성원들의 동의에 있지 않고 교회조직과 정치 엘리트에 있다고 생각하기 때문에, 시민사회 일반의 비난에도 불구하고 내부 구성원들을 향한 고립주의 전략과 언어를 계속 사용하고 있는 것이다. 이것은 왜 기독교 보수주의 운동의 주장과 참여자들의 감정이 도덕적인 정당성을 얻지 못하는지 이해할 수 있게 한다. 나아가 자신들의 주장과 감정의 정당성을 위해서라도, 이들에게 시민사회 내에서 대화와 토론은 매우 중요한 일이라고 할 수 있을 것이다.

하지만 여전히 사회운동 분야에서 감정의 요소를 바탕으로 하는 체계적인 이론틀이 마련되었다고 하기는 어렵다. 감정에 관한 이론들은 대부분 흩어져 있고 또 하나의 상황에 하나의 감정만을 강조하는 경향이 있어서,

사회운동의 일반 이론틀 가운데 통합되어 있지 못한 것이 사실이기 때문이다(Goodwin *et al*., 2000: 77). 따라서 현재 사회운동이론이 직면하고 있는 중요한 과제 가운데 하나는 감정을 포함하는 체계적인 사회운동 분석틀을 만드는 것이다. 이것은 이론적으로 감정과 이성의 구분이라는 오래된 이원론을 극복하는 일이면서, 동시에 경험으로서의 사회운동을 좀 더 통합적으로 이해할 수 있는 방법이라 할 것이다.

제 3 부

사회운동의 현재와 미래

제 7 장

정보사회와 사회운동

| 홍성태(상지대학교 문화콘텐츠학과) |

1. 현실 정보사회의 관점

정보사회(information society)는 무엇인가? 그것은 어떻게 형성되고 변화해 왔는가? 정보사회에서 사회운동은 어떻게 전개되고 있는가? 이 글에서는 특히 정보사회의 민주화를 위해 애쓰는 사회운동, 즉 '정보사회운동(social movements for information society)'에 초점을 맞추어서 살펴보고자 한다.

정보사회운동은 정보사회의 문제를 개혁해서 모든 사람들이 더 편하고 즐겁고 안전한 상태에서 살 수 있도록 하기 위해 펼쳐지는 시민들의 자구적인 노력으로서 그 역사적 계기는 바로 정보사회의 형성이다. 정보사회의 형성은 멀리 19세기 중반의 생산력 증대로 거슬러 올라가기도 한다. 생산력 증대에 따라 처리해야 할 정보의 양이 폭증해서 통제의 위기가 초래됐고 이에 대처하기 위해 정보사회가 나타나게 되었다는 것이다(Beniger, 1986). 그러나 정보사회는 수많은 사람들이 수많은 정보를 빠르고 쉽게 이용하게 되는 상태를 뜻한다. 이런 점에서 정보사회의 형성은 라디오와 텔레비전으로 대표되는 방송매체의 이용에 따라 나타났다고 보는 것이 옳을 것이다.

정보사회의 변천을 잠시 살펴보면, 이제까지 정보사회는 1910년대에 서구에서 라디오 방송이 시작된 이래 5단계에 걸쳐 변화해 왔다. 1단계는 방송의 대중화로 서구는 1930년대이고, 한국은 1960년대이다. 2단계는 컴퓨터의 대중화로 1980년대이다. 3단계는 인터넷의 대중화로 1990년대이다. 4단계는 휴대전화의 대중화로 2000년대이다. 5단계는 '스마트 폰'의 대중화로 2010년대이다. 5단계에 이르러 인터넷, 컴퓨터, 방송의 개인화, 휴대화가 이루어지고 '빅 데이터' 현상이 나타났다. 이렇듯 20세기에 이루어진 거대한 사회적 변화의 핵심에 정보사회의 형성과 성숙이 자리 잡고 있다. 그런데 우리는 정보사회를 어떻게 봐야 하는가? 그것은 기존의 사회와 다른 새로운 사회인가?

정보사회는 사실 정보기술의 발달과 확산에 따른 사회의 변화를 강조해서 제시하는 것이다. 그것은 앨빈 토플러와 같은 미국의 '미래학자' 들이 제시하는 것처럼 '탈공업' 과 '탈자본' 의 새로운 사회가 아니라 '고도공업' 과 '고도자본' 의 사회이다. 우리는 '탈공업' 과 '탈자본' 의 신화를 넘어서 현실의 정보사회를 올바로 인식해야 한다(홍성태, 2002). 현실 정보사회(real information society)는 여러 문제들을 안고 있으며, 이 문제들은 시민들의 참여를 통해 해결될 수 있다. 좋은 정보사회는 단순히 기술의 발달과 확산이 아니라 그것을 위한 시민들의 실천을 통해 비로소 이루어지는 것이다. 정보사회의 민주화를 위한 시민들의 노력이 없다면 현실 정보사회는 심각한 '정보위험사회' 가 되고 말 것이다(조현석 편, 2013).

서구는 물론 국내에서도 이미 1990년대 중반부터 정보사회의 민주화를 위한 다양한 사회운동들이 나타나기 시작했다. 이 글에서는 이러한 '정보사회운동' 을 크게 네 가지로 나누어 살펴보고자 한다. 우선 정보사회운동의 구성에 대해 살펴보고, 이어서 정보자유운동, 정보보호운동, 정보공유운동, 정보공개운동 등에 대해 살펴본다.

2. 정보사회운동의 3대 영역

정보사회운동은 정보사회의 문제들을 해결하기 위해 펼쳐지는 여러 사회운동들을 뜻한다. 정보사회는 현대사회의 중요한 속성이다. 따라서 정보사회의 문제를 해결하는 것은 현대사회의 개혁에서 중요한 의미를 갖는다. 현대사회는 물질적 풍요의 면에서 뿐만 아니라 인권의 보장, 민주주의의 실천 등에서 놀라운 성과를 거두었다. 그러나 현대사회는 여전히 큰 문제를 안고 있으며, 그 성과에는 숱한 실패와 희생이 따랐다. 정보사회의 경우도 마찬가지이다. 정보사회는 현대사회의 밝은 면을 대변하는 것이 아니라 오히려 그 명과 암을 가장 잘 보여주는 것이다. 정보사회는 즐겁고 편리한 것인 동시에 어둡고 위험한 것이다.

정보사회의 민주화[1]를 위한 사회운동은 크게 세 가지로 나누어 살펴볼 수 있다. 이것은 대체로 정보기술의 발달에 따른 권력의 작동과 인권의 변화를 기준으로 나눈 것이다. 그 항목은 다음과 같다(홍성태, 2009b).

[그림 1] 정보사회운동의 3대 영역

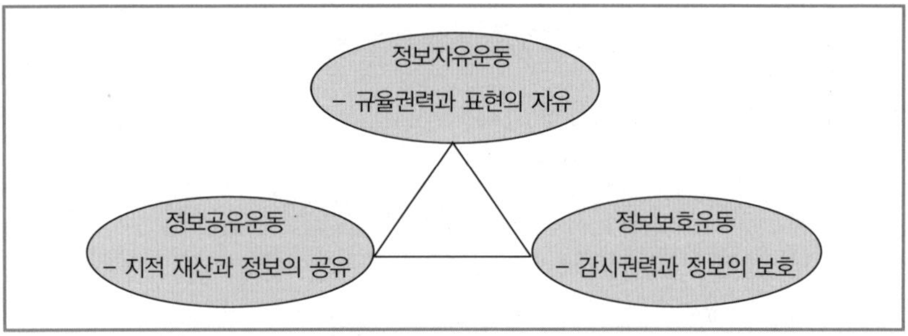

여기서 우선 정보사회운동의 과제, 이념, 주체 등에 대해 살펴보자. 첫째, 정보사회운동의 과제를 살펴보면, 정보사회는 기술의 발달과 확산에 따라 크게 5단계로 변화해 왔지만, 여기서 유의해야 할 것은 법에 의해 정보사회가 사회적으로 실체화된다는 것이다(Boyle, 1996). 이런 점에서 정보사회운동의 가장 직접적인 목표는 올바른 법을 만들어서 집행하게 하는

1) 민주화는 말 그대로 하면 '일반 시민이 주도하고 운영하는 사회를 만드는 것' 이다. 이런 의미에서 민주화는 모든 사람이 개인의 행위 및 사회적 결정의 주체로서 살게 되는 것이다. 1만 년의 인류문명에서 가장 위대한 역사적인 변화는 바로 민주화이다. 좀 더 좁은 의미에서 민주화는 민주적 제도의 실현을 뜻한다. 그러나 민주화는 이런 것으로 끝나지 않는다. 역사적으로 보아서 민주화는 정치적 민주화에서 경제적 민주화로, 다시 생태적 민주화로 발전했다. 민주화는 이상사회를 향한 영속적 과정이며, 기존의 성과 위에서 새로운 발전을 향해 계속 나아가는 '민주화의 민주화' 이다(홍성태, 2009a).

것이라고 할 수 있다. 그런데 이런 법의 제·개정은 시민의 인식과 참여에 의해 크게 영향을 받는다. 따라서 정보사회운동은 시민의 인식을 향상하고 참여를 활성화하기 위한 다양한 활동을 펼쳐야 한다. 요컨대 정보사회운동은 상당한 정도로 교육운동과 문화운동의 성격을 함께 갖는 것이다.

둘째, 정보사회운동의 이념을 살펴보면, 정보사회운동은 자유주의를 추구하는 경향을 강하게 보인다. 정보기술의 자유로운 이용이 정보사회운동의 사실상 전제이기 때문이다. 이와 관련된 가장 명확한 예는 미국의 '전자변경재단(EFF: Electiric Frontier Foundation)'의 창립자들 중 한 명인 존 페리 발로우(John Perry Barlow)가 1996년 2월에 인터넷에 발표한 '사이버공간 독립선언'이다. 이 글에서 발로우는 '사이버공간'을 강력히 규제하려는 미국 정부와 의회의 시도를 강력히 비판했으며, 사이버공간은 기존 질서에서 벗어나서 형성되어 이용자들이 새로운 질서를 만들고 있다고 선언했다. 또한 정보사회운동은 인권의 이념을 강력히 추구한다. 정보기술을 누구나 자유롭게 이용하도록 하는 것은 정보사회의 핵심 과제이기 때문이다. 이와 관련된 가장 명확한 예는 '세계 인권선언' 발표 50주년을 맞이해서 1998년 12월에 발표된 '사이버 인권선언'이다. '사이버공간 독립선언'은 정보기술을 강조하지만, '사이버 인권선언'은 그것을 이용할 권리를 강조한다. 이런 점에서 후자가 전자보다 훨씬 더 중요한 사회적 의미를 지닌다고 할 수 있다.

셋째, 정보사회운동의 주체를 살펴보면, 1990년대까지 정보사회운동의 주체는 대체로 정보기술을 적극 이용하는 사람들로 제시되었다. 이른바 '네티즌(netizen)'이 그것이다. '네티즌'은 인터넷[2]과 시티즌(시민)을 결합

---

2) '인터넷(internet)'은 지구 전역에 걸쳐 형성된 컴퓨터 통신망이다. '인터넷'이라는 말은 '인터(사이의)'와 넷(통신망)을 결합해서 만든 것으로, 그 뜻은 '컴퓨터 통신망들 중의 통신망'이라는 것이다. 본래 서로 다른 통신 프로토콜을 쓰는 많은 컴퓨터 통신망들이 있었으나 TCP/IP 통신 프로토콜을 쓰는 컴퓨터 통신망이 모든 컴퓨터 통신망들을 통합하게 되었으며 이것이 바로 인터넷이다.

해서 만든 말로 인터넷으로 대표되는 새로운 정보기술의 적극적인 이용자를 뜻한다(Hauben and Hauben, 1997). 그런데 2000년대에 들어와서 인터넷이 전면적으로 대중화되었고, 다시 2010년대에 들어와서 '스마트 폰'[3]이 전면적으로 대중화되었다. 이에 따라 사실상 모든 사람들이 '네티즌'이 되었기 때문에 '네티즌'의 사회적 의미는 퇴색되었다. 오늘날 정보사회운동의 주체는 모든 시민들이며, 여러 시민단체들이 만들어져서 활동하고 있다.

정보사회운동의 단체들은 크게 여러 문제들을 모두 다루는 종합단체와 특정 사안을 집중해서 다루는 전문단체로 나눌 수 있다. 미국의 '전자변경재단'(EFF, 1990년 설립)은 세계적으로 잘 알려진 종합단체이며, 한국의 '진보네트워크센터'('진보넷'으로 약칭, 1998년 설립)는 한국의 유일한 종합단체이다. 전자가 정보사회에서 인권의 보호에 초점을 맞추고 있다면, 후자는 정보사회에서 약자의 보호에 더욱 초점을 맞추고 있다. 이제 정보사회운동의 3대 영역과 주요 단체들, 주요 활동들 등에 대해 살펴보도록 하자.

[사진 1] EFF의 홈페이지

출처 : https://www.eff.org/

[사진 2] '진보넷'의 홈페이지

출처 : http://www.jinbo.net/

3) 2007년에 스티브 잡스가 개발한 '아이폰'이 판매되면서 세계적으로 '스마트 폰'의 시대가 본격적으로 열렸다. '스마트 폰'의 대중화에 따라 '손 안의 컴퓨터', '손 안의 인터넷' 시대가 열려서 정보사회운동의 중요성이 더욱더 커졌다.

3. 정보자유운동

정보자유운동은 정보사회에서 표현의 자유를 보호하고 확대하기 위한 사회운동이다. 표현의 자유는 신체의 자유와 함께 가장 기본적인 인권이다. 표현의 자유는 사상의 자유를 전제로 하며, 사상의 자유는 표현의 자유를 수반해야 한다. 원칙적으로 우리는 무엇이나 자유롭게 생각할 수 있고 표현할 수 있어야 한다(Mill, 1859[1992]; Bury, 1913[1975]). 그러나 현실에서는 표현의 자유에 많은 제약이 따른다. 이른바 '악성 댓글' 에서 잘 알 수 있듯이 어떤 표현은 다른 사람에게 고통을 주거나 피해를 입힐 수 있기 때문이다. 따라서 사상의 자유는 무제한의 절대적 자유이나 표현의 자유는 제약이 따르는 상대적 자유이다. 그러나 표현의 자유는 사상의 자유와 직결된 것으로서 엄정한 기준과 절차에 따라 규제돼야 한다. 표현의 자유를 규제하는 정도는 한 나라 또는 사회의 발전 정도를 규정하는 핵심적인 근거이다.

정보사회에서는 수많은 사람들이 다양한 정보기술들을 일상적으로 사용해서 수많은 정보들을 생성하고 소통한다. 이에 따라 한편에서 민주주의가 신장되었으나, 다른 한편에서 여러 문제들이 나타났다. 음란물의 증가, 악성표현의 범람 등이 그것이다. 이런 문제들에 대응해서 강력한 규제의 요구들이 제기되었다. 표현의 자유에 대한 규제는 크게 문화적 규제와 정치적 규제로 나뉜다. 문화적 규제는 주로 종교 관련 표현이나 음란물에 대한 규제로 나타나며, 정치적 규제는 다양한 정치적 의견에 대한 규제로 나타난다. 민주화의 정도가 높을수록 표현의 자유에 대한 규제는 약하다. '선진국' 에서는 다른 종교에 대한 비방이나 나치 찬양과 같은 반인륜 의견 등을 빼고는 표현의 자유를 가능한 한 보장한다. 표현의 자유에 대한 규제 정도는 '민주화' 와 '선진화' 를 평가하기 위한 핵심 지표이다.

일반적으로 정보사회에서 표현의 규제를 요구하는 근거로 가장 많이 사용되는 것은 음란물의 증가이다. 그러나 모든 '선진국'에서는 아동 음란물이나 강제 음란물을 제외한 '음란물'도 표현의 자유에 의해 보호되는 합법적 표현물이며, 1997년에 미국 연방 대법원은 음란물을 이유로 인터넷을 규제하려 했던 이른바 '통신품위법'에 대해 위헌으로 판결했다. 이와 달리 한국에서는 여전히 법적으로 음란물을 규제한다.[4] 어디서나 음란물에 대한 규제는 그 기준과 효과를 둘러싸고 상당한 논란을 일으킨다. 한국에서 음란물에 대한 규제는 2012년에 '아동 · 청소년의 성 보호에 관한 법률'이 제정되면서 다시 큰 논란을 빚었다. 아동 · 청소년을 대상으로 하는 음란물을 엄격히 규제하고 처벌해야 하지만 그 기준과 절차는 표현의 자유를 침해하지 않도록 엄격히 규정되고 시행되지 않으면 안 된다.

가장 첨예한 논란을 일으키는 것은 정치적 규제이다. 정치는 시민의 주권이 행사되는 영역이자 활동이다. 따라서 정치적 의견에 대한 규제는 심각한 차별과 억압의 문제를 일으킬 수 있다. 그런데 한국은 여전히 법적으로 정치적 의견을 강력히 규제하는 나라이다.[5] 오늘날 한국은 고도로 발달한 정보사회라는 점에서는 '선진국'과 같은 상태이나, 표현의 자유가 보장된 민주사회라는 점에서는 여전히 '선진국'에 크게 미치지 못한다. 가장 기본적인 문제는 바로 국가보안법에서 비롯된다. 정보사회와는 아주 거리가 먼 상태였던 1948년 말에 제정된 국가보안법이 정보사회의 현실을 크게 제약하고 있는 것이다. 최근의 예로 '박정근 사건'[6]을 들 수 있다. 이

4) 인터넷의 대중화에 따라 그 법적 실효는 크게 약화됐다. 지구적 차원의 개방적인 정보통신망인 인터넷의 문화 상태는 '선진국'의 문화상태에 의해 규정되기 때문이다.

5) 2012년 9월 25일 미국의 '프리덤 하우스'가 발표한 「2012 인터넷 자유 보고서」에 따르면 한국의 인터넷 자유수준은 아프리카의 우간다와 같은 것으로 나타났다. 이명박 정권 5년 동안 한국에서 표현의 자유, 언론의 자유, 인터넷 자유는 계속 악화됐다.

6) 2011년 박정근(당시 24살)은 북한의 대남 선전 계정인 '우리 민족끼리'의 트윗을 리트윗하고 '김정일 카섹스' 등의 농담을 했다는 이유로 국가보안법 위반으로 구속-기소됐다. 이에 대해 2012년 1심 재판부는 유죄로 판결했으나, 2013년 2심 재판부는 모든 혐의에 대해 무

사건은 국가보안법의 문제를 다시 한 번 확인해 준 중요한 사례이다. 국가보안법은 헌법에서 보장한 사상과 표현의 자유를 자의적으로 억압하는 심각한 문제를 안고 있다. 정보사회의 발전은 민주주의의 발전을 전제로 하며, 이런 점에서 국가보안법은 전면 개정되거나 폐지되어야 할 것이다.

한국의 경우 정치적 차원에서 표현의 자유를 억압하는 법은 국가보안법만이 아니다. 2000년대에 들어와서 선거법도 정치적 차원에서 표현의 자유를 억압하는 문제를 크게 드러냈다. 2004년에 대학생 권 모씨가 '병렬연결' 이라는 정치 패러디물을 만들어서 인터넷에 올린 혐의로 기소되어 처벌받은 사건을 비롯해서 여러 사건들이 발생했다. 또한 2009년 1월에 일어난 '미네르바 사건' 도 잊지 말아야 한다. 다음의 아고라에 '미네르바' 라는 필명으로 경제 논평들을 올려서 큰 관심을 끌었던 사람이 '전기통신기본법의 허위사실유포죄' 로 구속됐다. 같은 해 4월에 '미네르바' 는 무죄 판결을 받았고, 2010년 10월 헌법재판소는 '전기통신기본법의 허위사실유포죄' 를 위헌으로 판결했다. 헌법재판소는 2012년 8월에 표현의 자유에서 핵심을 차지하는 익명의 자유를 억압하는 '인터넷 실명제' 에 대해서도 위헌으로 판결했다.

그런데 2012년에 특히 정치적 차원에서 표현의 자유를 극심하게 악용한 사건이 일어났다. 바로 국가정보원의 대통령선거 개입사건이다. 당시 국가정보원은 원세훈 원장의 지휘 아래 많은 요원들이 많은 인터넷 계정들을 만들어서 조직적으로 여론을 조작해서 대통령선거에 개입했다. 이 과정에서 '좌익효수' 라는 아이디를 쓰는 자가 국정원 요원인가를 둘러싸고 논란이 있었는데, 국정원은 아니라고 부정했으나 결국 검찰수사를 통해 맞는 것으로 밝혀졌다.[7] '좌익효수' 를 둘러싼 논란은 국정원이 여론조작을 통

죄로 판결했다.

7) "사정당국 관계자는 1일 '좌익효수가 댓글작성을 담당한 국정원 심리전단 소속은 아니지만 국정원 직원은 맞는 것으로 파악됐다' 고 말했다. 아이디 좌익효수는 국정원 대선개입

한 대통령선거 개입을 넘어서 심각한 부도덕성과 반민주성의 문제를 안고 있다는 것을 보여주었다. 표현의 자유를 제대로 보장하기 위해서는 이렇게 표현의 자유를 악용하는 문제에 엄정 대처해야 한다. 특히 국가권력이 이런 짓을 저지르는 것은 반드시 엄벌해야 한다.

이렇듯 한국에서 표현의 자유는 제대로 보장받지 못하고 있었는데, 정보화의 진척과 함께 이 문제의 심각성이 더욱 명확히 드러나게 되었다.[8] 정보화의 진척에 부응해서 개·제정된 '정보통신망 이용촉진 및 정보보호 등에 관한 법률'(2001년)도 표현의 자유를 옹호하는 것과는 거리가 멀다. 오래전부터 이런 상태에 대한 시민사회의 대응이 진행되었으나 큰 성과를 거두지는 못했다. '정보민주화와 진보적 통신을 위한 연대모임'(통신연대로 약칭, 1995년 결성), '진보네트워크 센터'(1998년 설립), '유권자 자유 네트워크'(2011년 6월 1일 결성), '표현의 자유 연대'(2011년 6월 11일 결성) 등은 그 중요한 성과이다. 미국에서도 2003년에 'Free Press'라는 시민단체가 설립되어 정보사회에서 표현의 자유, 언론의 자유를 위해 활발히 활동하고 있다.

의혹 특별수사팀이 파악한 국정원 의심 아이디 목록에 포함돼 있었지만, 국정원은 공식 보도자료를 통해 '좌익효수는 국정원 직원이 아니며, 국정원 직원이라고 유포한 사람은 수사의뢰 하겠다'고 반박해 신원을 두고 논란이 일었다. … 좌익효수는 디시인사이드 등 커뮤니티 사이트에 '절라디언들 전부 씨족을 멸해야 한다' '홍어종자들' 등의 표현으로 광주시민과 호남 출신 인사를 비하하고, '북한의 심리전에 넘어간 광주인들' 등의 표현으로 광주민주화운동을 폭동으로 규정하는 게시글을 다수 올려 거센 비판을 받았다. 좌익효수 사용자는 2011년 1월 15일부터 지난해 11월 28일까지 인터넷 게시판에 16개의 글과 3,451개의 댓글을 올린 것으로 알려졌으며, 문제가 불거지자 글을 모두 삭제했다."(「한국일보」, 2013.9.2.)

8) 정보화와 무관한 거리낙서의 경우도 명예훼손 및 공중도덕 위반 등의 혐의로 처벌되었다. 2010년 10월 거리에 붙여진 G20 개최 선전포스터 위에 쥐 그림을 그린 사람을 기소해서 처벌한 이른바 '쥐벽서 사건'이 그것이다. 특히 심각한 것은 이명박 정권 5년 동안 크게 악화된 방송에 대한 규제와 억압이다. 대표적인 예는 2008년에 광우병 문제를 보도했던 문화방송의 'PD수첩' 제작진에 대한 기소였다. 'PD수첩' 제작진은 모든 이메일을 수색당하는 등 3년 동안 검찰과 법원에 시달리다가 2011년 9월에 대법원에서 무죄로 판결받았다.

[사진 3] Free Press

출처 : http://www.freepress.org/

[사진 4] 표현의 자유 연대

출처 : http://fox.jinbo.net/

4. 정보보호운동

정보보호운동은 정보사회에서 개인의 정보를 보호하고 개인의 권익을 신장하기 위한 사회운동이다. 정보기술은 개인을 편리하게 하는 동시에 개인에 대한 감시를 크게 강화한다. 편리한 정보기술은 무서운 감시기술이기도 하다. 우리가 가지고 다니면서 편하게 사용하는 휴대전화가 우리가 어디에 있는가를 감시하는 기계로 사용될 수도 있다. 정보기술의 이런 본래적인 이중성 때문에 정보사회에서 개인은 쉽게 인격을 침해받고 커다란 피해를 입을 수 있다. 요컨대 정보사회에서는 감시의 보편화와 전면화라는 문제가 발생한다(홍성태, 2009b). 정보사회에서는 개인이 정보기술의 효용을 잘 활용하는 것이 중요한 과제인 동시에 개인을 정보기술의 위협으로부터 잘 보호하는 것이 중요한 과제이다.

정보사회에서 감시의 문제는 크게 자료감시, 신체감시, 위치감시 등으로 나눌 수 있다. 자료감시는 개인의 경력, 활동, 관계 등에 관한 여러 자료들을 수집하고 정리해서 개인의 특징을 확인하는 것으로 이 문제는 본래

근대화와 함께 나타나기 시작했지만 컴퓨터의 활용과 함께 크게 강화됐다(Lyon, 1994). 김진균은 아직 컴퓨터가 본격적으로 활용되기 한참 전에 이 문제를 '스파이체계' 라는 용어로 지적했다.

> "이러한 편의의 발전은 컴퓨터화한 미래사회의 유토피아를 갖게 하였지만, 그 유토피아는 항상 능률에 의하여 추구되는 것이고 인간주의적 가치에 의하여 추구되는 것은 아니었다. 조직체 수준에서 중앙집권적 구조가 강화되는 동시에 사회 전체에서도 그러한 경향은 특히 스파이체계의 발전에 의하여 강화될 가능성이 커진다. 사회의 여러 부문에서 컴퓨터를 이용한 자료집적의 경향은 사회의 구성원들을 모든 측면에서 체계적으로 분류하여 자료로서 저장되게 하는 것이다. … 발달한 산업사회일수록 이러한 스파이체계는 오웰의 『1984년』이 오기 전에도 그 이상으로 실감할 수 있는 것이다. 이 스파이체계에서는 수집된 자료를 통제하는 사람이 엘리트로 등장하며 자료로 수록된 수많은 대중은 숨길 수 없는 자기의 정체를 노출시킨 채 그 엘리트의 지배 아래에 놓이게 되는 것이다. 이런 의미에서 정보와 지식은 자본과 마찬가지로 더욱더 하나의 주요한 권력자원으로 되는 것이다."(김진균, 1983: 223~224)

사실 감시(surveillance)는 은밀히 행해지는 인권침해 행위만을 뜻하는 것이 아니라 권력에 의해 상시적으로 행해지는 합법적인 행정도 뜻한다. 근대국가는 발달된 행정기술을 통해 모든 국민을 대상으로 출생에서 사망에 이르기까지 다양한 정보를 수집하고 그에 근거해서 행정을 시행했다. 근대국가는 본래 감시국가인 것이다(Dandeker, 1990). 정보기술은 이런 근대국가의 능력을 극단적으로 향상시켰다. 그 결과 오늘날 국가권력은 국민의 모든 것을 그야말로 완전히 감시할 수 있는 능력을 갖게 되었다. 국가권력은 국민의 온갖 자료정보, 신체정보, 위치정보를 상시적으로 수집하고, 분석하고, 활용할 수 있다. 오늘날 우리는 모든 사람들이 일상적으로 수많은 정보들을 생성하고 소통하는 이른바 '빅 데이터' 의 시대를 살고 있다. 그런데 이 '빅 데이터' 를 통해 국가권력은 말 그대로 '빅 브라더' 가 될 수 있다.[9] 이에 대한 적극적인 대응은 좋은 정보사회를 위한 핵심적인 과제이다.

국가권력의 감시문제를 가장 잘 보여주는 예로 우리는 '에셜론(Echelon)' 을 들 수 있다. '사다리' 라는 뜻의 '에셜론' 은 미국의 국가안보국(NSA: National Security Agency)이 중심이 되어 지구 전체에 걸쳐 설치한 정보통신 감시망의 암호명이다. '에셜론' 은 매년 수십억 통의 온갖 정보통신을 도·감청하고 있다. 이 문제는 1988년에 영국의 언론인 던컨 캠벌에 의해 세상에 처음 알려졌으며, 이로써 비밀에 쌓여 있던 NSA의 정체도 세상에 드러나게 되었다. 한편, 2013년 6월 5일에 NSA의 요원이었던 에드워드 스노든이 영국의 「가디언」을 통해 세계를 놀라게 하는 고발을 했다. 그가 밝힌 NSA의 기밀자료에 따르면 NSA는 '프리즘' 이라는 암호명으로 불리는 감시활동을 펼쳐서 인터넷 이용자들을 감시했다. 여기에 마이크로소프트(MS), 야후, AOL, 페이스북, 구글, 애플, 팔토크, 유튜브, 스카

[사진 5] 영국의 멘위드 힐 에셜론 기지

출처 : http://ko.wikipedia.org/

[사진 6] NSA를 처음으로 다룬 영화

출처 : http://www.impawards.com

9) '빅 브라더' 는 조지 오웰의 유명한 소설 『1984』에서 제시된 독재자를 뜻한다. 조지 오웰은 정보기술과 전체주의가 결합해서 모든 사람들을 총체적으로 감시하는 사회가 나타날 수 있다고 보았다. '빅 브라더(대형, 큰 형)' 는 그 지배자이다. 정보기술은 그 자체로 감시기술의 문제를 안고 있으며, 그런 만큼 정보사회는 정치체제의 문제에 더욱더 주의하지 않으면 안 된다.

이프 등이 동조했고,[10] 프리즘이 만드는 98%의 데이터는 야후, 구글, MS에서 나온 것으로 알려졌다.

한국은 세계적으로 유례가 없는 개인감시제도를 운용하고 있는 나라이다. '주민등록제도'가 바로 그것이다. 1968년에 박정희정권은 독재를 강화하기 위해 주민등록증제를 도입했고, 이에 따라 모든 국민은 출생신고와 함께 정부로부터 주민등록번호를 부여받으며, 만 17세가 되면 열 손가락의 회전지문을 찍어 정부에 제출해야 한다. 한국의 정보화는 이렇듯 그 자체로 인권침해의 문제가 큰 주민등록제도를 활용해서 이루어졌다. 한국에서 대규모 개인정보 유출사건이 계속 발생하는 것도 이 때문이다. 주민등록제도가 정보화의 근간이어서 대단히 통합된 개인정보를 쉽게 확보할 수 있고, 그 결과 개인정보를 유출하는 범죄가 계속 발생하는 것이다. 정보사회에서 개인의 인권을 지키기 위해서, 그리고 독재의 문제를 해결하기 위해서 주민등록제도는 발본적으로 개혁되어야 한다.[11]

정보보호운동에서 가장 중요한 것은 국가권력의 침해에 대응하는 것이다. 예컨대 국가정보원과 같은 정보기관은 총체적인 감시와 사찰을 행할 수 있다. 그러나 오늘날 개인정보와 프라이버시의 침해는 국가권력만이 아니라 기업과 개인에 의해서도 자주 이루어지고 있다. 기업들이 고객들의 개인정보를 유출하거나 공유하는 문제는 너무나 잘 알려져 있다. 이보다 훨씬 더 심각한 신체감시, 위치감시 등도 자주 행해지고 있는 것으로 보인다. 2004년에 누군가 죽은 사람의 명의로 휴대전화를 만들고 노동조합을 만들기 위해 애쓰는 삼성 SDS의 한 노동자에 대해 친구 등록을 해서 그의 위치를 감시해 왔다는 놀라운 사실이 밝혀졌다. 이른바 '삼성 SDS의 유령

10) '트위터'는 미국 정부의 서버접근 요청을 거부했다고 한다.

11) 여러 기관이나 기업에서 주민등록번호로 서비스를 이용하지 않도록 하거나 주민등록번호를 수집하지 못하도록 하는 것뿐만 아니라 개인이 주민등록번호를 선택하거나 변경하도록 하는 방안도 제안되었다.

폰 사건'이다. 개인들도 불법복제 휴대전화나 도청장치, 정보유출 프로그램 등을 이용해서 여러 문제들을 일으키고 있다.

한국의 시민사회에서는 2000년대 초부터 '개인정보보호 기본법'의 제정을 위해 많은 힘을 쏟았다. 이런 노력에 따라 2004년에 당시 민주노동당의 노회찬 의원이 시민사회와 함께 만든 '개인정보보호법안'을 처음으로 발의했다. 그 뒤 2011년 3월에 비로소 '개인정보보호법'이 국회 본회의에서 의결되었고, 이에 의거해서 2011년 9월에 대통령 소속의 '개인정보보호위원회'가 설치되었다. 그리고 2012년에 주민등록번호의 사용을 제한하기 위해 '정보통신망법' 제23조의 2를 개정해서 2012년 8월에 시행했다. 이런 제도의 개선을 통해 한국에서 개인정보 보호가 크게 향상될 것으로 보인다. 물론 개인정보의 유출문제에 비추어 보면, 이미 많이 늦었다고 할 수 있다. 사실상 모든 국민의 개인정보가 이미 유출되어 국내외에서 활용되고 있기 때문이다. 그런 만큼 개인정보 보호를 위한 제도가 강력히 시행되어야 한다.

이렇듯 한국에서 개인정보 보호는 2011년에 제도적 성숙의 단계로 접어들었다고 할 수 있다. 그러나 그 실제적 성숙을 위해서는 계속 많은 노력이 필요하다. 사회적으로 개인정보와 프라이버시의 중요성에 대한 인식 자체가 아직 낮은 수준이다.[12] 이제 단순히 제도를 개선하는 차원을 넘어서 제도의 올바른 운영과 사회적 인식의 변화를 위해 더 큰 노력을 기울여야 한다. 사실 개인정보와 프라이버시의 보호는 이미 미국과 유럽 간의 사이버 거래에서 큰 논점이 됐을 정도로 경제적인 면에서도 중요한 과제이다.

12) 여기서 휴대전화의 문제에 좀 더 주의할 필요가 있다. 2012년 8월에 스마트 폰의 보급이 3천만 대를 넘어서서 말 그대로 스마트 폰 시대가 확립되었다. 그런데 스마트 폰은 통합 정보통신기계이기 때문에 이용자의 신원정보는 물론이고 인터넷 이용정보까지 다양한 개인정보들이 담겨 있다. 스마트 폰은 단순히 편리한 기계가 아니라 엄청난 개인정보와 프라이버시의 침해를 유발할 수 있는 위험한 기계이기도 하다. 이 사실에 대한 정부와 기업의 적극적인 홍보와 교육이 필요하다.

이와 관련해서 진보넷에서 운영하는 정보운동 페이지(act.jinbo.net)에서 많은 정보를 찾을 수 있으며, 세계적으로는 1990년에 영국에서 설립된 'Privacy International' 이 가장 중요한 단체이다.

[사진 7] Privacy International

출처 : http://www.privacyinternational.org/

[사진 8] 정보운동 페이지

출처 : http://act.jinbo.net/

5. 정보공유운동

정보공유운동은 정보사회에서 정보의 독점을 막고 정보의 공유를 촉진해서 사회의 발전을 추구하는 사회운동이다.[13] 자본주의에서는 정보도 하나의 상품이 된다. 인간의 유전정보조차 그렇다. 정보의 생산과 유통에도 비용이 들기 때문에 정보가 하나의 상품이 되는 것은 당연하다고 할 수 있다. 그러나 여기에는 심각한 문제가 있기도 하다. 사실 세상의 모든 정보는 다른 정보를 바탕으로 해서 만들어지기 때문에 어떤 정보에 대해 완전히 배타적인 소유권을 주장하는 것은 잘못이다. 이런 정보의 사회성에도 불구하고 정보에 대한 완전히 배타적인 소유권을 인정하면 정보의 소통과 생성이

13) 여기서 정보는 지식을 포함하는 것으로 사용한다. 보통 정보와 지식은 체계화의 정도로 구분된다. 그러나 사실 지식도 정보의 한 유형이다.

이루어지지 않아서 사회가 유지될 수 없게 된다. 저작권과 특허권[14] 등 정보의 소유권을 보호하는 지적 재산권이 한시적인 권리인 것은 이 때문이다.

세계적으로 지적 재산권은 15세기 유럽에서 고안된 제도이며, 19세기 말에 서구는 지적 재산권 체제를 거의 확립했다. 그리고 1980년대에 들어와서 미국의 주도로 지적 재산권이 크게 강화되기 시작했다. 그 결과 1990년대에 들어와서 세계무역기구(WTO)가 만들어지면서 지적 재산권이 일반적인 무역협정의 핵심 사안으로 변모했다(홍성태, 2002). 한편 1990년에 미국정부는 인터넷을 개방하고 이른바 '정보고속도로'를 추진했다. 이를 위해 미국정부는 저작권의 강화를 추진했고, 그 결과 1998년에 '디지털 밀레니엄 저작권법'을 제정했다. 2000년대에 들어와서 '냅스터', '소리바다' 등 이용자들이 서로 정보를 쉽게 주고받는 P2P기술이 널리 퍼지고 주로 블로그를 이용한 UCC(이용자 생산 컨텐츠)가 대중화되어 컨텐츠의 무단이용이 활성화되자 강화된 저작권에 근거한 소송들이 잇따랐다.

2000년대에 들어와서 미국의 주도 아래 세계적으로 '지식사회'를 외치며 지적 재산의 보호를 강화하는 강력한 흐름이 만들어졌다. 그런데 이로부터 여러 심각한 문제들이 발생했다(홍성태, 2005). 첫째, 독점의 문제이다. 지적 재산권은 한편에서 새로운 정보의 생성을 촉진하지만, 다른 한편에서 정보의 독점을 통한 경제적 독점의 문제를 낳는다. 자유주의 체제[15]에서 독점은 그 자체로는 문제가 아니다. 그러나 독점은 독점력의 행사로 부당한 이득을 취득하고 기술의 발달을 저해하는 문제를 낳기 때문에 어디

---

14) 저작권은 생각의 표현물에 대해 소유권을 인정하는 것이고, 특허권은 물질의 고안이나 이용에 대해 소유권을 인정하는 것이다. 저작권은 표현물의 발표와 함께 자동으로 인정되며, 특허권은 해당 관청에 신고해서 허가돼야 인정된다.

15) 자본주의의 본질은 자유주의이다. 자본, 즉 돈이 경제의 기반이 된 것은 자유로운 경제활동의 역사적인 결과일 뿐이다. 자유주의가 강력한 이유는 자유가 사람의 본성이기 때문이다. 그러나 사람은 사회를 이루고 살기 위해 자유를 어느 정도 희생해야 한다. 사람은 자유를 추구하나 사회는 규제에 의거한다. 자유주의와 자본주의는 제거될 수 없으나 반드시 규제되어야 한다.

서나 심각하게 다루어진다. 흔히 자유주의 체제의 본산처럼 여겨지는 미국에서도 그렇다. 마이크로소프트의 독점에 대한 소송은 그 좋은 예이다. 둘째, 인권의 침해문제이다. 무단이용의 경우도 '정당한 이용'을 따져서 처벌해야 하나 무분별한 고소를 남발하는 문제가 발생했다. 나아가 지적 재산을 보호하기 위해 모든 사람들을 부당한 이용자로 여기고 조사하는 문제가 발생했으며, 심지어 수사기관이 지적 재산권의 침해를 조사한다는 명목을 내걸고 사람들을 사찰하는 문제도 발생했다. 셋째, 약탈의 문제이다. 개인이나 중소기업의 특허를 대기업이 비슷한 특허로 빼앗아 가거나, 생물에 대한 특허로 수천 년 전부터 전해져 온 생물의 이용을 봉쇄하는 문제가 발생했다. 고대로부터 살충제로 사용된 인도의 '님 나무'의 추출물에 대해 미국의 기업이 특허를 받은 것은 그 대표적인 예이다.[16] 넷째, 인간생명에 대한 위협이다. 인간의 유전자에 대해서도 특허가 허용되어 기업이 공공의 연구를 이용해서 인간의 유전자를 이익의 대상으로 삼는 문제가 발생했다. 약품에 대한 특허가 약품의 가격을 과다하게 높여서 환자들이 죽음으로 내몰리는 문제도 발생했다.[17] 백혈병 치료제인 '글리벡'에 대한 노바티스의 특허는 그 대표적인 예이다.

이렇듯 지적 재산권은 큰 문제를 낳기 때문에 그 강화는 사실 대단히 신중하게 이루어져야 하며 기존의 지적 재산권 자체가 활발한 사회적 토의의 대상이 되어야 한다. 여기서 정보공유의 사상에 대해 잠시 살펴볼 필요가 있다. 정보공유의 사상은 미국의 3대 대통령이었던 토마스 제퍼슨(1743~1826)에 의해 제시되었다. 이것은 토마스 제퍼슨이 추구했던 민주주의, 즉 '제퍼슨식 민주주의(Jeffersonian Democracy)'의 한 축이다.

> "만일 자연이 모든 것들 중에서 배타적인 소유에 덜 영향을 받는 한 가지를 만들었다면, 그것은 바로 아이디어라고 불리는 사고력의 활동이다.

---

16) 이 문제를 '생물 해적질'이라고 부르기도 한다.
17) 이 문제를 '특허에 의한 살인'이라고 부르기도 한다.

어떤 사람이 그것을 자신만 알고 있는 한, 그는 그것을 배타적으로 소유할 수 있다. 그러나 그것이 드러나는 순간, 그것은 모든 사람의 소유가 되어 버린다. 그리고 받는 사람은 그것을 자신에게서 없앨 수 없다. 또한 그것의 특별한 성격은 모든 사람이 그 전부를 가지기 때문에 누구도 덜 가지지 않는다는 것이다. 내게서 아이디어를 받는 사람은 내 아이디어를 줄이지 않고 스스로 교훈을 받는 것이다. 내 촛불에서 자신의 초에 불을 붙이는 사람이 나를 어둡게 하지 않고 빛을 받는 것처럼." (Thomas Jefferson, 1813)

미국에서 토마스 제퍼슨의 사상은 여전히 큰 힘을 발휘하고 있다. '전자변경재단(EFF)'은 정보사회에서 '제퍼슨식 민주주의'를 추구하는 대표적인 정보사회운동 단체이다. 현재 미국에서 정보공유를 위한 단체로 가장 중요한 것은 하버드 법대의 로렌스 레식 교수가 설립한 '창조적 공유재'(Creative Commons: CC, 2001년 설립)이다. 그리고 세계적으로 정보공유의 가장 유명한 사례는 아마도 미국의 지미 웨일스가 2001년 1월에 시작한 '위키백과(Wikipedia)'일 것이다. 사실 미국에서는 이미 1950년대부터 정보공유의 활동이 활발히 펼쳐지기 시작했다. 그 주역은 MIT의 공학도들이었다. 그들은 정보의 공유를 통해 새로운 기술을 개발했고, 뛰어난 능력을 지닌 학생을 '해커'라고 불렀다. 1980년대 초에 미국의 컴퓨터 공학자 리차드 스톨만은 '자유 소프트웨어 재단(Free Software Foundation)'을 설립해서 해커의 정보공유 문화를 바탕에 두고 소프트웨어의 독점문제에 대응하는 정보공유운동을 펼치기 시작했다.

한국에서는 1999년 초에 '지적재산권과 독점문제 토론회'가 열렸는데, 여기에 참여했던 젊은 공학도, 법학도, 변리사, 사회학자, 정보사회운동가 등이 논의를 계속해서 2002년 2월에 '정보공유연대'를 설립했다. 정보공유연대는 저작권과 특허권을 비롯한 지적 재산권이 미국의 주도로 세계적으로 크게 강화되면서 기술의 발달과 문화의 발전이 저해되고 있을 뿐만 아니라 불평등이 심화되고 있다는 인식 위에서 지적 재산권의 문제를 널리 알리고 정보공유를 촉진하는 활동을 펼치고 있다. '정보공유연대'의 활동을 통해 지적 재산권 국제조약, '글리벡'과 같은 의약품 특허, 생물 특허, 저작권 삼진 아웃제[18] 등 지적 재산권과 관련된 많은 문제들이 한국에서 널리 알려지게 되었다.

[사진 9] 정보공유연대

출처 : http://ipleft.or.kr

[사진 10] Creative Commons

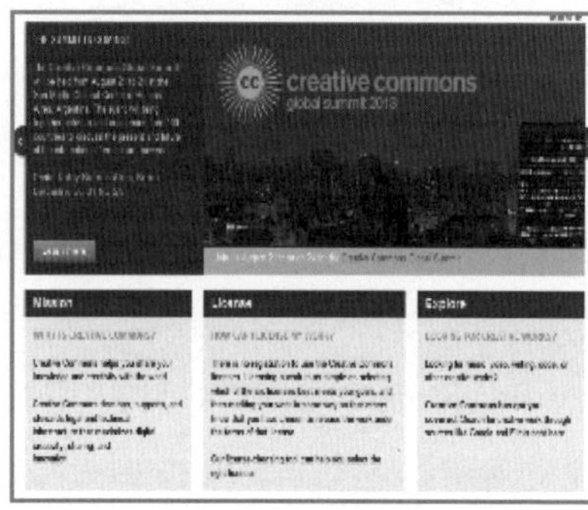

출처 : http://creativecommons.org/

6. 맺음말

정보사회운동은 좋은 정보사회를 만들기 위한 시민들의 자구적인 노력이다. 정보사회는 단순히 정보기술에 의해 형성되지 않는다. 정보기술은 정보사회의 필요조건이며 충분조건이 아니다. 정보사회의 작동에서 실질적으로 가장 중요한 것은 정보기술의 이용을 규정하는 법이다. 따라서 정

18) 2009년 문화부는 '헤비 업로더(대량 불법 복제물 유포자)'의 처벌로 매년 1조 원 이상의 경제적 손실을 줄이겠다며 이 제도를 도입했다. 그러나 3년의 실행 결과 이 제도는 별다른 실효는 거두지 못한 채 문화부의 규제권만 강화하고 표현의 자유, 프라이버시 등의 인권을 침해할 우려가 있는 것으로 나타났다. 진보네트워크, 정보공유연대 등은 2012년 말부터 이 제도의 폐지를 적극 제기하고 나섰다.

보사회운동은 여러 법들의 제·개정을 직접적인 목표로 삼고 다양한 활동들을 펼친다. '정보통신망법'은 물론이고 '선거법', '국가보안법', '명예훼손법' 등이 모두 정보사회운동의 중요한 개혁대상이며, 정보사회의 기술적인 기반인 방송과 통신에 걸쳐 강력한 통제력을 행사하는 '방송통신위원회'와 '방송통신심의위원회' 등도 정보사회운동의 중요한 개혁대상이다. 요컨대 정보사회운동은 정보사회에서 인권보호를 강화하고 민주주의를 신장하기 위한 사회운동인 것이다.

〈표 1〉 한국과 외국의 주요 정보사회운동 단체들

	한국	외국
종합운동단체	진보넷	EFF
정보자유운동	유권자 네트워크, 표현의 자유연대	Freedom House, Free Press
정보보호운동	진보넷	Privacy International
정보공유운동	정보공유연대	Free Software Foundation Creative Commons Seed Freedom

세계적으로 정보사회운동의 역사는 그리 길지 않다. 정보사회의 1단계인 방송의 대중화에 초점을 맞춘다면, 서구의 정보사회운동은 1930년대로 거슬러 올라가고 한국의 정보사회운동은 1980년대로 거슬러 올라간다. 그러나 오늘날 정보사회는 개인이 정보의 주체로 적극 참여하게 되는 인터넷의 대중화 단계, 즉 정보사회의 세 번째 단계를 뜻한다. 여기에 초점을 맞춘다면, 서구의 정보사회운동과 한국의 정보사회운동이 모두 1990년대 초부터 시작되었으며, 둘 다 정보기술의 자유로운 이용을 적극 옹호하는 것으로 시작해서 정보보호와 정보공유 쪽으로 확대되었다. 오늘날 정보자유, 정보보호, 정보공유는 좋은 정보사회를 위한 3대 기본과제라고

할 수 있다.

정보사회운동은 다양하고 복잡한 정보기술과 관련 법들에 대한 이해를 전제로 한다. 그러나 이런 활동이 큰 성과를 거두고 좋은 정보사회를 이루기 위해서는 교육과 문화의 도움이 필수적이다. 정보사회의 문제를 바로잡기 위해서는 그 특징을 널리 잘 알려서 활발한 이해와 소통이 이루어지도록 해야 하기 때문이다. 특히 정보기술의 활용은 곧 새로운 일상문화, 대중문화 등으로 이어지는 것이어서 문화운동은 정보기술과 정보사회에 더욱 깊은 관심을 기울일 필요가 있다. 한국의 문화운동은 2000년대에 들어와 종래의 문화예술운동에 문화사회운동이 새롭게 나타나서 더욱 넓어졌다. 좋은 정보사회를 위해서는 정보사회운동과 문화사회운동의 연대가 심화되어야 한다.

제 8 장

핵발전소사고와 탈핵운동 : 위해에서 위험으로의 의미론 변천

| 노진철(경북대 사회학과) |

1. 머리말

현대인은 기후변화, 핵발전소사고 등 통제하지 못하는 다양한 위험들을 직·간접적으로 겪으면서 불안해하고 있다. 현재 진행되는 시대의 전환 속에서 불확실성과 위험에 대해 마음의 준비를 하고 있는 사람은 거의 없다. 공중은 대부분 일상에서 개개인이 접하는 친숙한 대상들과 지구적 대재앙이라는 디스토피아적 미래 사이에서 불확실성과 위험을 인지하는 데 커다란 간극을 보이고 있다. 핵공학이나 정보 · 통신공학(IT), 생명공학(BT) 등 첨단기술에 수반되는 '인위적 불확실성'은 일상의 삶에서 개개인의 선택을 요구하고 있다. 특히 이들 인위적 위험이 만들어 낸 인위적 불확실성은 과거에는 없던 새로운 불확실성이며 원인과 결과에 대한 예측이 불확실하다는 점에서, 개인은 어떤 위험을 감당할 것인지를 선택할 때 이들 위험을 심도 있게 고려해 스스로 결정해야 한다(노진철, 2010: 120). '달리 될 수도 있다'는 우연성의 기호 아래서는 핵발전소 근처에 사는 것, 유전자 변형 콩 · 옥수수를 먹는 것 모두가 위험을 감내해야 하는 일이다. 개인은 이들 위험을 감수할 것인지 회피할 것인지를 스스로 헤아려서 결정해야 한다. 이 모든 것은 미래로 유보할 수 없으며 현재에서 결정해야 한다. 결정에 위험이 따르는 것은 그 결과에 대해 자기가 책임을 져야 하기 때문이다.

문제는 이들 첨단기술이 장밋빛 미래를 열어줄 '마법의 열쇠'로 불리면서도, 동시에 그에 맞먹는 수준의 위험전망과 이를 둘러싼 사회적 · 윤리적 논란에 휩싸여 있다는 데 있다. 특히 핵발전소는 세계 각국의 산업화로 급격히 증가하는 산업에너지 수요를 안정적으로 충당할 수 있는 에너지원이면서도, 동시에 돌이킬 수 없는 재난(위해)을 불러오는 방사능누출사고의 위험을 안고 있다. 핵발전은 본래 핵이 더 이상 파괴적인 전쟁무기가 아니라 평화적인 에너지원으로 이용 가능하다는 전제에서 국가 간에 그 상업적 이용을 허용함으로써 가능했다. 그렇지만 핵발전은 끊임없이 핵연료 재처리와 연계되어 핵무장의 잠재적 위협이 국가 간 갈등의 쟁점이 되고 있다. 따라서 핵발전에 대한 초기의 저항운동은 자연스럽게 핵전쟁의 위해를 억제하려는 반핵운동으로 활성화되었다. 하지만 1980년대 후반부터 25년 간격을 두고 빈발한 체르노빌 핵발전소사고와 후쿠시마 핵발전소사고는 인류발전을 지향한 과학의 합리화와 기술진보가 오히려 이전 시대와는 다른 새로운 위험을 만들어 낸다는 사실을 거듭 확인시켜 주었다.

루만(Luhmann, 1968)과 벡(Beck, 1997) 등이 위험소통을 통해 주장하는 핵심적인 내용은 "현대사회가 위험을 체계적으로 재생산한다"는 것이다. 현대사회에서 위험은 객관적으로 확인될 수 있느냐 없느냐와 상관없이 소통 속에서 존재한다. 사회는 인간들로 이루어진 것이 아니라 인간 간의 소통들로 이루어져 있다. 그 때문에 위험은 소통을 통해서만 성립되며 소통을 통해서만 지속된다. 그렇기 때문에 위험이 사회에서 더 이상 소통되지 않아야만 위험은 존재하지 않는다. 다시 말해서 위험은 사회적으로 구성되는 것이다. 현대사회에서는 기능체계들이 충분히 유동적이고 비합리적인 것들을 보다 더 통제 가능한 것으로 만들기 위해 작동한 결과로 오히려 통제 불가능한 위험들이 생겨난다는 역설이 생겨난다. 만일 방사능오염에 따른 손실을 회피하기 위해 국가가 핵발전의 즉각적인 전면포기를 정치적으로 결정한다면, 갑작스러운 에너지 결핍 때문에 경기침체나 경기후퇴가 일어나 생존과 직결되는 대량실업, 빈곤 등의 위험이 발생할 수 있으며, 미래의 우주항해시대에 필요할지도 모르는 핵공학 지식이 소멸할 위험도 있다. 즉, 위험을 회피하기 위해 손실의 개연성과 규모가 합리적으로 계산되어 결정이 내려지는 데도 불구하고 — 혹은 바로 그 합리성의 투입으로 — 오히려 다양한 위험이 배가되어 도처에서 발생한다는 역설적 상황이 양산된다. 그 결과 현대사회의 재귀적 생산방식이 사회구성원들에게 그 혜택을 누리는 대가로 예측하기 어려운 많은 위험들을 감수할 것을 요구하는 양상으로 치닫고 있다.

충격적인 것은 핵발전소 밀집지역 주민들이 바로 이웃나라에서 일어난 핵재앙을 경험하면서도 '적당한 조건이라면' 지역에 추가적인 핵발전소 유치를 수용한다는 사실이다. 11기의 핵발전소가 밀집해 있는 경북의 지방정부는 후쿠시마 핵발전소사고 후에도 '동해안 원자력클러스터' 조성을 국책사업으로 적극 추진하고 있고, 지역의 반핵단체와 환경단체들은 이에 반대하는 시위를 벌이며 지방정부에 대한 불신을 강하게 표출하고 있다. 하지만 주민들은 적당한 조건이라면 큰 재앙의 잠재력을 갖고 있는 위험덩어리를 수용할 태세다. 경제적 낙후지역의 주민들에게 핵발전소사고는 안전관리만 제대로 한다면 일어나지 않을 수도 있는 위험인 반면에, 빈곤은 지금 당장 가족의 생계와 자존을 위협하는 재앙이기 때문이다. 그들에겐 미래에 일어날지도 모르는 재난의 위험보다는 현재 당장 그들의 삶을 위협하는 빈곤의 위해가 훨씬 더 위협적인 것이다. 이처럼 돌이킬 수 없는 지구적 재앙가능성도 마다하지 않는 지방정부와 주민들의 부정의를 접하면서, 우리는 인간 혹은 제도에 대한 신뢰에 의문을 던지게 된다.

비록 엄청난 재난을 불러올 수 있는 핵발전의 위험이 지속되는 데 대한 불안이 일상에 팽배해 있더라도 결정은 내려야 한다. 왜냐하면 미래는 현재의 결정을 전제로 하기 때문이다. 결정은 이해득실을 따지는 진보와 보수를 서로 연결시키며, 관행과 사소한 부주의, 숙련과 실수, 결단과 판단오류, 지식과 무지, 오만과 편견이 경쟁하면서 사건의 진행을 의도하지 않은 방향으로 돌려서 파국적인 결과를 낳을 수 있다. 다시 말해서 현재의 결정에 따르는 미래의 결과는 근본적으로 불확실할 수밖에 없다. 재난은 위험에 대한 통제를 잃거나 통제가 불가능한 상황에서 비정상적인 자연현상 또는 인위적인 사고가 원인이 되어 사회적 · 경제적 손실이 발생한 대규모 위해이다. 재난이 사회적 · 시간적 · 사실적으로 규정할 수 있는 실제의 사건인 반면에, 위험은 현재의 결정에 영향을 미치기 위해 아직 존재하지 않는 미래의 재난에 준거해 구성된 소통사건이다. 위험은 외부의 힘에 의해 당하는 재난과는 달리, 자기결정이 미치는 미래의 결과를 고려하는 것이며, 개인 혹은 사회적 체계 — 조직, 제도, 사회 등 — 에 대한 신뢰 때문에 개인 혹은 사회적 체계의 기회주의적 행동에 노출될 때 발생한다. 따라서 핵발전소사고가 났다고 해서 반핵운동이 당연히 일어나는 것도 아니며, 위해회피에 지향된 반핵운동이 위험의 소통을 여는 탈핵운동으로 자연스럽게 이행하는 것도 아니다. 반핵운동이나 탈핵운동이 일어나는 양상은 그 사회에서 반핵과 탈핵, 위험과 위해, 신뢰와 불신의 차이가 소통되는 맥락에 따라 다른 역사를 써간다.

2. 반핵과 탈핵의 차이

1980년대 쓰리마일섬과 체르노빌의 핵발전소사고, 우주왕복선 첼린저호 참사를 겪으면서 사회과학계는 과학에 기초한 기술혁신에 수반되는 불확실성과 위험에 대해 주목하기 시작했다. 불확실성과 위험에 대한 전문가들의 관심은 다양한 사회관계에서의 신뢰문제에 대한 학술적 측면과 실용적 측면의 연구들로 이어졌다. 일부 사회학자들은 벡이 언명했던 '위험사회' (1986)라는 표제어 아래 일차적으로 핵공학과 생명공학 같은 첨단기술의 부정적인 수행결과에 관심을 두었다(Renn and Levine, 1991). 주로 핵발전소사고와 핵전쟁, 기후변화와 생태학적 재난 등이 인류가 직면한 위험으로 거론되었다. 다행스럽게도 루만을 새롭게 재해석하는 신뢰 논의가 불확실성 시대의 위험과 신뢰 문제를 거론하면서 현대사회의 과도한 합리화에 따른 예측하지 못했거나 의도하지 않은 결과에까지 확장되고 있다. 이제 위험 개념은 현대사회의 의도하지 않은 결과들을 논리적으로 설명하기 위한 일반적인 개념으로 사용되고 있다.

위험사회에서 중요한 것은 단지 현대사회의 기술의존성이 아니라 보다 일반적으로 미래가 모든 본질적인 측면에서 현재 내린 결정들에 의존한다는 가정이다. 그래서 사람들이 미래를 알 수 없으면서도 항상 지금 미래의 현재에 대해 결정해야 한다는 가정이다. 이것이 모든 위험문제를 정치화하는 경향을 강화하고 있다. 그런데 핵발전과 관련해 위험문제가 정치화된다고 해서, 정치가 핵발전이 과연 어디까지 영향을 미칠 수 있는지를 정할 수 있는 것은 아니다. 현대사회에서 기능체계들은 자신이 반응해야 하는 손실을 스스로 생산하며, 이를 현재의 행위에 배태되어 있는 미래의 위험으로 간주한다. 즉, 현대사회는 자신이 생산한 위험의 조건에서 자기 미래를 스스로 결정해야 한다. 우리는 위험과 안전의 구별을 상정하는 순간 위험에서 완전히 벗어난 안전은 전혀 없다는 것을 동시에 인정해야 한다. 그래서 루만은 위험 개념을 아무것도 배제하지 않고 오직 자신의 고유한 형식의 맥락에서 자기를 표시하는 보편 개념으로 규정한다(Luhmann, 1991).

핵발전은 애초에 경제개발에 필요한 에너지생산과 핵무기개발의 원료인 플루토늄 추출 목적의 이중성을 띠고 추진되었다. 즉 핵발전과 핵무기는 연계된 채 정부정책에서도, 그에 대한 저항인 반핵운동에서도 경제적 이익과 손실, 전쟁과 평화의 이중성을 그대로 표출하였다. 정부와 핵산업계, 전력회사로 이루어진 핵발전 추진세력은 핵발전을 경제적 이익의 측면에서 '핵의 평화적 이용'을 강조했다면, 반핵운동단체들은 군사적 위해의 측면에서 잠재적인 핵무장으로 간주했다. 핵분열은 제2차 세계대전 중 미국의 맨하탄 계획(Manhattan Project)에서 핵무기개발에 먼저 이용되었다. 히로시마와 나가사키에 원폭공격을 받은 일본은 항복했고 일본과 독일, 이탈리아 등 패전국은 핵개발 및 핵관련 연구가 금지되었다. 그러나 1953년 미국이 유엔총회에서 '평화를 위한 핵' 이용을 선언하면서 선진 각국은 핵발전을 위한 연구와 핵개발에 뛰어들었다. 패전국인 독일과 일본은 핵무기개발이 금지되어 있는 비핵국이면서도 '핵연료 리사이클'의 도입을 통해 사용 후 핵연료 재처리에 의한 플루토늄 생산이 허용되었다.

플루토늄 상업화 프로그램은 고속증식로와 일반 경수로에서 플루토늄을 에너지원으로 재이용한다는 구상으로 정당화되었으나,[1] 반핵 운동가들에게는 군사적 핵확산의 위해를 내재하고 있었다. 그들에게 플루토늄의 비축이 어떤 위해도 없다는 것을 납득시키기란 쉽지 않았다. 왜냐하면 그들은 정보제공자에 대한 신뢰가 있느냐 없느냐와 관계없이 이런 긍정적 정보를 잘 신뢰하지 않기 때문이다. 이런 정보의 비대칭성은 우리가 왜 새로운 위험들에 점점 더 둘러싸인다는 인상을 갖는지에 대한 좋은 설명이 될 수 있다. 이때 우리는 '인지적 허상'의 희생자가 된다.

1960~80년대 서구의 반핵운동은 군사적 이용과 평화적 이용의 구별에 따라 핵전쟁, 대량살상의 위해에 초점이 맞추어져 있었다. 냉전시대 핵관련 기술의 발전은 동서양 진영의 핵무기 경쟁에서 촉발된 국가 차원의 집중적 지원에서 비롯되었다. 제2차 세계대전 후 미국과 소련 및 그 동맹국들 사이에는 경제적 · 군사적 압력에 의한 제한적 대치상태가 형성되어, 미국과 소련은 군사적 우위를 점하기 위해 핵무기 비축규모에서의 극적인 증가와 핵무기개발의 강화형태로 공포의 균형상태를 유지했다. '핵겨울(nuclear winter)'의 위협 속에서 자유진영과 공산진영의 대치상태는 주요 강대국 간 군비경쟁이 진행되는 동시에, 과도한 군비증강을 억제하기 위한 군축협상이 진행되는 역설적 상황을 만들어 냈다. 소련이 동유럽에, 미국이 서유럽에 핵탄도미사일을 배치하는 대치상태에서 반핵운동은 평화운동의 형태로 일어났다. 냉전체제하에서 미국(임성호, 1996), 영국(원동필, 2012), 서독(고유경, 2009), 프랑스(정수복, 1994), 일본(김지연, 2002) 등에서 일어난 반핵운동은 핵무장반대운동, 반전운동, 즉 평화운동의 성격을 갖고

1) 미국, 프랑스, 독일 등 초기에 고속증식로 개발에 뛰어든 국가들은 통제의 불가능성 때문에 쓰리마일섬 핵발전소사고를 계기로 고속증식로 개발을 포기했다. 현재 일본만이 몬주 고속증식로 건설 등 플루토늄의 상업적 이용을 계속 추진하고 있다. 1995년 12월 몬주는 나트륨 누출사고 직후 가동이 중단된 상태이다.

있었다. 1971년 발족된 그린피스(Greenpeace)가 대표적으로 미국과 프랑스의 핵실험을 반대하는 반핵운동의 중심 역할을 했다. 독일의 빌(Whyl) 핵발전소 입지 반대운동에서 드러났듯이 반핵운동은 비록 지역의 한계성에 묶인 NIMBY(Not In My Back Yard) 운동에서 벗어나 전국 규모의 연대운동으로 전환을 했다고는 하지만 인간의 삶이나 생명에 미치는 직접적인 위해의 회피가 여전히 운동의 동력으로 작용했다.

핵전쟁, 대량살상의 위해와 연계된 격렬한 반핵운동의 결과로 오스트리아는 1978년 보유 중이던 1기의 핵발전소를 폐쇄하기로 결정했고, 서독은 1979년 3월 환경보호와 반핵, 평화를 정강으로 채택한 녹색당이 창당되어 11개 주 중에서 6개 주의 의회에 진출했다. 서독의 주요 도시와 미군기지 주변에서는 1983년 반핵무기운동을 위한 연좌데모, 파업, 도로봉쇄, 시위 등이 사상 유례없는 규모로 일어났다. 이런 반핵 분위기에 편승해 서독 녹색당은 1983년 총선에서 연방의회 총 498석 중 27석을 확보하는 데 성공했다. 스웨덴은 1980년 국민투표를 실시해 21세기 초까지 12기의 핵발전소를 단계적으로 폐쇄하기로 결정했고, 덴마크 의회도 1985년 핵발전소 건립계획을 취소했다. 그 반면 프랑스는 오히려 자국의 안보와 평화유지를 이유로 시민들이 미국에 대항해 독자적 핵보유, 독자적 핵 억지력 강화를 지지하면서 반핵운동이 힘을 얻지 못하였다(평화문제연구소, 1986). 한국 역시 핵발전의 도입이 핵무기개발을 위한 통치권자의 의지와 맞물려 이루어진 측면이 강했다. 반핵운동도 애초에 1980년대 중반 미국의 한반도 핵무기배치에 반대하는 학생운동세력의 문제제기에서 비롯되었다.

핵발전에 대한 인지가 위해에서 위험으로 전환되는 데는 핵산업을 주도하던 미국과 소련에서 일어난 1979년 쓰리마일섬 핵발전소사고와 1986년 체르노빌 핵발전소사고가 결정적인 계기로 작용했다. 1954년 옛 소련 오브닌스크에 첫 핵발전소가 세워진 이래 쓰리마일섬 핵발전소사고 직전까지 세계에는 총 225개의 핵발전소가 세워져 있었고 173개의 핵발전소는 건설 중에 있었다. 석유수출국가들이 카르텔을 형성해 1973년과 1978년 두 번의 석유파동(Oil Shock)을 일으키면서 30개 국가가 석유 · 석탄 등 화석연료에 의존하던 기존의 에너지정책을 핵발전 중심으로 전환했다. 핵발전으로의 전환은 '평화를 위한 핵' 이용과 에너지위기의 극복으로 정당화되었다. 핵발전의 추진세력인 정부와 핵산업계는 핵에너지가 절대 안전하고 무한에너지를 낳으며, 석유위기를 극복할 수 있는 대안 에너지원인데다 지역발전에 도움이 된다는 '원전안전 신화'를 유포시켰다. 전문가들이 핵발전소 1기가 1만년에 한 번 꼴로 중대사고를 일으킬 것이라고 주장해 온 만큼, 쓰리마일섬 핵발전소사고 이전까지 핵발전의 위험에 대한 우려는 존재하지 않았다. 핵발전은 첨단기술의 총합체로 간주되어 온 만큼 쓰리마일섬 핵발전소사고가 세계에 던진 충격은 컸다.

쓰리마일섬 핵발전소사고는 원자로 노심이 냉각장치의 파열로 부분적으로 녹아내리면서 대량의 핵연료가 외부로 누출됐던 돌발사고였다.[2] 인근 주민 10만여 명은 공황상태에 빠져 일시에 도망치듯 빠져나갔다. 이 사고는 국제핵발전소사고등급(INES)의 7단계 중 5등급인 '시설 외부로의 위험사고'로 등재되었다. 쓰리마일섬 핵발전소사고는 세계 각국의 핵산업 전반에 끼친 영향이 컸으며, 핵발전의 안전성 논란이 거세지는 계기가 되었다. 그때까지 가장 오염이 없고 비용이 적게 드는 청정에너지원으로 각광받던 핵발전이 불확실성 시대의 대명사가 된 계기적 사건이었다. 핵발전에 대한 공중의 공포나 불신은 증대했으며 새로운 핵발전소 건립을 반대하는 공중의 반핵운동도 활력을 얻었다. 여론은 핵발전소사고에 의해 강하게 영향을 받았다.[3] 당시 미국은 129개 핵발전소의 건설계획이 승인을 받은 상태였지만 이미 짓고 있던 53개 발전소만 건설이 계속됐을 뿐 나머지 계

2) 미국 대통령 쓰리마일섬 사고 조사특별위원회의 보고서(Kemeny Report)는 경수형 핵발전기술의 불완전함, 규제행정의 결함, 방재계획의 결여 등을 사고원인으로 지적했다.

3) 핵발전소사고 전에는 미국인의 30% 이하가 핵기술에 대해 부정적인 태도를 가지고 있었지만 사고 후에는 40% 이상으로 상승했다(Jasper, 1988).

획은 취소되었다.

체르노빌 핵발전소사고는 원자로폭발로 인한 방사성 강하물이 우크라이나와 벨라루스, 러시아 등에 떨어져 심각한 방사능오염을 초래한 돌발사고였다. 사고 직후 소련정부의 대응 지연에 따라 피해가 광범위화되어 사상 최악인 7등급의 '대형재난'이 되었다. 누출된 방사능의 총량은 약 5.3 엑사베크렐(EBq 10^{18})로 추정되며 핵물질의 방출이 5월 중순까지 계속됐기 때문에 기상조건, 특히 풍향을 따라 핵물질이 동유럽 전역으로 확산되었다. 폴란드, 독일, 네덜란드 등에서는 우유의 판매·음용제한, 채소의 섭취 금지조치 등이 취해졌다. 사고원자로는 온도·압력·방사능 차원에서 각종 센서를 갖춘 콘크리트 구조물로 덮여 매장됐고 반지름 30km 지역에 제염작업도 추진되었다. 핵발전소 반경 약 30km 지역은 지금까지도 인간의 접근이 통제된 구역으로 남아 있다.

체르노빌 핵발전소사고는 방사능 구름이 유럽대륙의 절반에까지 미쳤던 대규모 재난이었기 때문에 세계 미디어의 주목을 받았다. 유럽 국가들은 핵물질의 피폭을 피해 가급적 집안에 머물 것을 권고했다. 유럽인 수백만 명은 스스로 사고 당사자로 여겼고, 그에 따라 핵발전의 위험에 대한 공중의 인식이 크게 증가했다. 핵발전 찬성 측 단체와 반대 측 단체가 공중의 의견을 자기 쪽으로 유인하기 위해 많은 노력을 기울였다. 환경단체와 반핵단체들은 정부가 기존의 핵발전소를 폐쇄하거나 신규 핵발전소 추진계획을 백지화하는 데 결정적 역할을 했으며, 특히 독일과 스웨덴에서는 녹색당이 체르노빌 핵발전소사고를 계기로 연방의회에 진출하거나 의회 내 세력을 형성해 탈핵발전소를 결정하는 데 주도적 역할을 했다. 미국과 다른 유럽 국가들도 탈핵을 표방하면서 신규 핵발전소의 건설을 포기했다.

체르노빌 핵발전소사고를 계기로 반핵운동은 핵전쟁의 위해에 대한 저항에서 벗어나 위험의 관점에서 접근하는 탈핵운동으로 전환하였다. 그린피스는 활동영역을 핵발전 반대, 방사성폐기물 해양투기 저지, 해양오염

방지 등으로 확대했고, 독일에서는 빌 반핵운동 과정에서 탄생한 분트(BUND)가 로비 및 캠페인을 통해 방사능오염 저감과 에너지 효율화, 재생에너지 확대를 정치 쟁점화하고 핵발전 반대시위를 조직화했다. 이에 따라 유럽에서는 핵발전소 폐쇄 논의가 본격화되면서 공중은 에너지원의 근본적 전환을 요구하고 나섰다. 풍력, 태양광, 바이오매스 등 재생에너지 기술개발에 대한 공중의 요구가 커졌다. 핵발전소는 이제 폭발사고가 일어날 확률은 비교적 낮지만 그것이 언제 어디서 어떻게 일어날지 전혀 예측할 수 없는 불확실성을 내포하고 있는 위험으로 인지되었다. 정부와 핵산업계는 핵발전의 위험은 안전하게 통제할 수 있으며, 낮은 발전단가에 의해 에너지비용을 낮출 수 있으므로 산업계와 일반 소비자에게 모두 유리하다는 입장을 고수했다. 이에 따라 핵발전의 위험과 안전, 경제적 이익과 비용을 놓고 핵발전 찬성 측과 반대 측의 입장이 대립했다. 1986년 8월 녹색당과 반핵단체는 즉각적인 핵발전소 폐쇄를 주장했고, 사민당도 입장을 바꾸어 핵발전소를 10년 간에 걸쳐 단계적으로 폐쇄한다는 입장을 천명했다. 독일 내 신규 핵발전소 건설은 전면 중단되었다.

핵산업계는 쓰리마일섬 핵발전소사고와 체르노빌 핵발전소사고 등으로 인해 큰 타격을 입었다. 그러나 핵발전소를 표방했던 선진 각국, 그리고 중동과 아시아의 신흥경제 국가들은 2000년대 들어 지난 20여 년 동안 특별한 돌발사고가 없었던 데서 오는 과학기술의 통제력에 대한 신뢰에서 급격한 경제성장에 따른 전력수요 급증과 화석연료 가격 상승, 기후변화에 따른 CO_2감축압력 등의 환경변화에 대응해 핵발전소를 재도입하는 방향으로 선회하고 있었다. 2006년 미국이 새로운 원자로와 핵연료사이클을 국제적으로 공동연구 · 개발하자는 지구핵에너지파트너십(Global Nuclear Energy Partnership)을 제안하고 신규 핵발전소 건설에 대한 재정적 지원정책을 발표한 것이 기폭제가 되었다. 또한 개발도상국에는 경제성장에 따른 에너지수급의 불안정성을 해결하기 위해 핵발전소가 어쩔 수 없이 필요하다는 인식이 지배하고 있었다. 매장량의 한계를 드러내고 있는 화석연료와 그에 수반한 지속적인 고유가도 에너지 위기를 고조시키고 있었다. 그리고 기후변화협약에 따른 온실가스 감축의무도 핵발전소를 최선의 대안으로 인식하도록 만드는 데 일조했다. 그 결과 부존자원이 없는 국가뿐만 아니라 독일을 비롯해 미국, 영국, 이태리, 스위스 등 핵발전소를 포기했던 선진 각국도 핵확산을 거부할 수 없는 시대적 흐름으로 간주하고 핵발전소 건설을 서둘렀다. 세계핵협회(WNA)는 2009년에 "2030년까지 44개국에서 핵발전소 417기가 추가 건설될 것"이라고 발표했으며, 이른바 '원전 르네상스'가 도래했다.

이런 핵산업계의 부활 움직임 속에서 터진 후쿠시마 핵발전소사고는 첨단기술에 기초한 '원전안전 신화'에 경종을 울리고 핵발전의 안전성에 대해 세계가 다시 한 번 근본적인 의구심을 가지는 계기가 되었다. 궁극적으로 핵발전의 위험은 가동중단에도 불구하고 가동을 중단할 수 없는 데 있음을 후쿠시마 핵발전소사고는 현재 진행형으로 보여주고 있다. 원자로가 완전히 정지해도 원자로 안에 남아 있는 핵분열 형성물의 붕괴는 계속되고, 이 붕괴열을 제거하기 위해서는 정지 후에도 지속적으로 냉각수가 공급되어야 한다. 후쿠시마 핵발전소는 큰 지진해일이 덮치면서 모든 전원을 잃고 비상노심냉각장치(ECCS)와 냉각수순환체계(RCIC)가 작동불능 상태가 되면서 냉각기능을 상실했다. 작동불능 후 4일 간에 1~3호기 원자로 내 핵연료봉 대부분이 녹아내려 압력용기와 그 바깥을 감싸고 있는 격납용기까지 손상되었다(Spiegel, 2011/06/01). 초기대응의 지체와 부적절한 대응으로 핵발전소는 통제불능의 상태로 들어가 한달 사이에 5등급에서 최고단계인 7등급으로 높아졌다. 복수 원자로의 동시사고가 장기화되면서 핵재난은 언제 끝날지 아무도 알 수 없게 되었다. 2011년 말 냉온정지 상태에 이르렀고 2014년부터 사용후핵연료 추출에 들어가 10년 후에나 노심용융 연료봉 추출에 들어갈 것으로 전망하고 있지만, 스트론튬90과 세

슘137 등의 방사성물질로 오염된 냉각수가 매일 400톤씩 추가로 발생해 위험수위를 높이고 있다. 게다가 사고원자로의 안정적 수습과 완전밀봉까지는 수십 년이 걸릴 것으로 예상되고 있다. 그동안 핵물질이 계속 외부로 유출되는 전대미문의 사태가 현실화되고 있다. 이에 따라 핵발전소 반경 20km 이내 경계지역은 적어도 20년 이상 장기간 출입금지 지역으로 남게 되었다.

후쿠시마 핵발전소사고 이후 어떤 국가는 현세대의 이익을 위해 미래세대의 건강과 생명을 위협하는 것이 옳은가 세대 간 형평성 문제를 제기하는가 하면, 또 다른 국가는 산업에너지 공급의 안정성과 CO_2 감축에 근거한 공동체 전체의 이익을 강조하며 핵발전을 밀어붙이고 있다. 독일, 스위스, 이탈리아, 스페인, 벨기에 등은 핵발전소 위험의 통제 불가능성을 들어 목표연도를 정하고 핵발전소의 단계적 폐쇄 혹은 신규 핵발전소의 건설계획 포기를 결정했다. 독일정부는 '안전한 에너지공급을 위한 윤리위원회'를 구성해 원자로 수명연장과 탈핵정책에 대한 전면 재검토를 했고, 2022년까지 핵발전소를 모두 폐쇄하기로 공식선언했다. 그것은 체르노빌 핵발전소사고 이후 조성된 재생에너지산업의 발전에 기반한 결정이었다. 재생에너지산업의 확장은 핵발전을 대체할 수 있는 규모에 이르러 탈핵운동에 대한 사회적 지지를 높여주었다. 하지만 한국과 러시아는 재난(위해)을 대응 가능한 것으로 간주해 핵발전의 확장을 결정하고 있다.

탈핵운동은 큰 틀에서 보아 몇 가지 점에서 반핵운동과의 차이를 보여주고 있다. 첫째로 반핵운동이 핵무기와 핵발전을 둘러싼 현재의 위해에 대한 거부에 있었다면, 탈핵운동은 미래세대 및 자연과의 공존을 고려한 핵에너지의 잠재적 위험에 대한 통찰에 있다. 반핵운동은 핵무기나 핵발전 과정에서 발생할 수 있는 핵폭발이나 방사능 누출, 그리고 방사성폐기물 처분과정에서 발생할 수 있는 방사능 누출이 인간의 건강과 생태계에 엄청난 파괴적 영향을 가져온다는 점에 주목했다. 그에 반해 탈핵운동은 핵폭발사고는 물론, 대형사고 없이 핵발전이 이루어지더라도 핵폐기물의 위험이 미래로 확대되어 간다는 데 주목한다. 현세대가 핵발전을 포기한다 하더라도 미래세대는 장구한 세월에 걸쳐 핵폐기물의 위험을 떠안게 된다는 것이다. 따라서 핵발전을 계속한다는 것, 더 나아가 확대한다는 것은 미래세대, 미래의 생명을 죽음과 파멸로 몰아넣는 폭력행위라고 간주한다.

둘째로 반핵운동이 항의의 이유를 완벽한 안전의 보장에 두었다면, 탈핵운동은 통제불가능한 위험을 통제하려는 역설에 둔다. 이에 따라 반핵운동이 과학기술과 합리화된 관리체계로 핵의 위험을 어느 정도 통제가능하다고 보았다면, 탈핵운동은 인류의 절멸, 생물종의 멸종이라는 치명적인 위험으로 간주한다.

셋째로 반핵운동의 목적이 어떠한 형태의 핵이든 그 이용을 저지하는 데 있었다면, 탈핵운동은 핵에너지에 대한 대안과 탈피를 모색하는 데 있다. 반핵운동이 핵에너지의 군사적 · 상업적 이용을 저지하는 운동을 포괄하였다면, 탈핵운동은 핵발전소의 단계적 폐쇄와 재생에너지로의 능동적인 전환을 추진하는 운동이다. 따라서 반핵운동이 핵발전 중심의 중앙집중식 대규모 전력체계와 에너지 과소비형 산업구조와 생활양식을 문제 삼지 않았던 데 반해, 탈핵운동은 지방 분산적인 소규모 재생에너지 체계로의 전환과 에너지 절약, 산업용 에너지의 효율화 등의 실천을 핵심 과제로 삼는다.

넷째로 반핵운동이 지역에 토대를 둔 전형적인 NIMBY운동이었다면, 탈핵운동은 전 지구적, 전국적인 연결망에 기초한 전 지구적 차원의 탈핵실현운동이다. 따라서 반핵운동이 지역 주민의 건강과 재산상 손실에 주목했던 데 반해, 탈핵운동은 에너지 소비처인 산업도시와 핵발전소 소재지인 농촌 간 불평등의 해결, 참여민주주의의 확대를 필연적으로 내포한다.

3. 핵발전 확대정책과 낮은 수준의 반핵운동

민주화 이후 한국은 국가가 주도하던 결정의 확실한 기반이던 이른바 '압축적 근대화'의 조건들이 해체되고 세계화와 지식경제로의 전환이 급격히 진행되고 있다. 외연적으로 성장하는 기능체계들의 재귀적인 작동, 즉 체계 합리화에 따른 불확실성을 해소하려고 내린 수많은 정치적 · 행정적 결정, 경제적 결정 혹은 과학발전과 기술혁신 등의 중첩된 결정들이 오히려 위험을 체계적으로 재생산해 낸다는 통찰이 기존의 대증요법 대신에 그 원인이 되는 근대성에 대한 자기성찰을 요구하고 있다. 국가관료에 의한 각종 정책결정과 '위로부터의' 집행, 점점 더 긴밀해지는 과학과 기술의 결합이 만들어 낸 '인위적 불확실성'의 상황에서 국가에 대한 신뢰는 결정절차의 공정성과 정부당국의 신뢰가능성, 즉 평소 행하는 각종 운영조직의 위기관리 능력에 대한 신뢰와 결부된다(노진철, 2010). 물론 정부당국과 국가안전보장회의(NSC), 원자력안전위원회, 소방방재청 등의 감시 · 감독기관은 핵발전 위험의 관리와 통제에 관한 엄밀한 조건을 행정규칙과 법규범으로 규정하고 있다. 그러나 각종 위험의 감시와 관리가 법적 · 제도적으로 구축되어 있는 근대국가에서 바로 핵발전소사고, 전쟁, 테러 등 쉽게 통제하지 못하는 재난이 일어난다는 역설이 발생한다. 지구적 재난이라는 최후의 대재앙에 대한 사후관리 계획은 존재하지 않는다.

최근 인위적 불확실성의 양적 팽창에 대한 공중의 민감성이 증대하고 있다. 이런 민감성의 이면에는 한편으로 과거 권위주의적 관료행정의 임의적인 결정과 집행, 경제력의 수도권 집중과 경제적으로 낙후된 지방 간 격차 심화, 고용불안정과 사회적 양극화, 과도한 물질적 가치의 지배 등에 대한 자기성찰이 깔려 있다. 다른 한편으로 공중은 재앙과 부정의를 자신의 통제 밖에 있는, 어쩔 수 없는 불행이나 위해로 받아들이기보다 국가와 기업, 전문가집단이 내린 결정에 따른 위험에 자신이 노출된 것으로 받아들인다. '압축적 근대화'에 대한 재평가는 삶의 질과 관련해 공중이 스스로 결정에 참여해 재조종하는 사회의 자기성찰에서 비롯되고 있다. 하지만 민주화 이후에도 공중은 그들대로 국가개입의 반대급부인 도덕적 해이로 말미암아 재난이 발생할 때마다 스스로 해결하려는 자발성보다는 정부에 대책을 요구하거나 피해에 대한 정부, 기업의 보상을 요구하는 대증요법을 당연시한다. 공중은 산업화 과정에서 당장 필요한 에너지를 핵발전으로 충당하는 것이 미래에는 가공할 재난을 초래할 수도 있다는 사실을 핵발전소 사고를 통해 알고 있다. 그런데도 그들은 에너지나 물건을 낭비하는 기존의 생활방식이나 자신들의 결정이 당면한 불확실성과 위험의 원인인데도 그것을 바꿀 생각을 하지 않는다. 정책결정자들도 더욱 시급한 관심사에 밀려 이들 위험을 한편에 제쳐두기 일쑤이다. 자발성을 결여한 공중은 핵발전의 재난이 일어나지 않도록 하는 데, 또한 일어난 핵발전의 위해에 대처하는 데 국가가 위험에 노출된 당사자인 자신들보다도 더 큰 책임을 지고 있다고 여긴다. 그 결과 국가에 대한 신뢰는 여전히 확보되지 못하고 있거나 핵발전의 위험상황에 노출될 때마다 중단된다.

방사성폐기물처분장(이하 방폐장) 입지정책은 1989년 이후 아홉 차례에 걸쳐 시도됐지만 매번 반핵 · 환경단체의 궐기대회, 격렬한 반대시위, 국도 점거농성 등 주민들의 격렬한 저항에 부딪혀 철회해야 했다(노진철, 2004). 중·저준위 방사성폐기물은 전문가의 입장에서는 확실한 해결책이 있는 비교적 간단한 문제다. 하지만 방폐장이 들어설 후보지역의 주민들은 이 문제를 전혀 다르게 생존을 위협하는 위험시설로 인지했다. 방폐장 입지문제와 관련해 만족할 만한 해결책은 없었다. 주민들은 이를 추진하는 행정관청과 사업자인 한국수력원자력, 이들의 자문 역할을 하는 과학자들을 근본적으로 불신했다(노진철, 2006).

방폐장 입지정책의 수용성 조사(조성경, 2003)는 한국수력원자력과 핵전문가, 관할관청의 직원은 방사성 질료에 대한 친숙성과 통제조직에 대한 신뢰에서 처분장의 안전에 대해 확신하고 있었으며 잠재적인 위험도 거의 없는 것으로 평가했다. 그 반면에 주민들은 방폐장 설치의 시급성은 인정했지만 처분장을 핵발전소보다 더 위험한 것으로 인지했다.[4] 주민들은 인체에 치명적일 수 있는 방사능 덩어리가 집주변에 존재한다는 사실 자체에 불안해했다. 문외한인 그들은 방폐장이 핵발전소보다 안전하다는 전문가들의 말을 신뢰하지 않았으며, 안전을 약속하는 정부에 대해서도 신뢰하지 않았다(노진철, 2004).

신뢰가 통상 근거 없는 믿음을 의미한다면, 확신은 경험과 명증성에 근거하는 모든 가능한 것에 대한 믿음을 의미한다. 신뢰와 확신의 구별은 핵발전의 수용에 대해 심도 깊은 논의를 할 수 있는 관점을 제공한다. 확신은 객관적 상황에서의 취약성, 즉 상대방 행위의 결과로 인해 손해를 입거나 실망할 수 있는 형식적 가능성은 존재하지만 그와 관련해 불확실성, 즉 누가 언제 어떻게 손해를 입을지 무지한 경우이다. 확신은 객관적 상황이 믿는 사람들로 하여금 정보를 제약해서 믿지 않을 수 없도록 하는 경우에 나타난다. 기술혐오는 여기서 논의의 대상이 아니다. 국가가 거대한 규모의 재정적 뒷받침을 하는 핵발전 기술개발이 공적 논쟁의 대상이 되면서 사회적 신뢰가 중요한 역할을 한다. 따라서 공중이 핵발전 기술 그 자체에 대해서는 확신을 하면서도 그 기술에 연루된 행위자들에 대해선 불신을 하는 것이 전혀 모순된 일은 아니다.

플라우스(Scott Plous)는 핵발전소에서 일어난 돌발사고의 성공적 극복이 기술에 대한 인지에 어떤 영향을 미치는지를 조사했다(Plous, 1991). 결과는 핵발전 찬성자와 반대자가 동일한 정보에 근거하면서도 반대되는 결론에 이른다는 것을 보여주었다. 찬성자는 돌발사고에 대한 보고서를 읽은

---

4) 일반인도 처분장의 안전에 대해 고졸 이하(63%)든 대학재학 이상(50%)이든 모두 핵발전소보다 더 불신하였다(성균관대 서베이리서치센터, 2003: 30).

후에도 장래 파국이 올 개연성을 낮게 평가했다. 그들은 핵발전소의 원자로가 안전시스템의 작동으로 자동정지된 것에 주목했으며, 결과적으로 파국의 위험은 낮은 것으로 평가했다. 안전시스템에 대한 그들의 확신은 돌발사고의 성공적 극복의 확인에 의해 오히려 강화되었다. 그에 비해 핵발전 반대자들은 돌발사고의 보고서를 읽고서 장래 핵발전이 '심각한 사고'가 일어날 개연성을 여전히 갖고 있는 것으로 분류했다. 이들은 우선 돌발사고가 일어날 수 있다는 사실에 주목했다. 양쪽은 주어진 정보에 대한 자신의 입장에 걸맞은 해석을 통해 애초에 인지적 불협화음이 일어날 가능성을 막았다.

실제 재난은 핵발전의 위험인지에 어떤 영향을 미칠까? 우리는 이전에 없던 새로운 재난을 우리의 신념과 일치하게 해석하고 있지는 않은가? 파국적인 재난 이후 관찰되는 반핵여론의 비등은 우선 핵발전소사고 전에 모호한 상태에 있던 사람들이 확고한 신념을 형성하는 데 기여했다. 그러나 핵발전소사고 이전 핵에너지에 대한 신뢰가 컸던 사람들은 핵발전소사고를 오히려 자국 핵발전소의 안정성을 확인하는 계기로 해석했다. 아이저 등(Eiser, Spears, and Webley, 1989)은 영국의 핵발전소 주변에 사는 주민을 상대로 체르노빌 핵발전소사고 이전과 이후에 핵에너지에 대한 태도와 의견을 조사했다. 그들은 돌발사고가 에너지원에 대한 태도에 과연 영향을 미치는지에 관심이 있었다. 설문조사 결과는 첨단기술에 대한 태도가 얼마나 안정적일 수 있는지, 또 새로운 정보가 얼마나 영향을 미치지 못하는지를 보여주었다. 사고 후 공중은 핵에너지에 대해 부정적으로 평가했지만, 확인된 태도 변화는 상대적으로 미약했다. 처음에 공중은 방사능으로 인한 죽음의 두려움에서 핵발전의 위험에 대해 놀랐다. 대중매체가 사고에 대해 상세한 보도를 하면서 유럽의 절반이 방사능 피해를 입었다는 사실이 알려지자, 마침내 공중은 이를 허용한 전문가집단과 정부의 한계에 놀라움을 드러냈다. 그러나 돌발사고가 어떻게 해석되는지를 결정한 것은 핵에너지에 대한 공중의 태도였다. 핵발전 반대자들에게 돌발사고는 이 첨단기술이 전문가에 의해 계산된 가공할 위험과 연결되어 있다는 증거였다. 하지만 핵발전 찬성자들은 이 돌발사고를 완전히 다르게 해석했다. 그들은 사고를 고립된 사건으로 관찰했다. 사고는 단지 핵발전소 운영에 미숙하고 엉성한 기술자들을 가진 러시아에서 일어났던 것이고, 유럽에서는 그에 견줄 만한 거대사고가 없었다는 것이다. 공중은 핵발전소 폭발사고를 자신의 편견 및 확신과 일치하는 방식으로 해석했다.

후쿠시마 핵발전소사고 이후 한국에서도 유사한 상황이 다시 한 번 확인된다. 후쿠시마 핵발전소사고 8개월 후 일반인을 상대로 한 핵에너지에 대한 설문조사에서 절반이 한국형 핵발전소는 안전하다고 대답했다(과학기술정책연구원, 2011). 공중은 정부의 안전조치와 안전진단 결과에 대해 반신반의하면서도 정부의 핵발전 확대계획에 대해 긍정적인 반응을 보였다.[5] 하지만 정부의 안전조치와 안전진단 결과에 대해서는 거의 신뢰하지 않았다.[6] 공중이 정부의 안전대책을 신뢰하지 않으면서도 이처럼 정부의 핵발전 확대정책을 수용하는 이유는 어디에 있는가?

복잡한 쟁점을 다루는 경우 문외한인 공중은 관계 당국과 위험관리 및 위해평가를 담당하는 공식적 전문가가 제공하는 정보에 의존할 수밖에 없다. 그런데 공중의 과학적 소양은 보잘것없고 관계 당국에 대한 정보는 부족하다. 따라서 그들은 관계 당국에 대한 신뢰 여부를 사사로운 기준에 의해 상식수준에서 결정했다. 정부는 이번 사고의 원인을 일본형 비등수형 원자로에 귀속시키면서 한국형 가압식 원자로가 핵산업시장에서 신뢰를

5) 정부의 대응조치에 대해 일반인의 38.2%가 '미흡하였다' 고 응답했으며, 이보다 적은 36.1%가 '적절하였다' 고 응답하였다. 정부가 발표한 안전진단 결과에 대해서도 '신뢰한다' (34.9%)는 응답과 '불신한다' (31.0%)는 응답 비율이 비슷하게 나타났다. 정부의 핵발전소 확대계획에 대해서는 46.6%가 '동의한다' 고 응답했으며, 35.2%가 '반대한다' 는 의견을 내놓았다(과학기술정책연구원, 2011).

6) '핵발전소 안전점검 및 이에 따른 신속한 대응 및 조치' 에 대해 23%, '중대사고 발생 시 대피 및 응급복구 체제' 에 대해 12.2%만이 신뢰한다고 평가했다.

받는 계기라고 홍보했다. 일본의 위기가 곧 한국이 세계 3대 핵발전 강대국으로 도약할 수 있는 기회라고 선전했다. 하지만 이미 각국이 핵발전소 건설 계획을 중단하거나 취소했고, 또 각국이 경제위기로 관련 예산을 축소하면서 핵산업시장은 사실상 죽었다. 또한 핵발전 전문가들은 두 방식 모두 나름의 장단점을 지니고 있으므로, 딱 잘라 어느 것이 더 안전하다고 주장할 수 없다는 중립적 입장을 취했다.[7] 그에 반해 환경단체와 반핵단체를 비롯한 핵발전 반대자들은 정부와 핵발전 전문가들을 '핵마피아'로 지칭하며 그들에 대한 불신을 노골적으로 드러냈다. 그들은 후쿠시마 핵발전소사고를 핵발전이 결코 안전을 담보할 수 없는, 위험하고 통제할 수 없는 에너지원이라는 결정적인 증거라고 주장했다. 이처럼 상충되는 정보들이 혼재하는 속에서 후쿠시마 핵발전소사고가 공중의 태도에 미치는 영향은 적었다.

핵발전소사고 이후 방사능에 대한 공중의 과학적 소양은 향상됐지만 그들이 이 쟁점을 과학적으로 다루는 데 한계가 있다는 것 자체는 변하지 않았다. 그리고 실제 정부 당국에 대한 공중의 신뢰는 여전히 낮았다. 결국 공중은 "에너지자원 대부분을 수입에 의존하는 상황에서 핵발전소를 대체할 다른 대안이 없다"는 현실인식에서 기왕 핵발전의 위험을 피할 수 없는 것이라면 "핵산업을 미래의 국가성장 동력으로 육성하자"는 정부의 핵발전 확대정책을 수용하는 모순적인 태도를 보였다. 그 결과 동해안의 낙후지역은 세계에서 유례없을 정도로 핵발전의 위험이 높은 곳인데도,[8] 주민들이 정부에 대한 불신과 경제적 이해관계 사이에서 갈등하는 와중에 지방자치단체들은 추가적인 유치경쟁에 뛰어드는 위험선호의 치킨게임을 벌이고 있다.

---

7) 다만 가압형은 방사능물질 유출을 막는 벽이 하나 더 있어서, 이 부분만 일정 정도의 우위를 보일 수는 있다고 본다.

8) 현재 가동 중인 핵발전소 23개 중 17기와 건설 중이거나 계획 중인 11기 등 총 28기가 동해안에 밀집해 있다.

한국의 반핵운동은 서구와 달리 여전히 자신들의 거주지역에 위험물의 입지를 반대하는 NIMBY 성격의 주민운동이면서, 동시에 경제적 이익의 우월성에 의해 쉽게 와해되는 낮은 수준의 저항운동이다. 방폐장 입지선정 과정에서 나타난 주민들의 저항은 전형적인 NIMBY로서, 정부가 특별법 제정으로 각종 보상과 재정지원 등에 대한 행정집행의 불확실성을 해소하자, 과거 저항했던 후보지역들이 오히려 방폐장 유치경쟁에 나서는 역설적인 상황이 벌어졌다. 방폐장 입지선정은 1990년 안면도를 시작으로 1991년 안면도, 고성, 양양, 울진, 영일, 장흥 등 6개 지역과 1993년 울진, 영일, 장흥 등 3개 지역에서, 2002년 울진, 영덕, 고창, 영광 등 4개 지역, 2003년 부안에서 주민과 반핵단체들의 격렬한 저항에 부딪혀 실패로 돌아갔었지만, 2005년 정부가 보상의 제도화를 통해 경제적 이익을 보장하자 월성, 영일, 영덕, 군산 등 4개 지역이 오히려 유치경쟁을 벌여 주민투표에 의해 주민 88.2%가 찬성한 월성으로 낙착되었다. 이런 낮은 수준의 반핵운동 탓에 한국정부는 체르노빌 핵발전소사고 이후에 오히려 서구의 핵산업계가 위축된 틈새를 노려서 '원전기술자립계획'(1987)을 세우고 캐나다와 캔두형(CANDU) 원자로 4기 도입과 핵협력협정을 체결하는 등 본격적인 한국형 원자로 개발에 나서는 핵발전 확대전략을 구사했다. 체르노빌 핵발전소사고 이후에도 15기의 핵발전소가 추가 건설되었고, 5기가 건설 중에 있으며 6기가 현재 건설준비 중이다. 핵발전소는 동해안과 서해안의 낙후된 지역인 울주, 월성, 울진, 영광에 지역발전에 대한 기대 속에 계속 추가되어 설치되었다. 핵발전소 반대 측은 지자체의 재정확충과 대다수 주민들의 보상극대화에 대한 기대에 눌려 힘을 얻지 못했다. 후쿠시마 핵발전소사고 이후 실시된 신규 핵발전소 부지선정과정에서도 2개 지역 선정 공모에 울진, 영덕, 삼척 등 동해안 3개 지역의 지자체가 지원해 유치경쟁을 벌이고 있다. 이에 조응해 경북도는 핵산업 전진기지로서 '동해안 원자력클러스터' 조성사업을 추진하고 있다.

정부의 에너지정책은 국가 차원의 집중적 지원을 통해 핵발전을 미래 전략산업으로 유도하는 것뿐 아니라 수출경제의 활성화에 지향된 산업용 전기의 안정적 공급보장에 맞추어져 있다. 핵발전의 비중은 발전량 기준으로 2008년 현재 36%에서 2030년 59%까지 확대된다. 즉, 정부의 녹색성장정책은 '지속가능 발전'을 표방하면서도 실질적인 환경문제와 빈곤탈피, 세대 간 형평성의 동시적 해결을 지향하고 있지는 않다. 따라서 빈곤이 해소되지 않은 상황에서 사람들은 장기적 공동목표인 환경보호보다는 당장 빈곤에서 벗어나는 문제, 불평등한 분배문제에 더 신경을 쓸 수밖에 없다. 빈곤의 위험에 장기적으로 노출되어 있는 낙후된 지역주민들은 빈곤을 극복하기 위해서 어쩔 수 없이 자기 집 앞마당에 핵발전소를 유치하는 강요된 위험선택을 하고 있다. 핵발전 중심의 에너지정책이 동해안과 서해안의 핵발전소 단지 주변의 낙후된 지역주민들이 빈곤을 탈피하기 위해 핵발전의 위험을 알면서도 유치경쟁에 지속적으로 나서는 모순된 구조를 만들어 내고 있다. 그 결과 한국의 반핵운동은 탈핵운동으로 전환되지도 못했을 뿐만 아니라 빈곤에 근거한 구조적인 취약성을 드러내고 있다.

4. 핵발전에 대한 신뢰와 불신의 차이

일상생활에서 우리가 처리해야 하는 정보들은 다양하고 복잡하며 서로 모순되는 경우가 많다. 대부분의 경우 긍정적 속성뿐만 아니라 부정적 속성, 혹은 이득이나 손실이 함께 공존한다. 따라서 인지심리학의 위험연구로부터 개인에 대한 신뢰에서 실제로 부정적 정보가 긍정적 정보보다 더 큰 비중을 차지한다는 명제를 직접 도출할 수는 없다. 이에 슬로빅(Slovic, 2008: 370 이하)은 어떤 사건들이 핵발전소 운영에 대한 신뢰에 영향을 미치는지를 조사했다. 그는 소통이 신뢰를 증진시키는 긍정적 사건보다 신뢰를 깨는 부정적 사건에 더 집중된다는 사실을 밝혀냈다. 발전소 내부의 기록위조, 불량부품의 사용, 술 취한 직원, 원자로 냉수로 삽입관 균열문제의 은폐 등은 핵발전소 운영에 대한 신뢰에 강한 충격을 주었다. 그에 반해 신뢰증진을 위한 조치인 누출사고 시 주민소개 매뉴얼, 위급훈련 실시, 일반인 대상 발전소 시찰프로그램 운영 등은 핵발전소 운영에 대한 신뢰를 형성하는 데 별다른 영향을 미치지 못했다.

핵발전 혹은 핵폐기물과 관련해 재난, 위해를 경고하는 데 부정적 정보는 긍정적인 정보보다 더 큰 비중을 차지한다. 주민들에게 핵발전 혹은 핵폐기물이 어떤 위해도 없다는 것을 밝히기란 쉽지 않다. 많은 주민들이 정보제공자에 대한 신뢰와 관계없이 이런 긍정적인 정보는 잘 신뢰하지 않는다. 이런 정보의 비대칭적인 비중은 우리가 왜 새로운 위험들에 점점 더 둘러싸인다는 인상을 갖는지에 대한 좋은 설명이 될 수 있다.

어떤 사건이건 내적 이유, 외적 이유 혹은 둘 다 책임이 있을 수 있다. 무엇에 책임귀속이 이루어지는가는 소통상황에 따라 달라진다. 사람들은 성공한 사건이 자신에게 관계된다면 대부분 자기책임으로 돌린다. 성과는 자신의 능력 혹은 노력과 같은 내적 요소로 설명된다. 그에 반해 실패에 대해서는 흔히 어려운 상황, 불운과 같은 외적 요인에 책임을 돌린다. 그러나 당사자인 자신이 아니라 다른 사람이 판단한다면 사건은 어떻게 보일까? 특수폐기물 하치장의 운영과 관련된 실험에 따르면, 사람들은 긍정적인 결과보다는 부정적인 결과에 대해 더 운영상의 책임을 묻는다(Siegrist, 2000). 긍정적 사건의 경우 그들은 특정 인물 혹은 외적 요소에 책임을 돌리며, 하치장이 운 좋게 운영에 성공한 것으로 간주한다. 하지만 부정적 사건에서는 그들은 하치장이 운영상 필요한 조치를 제대로 취하지 않는다는 인상을 갖고 있다. 이런 사람들의 비대칭적인 태도에 근거해 여론의 신뢰를 받는다는 것이 얼마나 어려운 과제인가를 알 수 있다.

정치적 민주주의가 성숙한 시민사회에서도 신뢰를 구축하기는 어렵고,

파괴된 신뢰를 재구축하는 데는 많은 시간과 노력이 필요하다. 이런 신뢰의 구조적 취약성에 대한 강조는 불신을 지시한다. 자아와 타자의 이질성에 기인하는 불신은 현대사회의 근본적 특성인 재귀적 태도로 파악될 수 있다. 바야흐로 체계에 대한 불신은 체계에 대한 일상적인 신뢰상실과는 구별되어야 한다. 신뢰는 일반적으로 체계에 대한 불신이 초래되지 않고도 상실될 수 있다. 또한 신뢰는 과거 상호작용의 역사에서 총체적으로 형성된 신뢰가 제대로 작동하지 않더라도 상실될 수 있다. 특정 조직의 행위자로서 개인이나 상황, 특정 상호작용의 유형과 관련해 부정적인 경험이 미래에도 반복될 것이라든가, 벌써 반복되고 있다는 기대나 추측이 확고하다면, 언제나 한결같이 불신이 모습을 드러낸다(Zucker, 1986: 59).

이러한 맥락에서 루만(Luhmann, 1968: 78 이하)은 불신을 신뢰와 동일한 차원에서, 단순히 반대 극을 대변하는 신뢰상실과는 달리, 신뢰의 기능적 등가 현상으로 볼 것을 제안한다. 신뢰와 불신은 질적으로는 다르지만 모두 외부로부터 주어진 정보나 복잡한 상황을 단순화시키는 기능을 한다. 신뢰는 불신과 마찬가지로 확실성을 담보하는 결정을 내리기에는 지식이 너무나 부족한 상태에서 작동한다. 즉, 불신은 신뢰와 동일하게 상세한 이유, 합리적 근거를 따지기에는 기대할 것이 별로 없는 상황에서 작동한다. 사실 정부에 대한 공중의 불신은 고위직 관료의 권위주의적 행태에 대한 개인의 신뢰상실에서 비롯된다기보다는, 공중의 의견이 정책의 수립 혹은 결정 과정에서 구조적으로 배제되는 상황에서 비롯된다. 과거 권위주의 정부가 지배하던 시절에는 공중이 통상적으로 고위직 관료들의 정책결정에 대해 무조건 인정하는 태도를 취했다. 그러나 민주화 이후 여론이 정책결정과정에서 상당한 비중을 차지하게 되면서, 공중은 자신들의 이해관심과 상반되거나 불안을 야기하는 정부정책이나 국책사업에 대해서는 단호히 거부하고 있다. 정부가 갈등 당사자인 공중을 공권력으로 강압하는 등 적대적으로 대하는 경우 공중에게 불신은 집합적인 연대를 용이하게 하는 저항 전략으로 기능한다(노진철, 2004).

신뢰와 불신의 비대칭성은 핵발전에 대한 인식과 소통도 기능체계에 대한 신뢰만큼이나 쉽지 않다는 통찰에 이르게 한다. 확률적 위험에 제한된 기술적 위험평가는 핵발전에 대한 공중의 위험인지와 위험수용에 그다지 영향을 주지 못한다. 위험관리를 포함해 모든 사회관계는 신뢰에 더 크게 의존한다. 방폐장 입지정책은 신군부정권부터 문민정부, 국민의 정부, 참여정부에 이르는 보수정부 혹은 진보정부가 제각기 전략적으로 추진했지만 불신의 벽에 부딪혀 실패했다. '위로부터의 결정'을 일방적으로 추진하던 정부는 핵폐기물의 불확실성과 위험을 무시한 결정에 대한 주민들의 분노와 거부, 핵관련 전문가집단에 대한 불신을 경험했다. 위험관리에서 신뢰는 위험인지에서와 마찬가지로 당사자의 가치판단, 그리고 감정과 관련이 있다. 당사자가 위험관리자를 신뢰하게 되면 소통이 비교적 쉽다. 하지만 신뢰는 일단 잃으면 쉽게 되찾을 수 없다(슬로빅, 2008).

그렇다면 장기간 표류하던 방폐장 입지정책이 4개 지자체가 참여한 주민투표 실시에 의해 돌연히 일단락된 이유는 어디에 있는가? 과거의 입지정책이 관료적 결정에 대한 주민들의 감정적인 거부와 불신을 해소하지 못해 실패했다면, 새로운 입지정책의 성공은 주민들의 자기결정 형식을 통해 절차적 정당성을 확보하고 "방사성폐기물처분시설의 유치지역지원에 관한 특별법" 제정을 통해 한수원 본사이전, 지원금, 지원사업 등에 대한 행정집행의 확실성에 대한 신뢰를 사회구조적으로 확립한 데 있다(노진철, 2004). 방폐장은 방사능 유출의 위험을 안고 있기 때문에, 당사자를 배제한 채 외부에서 그 지역에의 위험시설 입지를 결정하는 것이 주민에게는 부당한 일이었다. 방사능 유출위험의 확률과 피해규모의 과학적 산정이나 위험을 줄이기 위한 안전장치는 그들에게는 부차적인 것이었다. 비록 저항의 원동력은 위험에 대한 원초적 불안에 있었지만, 그 투쟁의 강렬성이나 지속성은 위험한 결정을 당사자들을 배제한 채 외부에서 고위관료와 전문가 주도로 임의적으로 결정한 정부에 대한 불신에서 나왔다. 정부에 대한 불신이 형성되었다고 해서 사람들 상호 간에 불신이 만연했다는 뜻은 아니다. 그것은 엄밀히 말해서 권위주의적인 정부기관에 대한 신뢰의 철회이다. 적어도 주민들은 고위관료와 전문가에 대한 자신들의 저항행동을 생태학적 가치관에 의해 정당화했고, 개인 간의 신뢰는 하락한 것이 아니라 오히려 올라갔다. 따라서 정책결정자에 대한 불신은 정부가 위험결정에의 당사자 참여요구를 정치적으로 수용하자마자 신뢰로 전환되었다.

전문가의 위험평가와 공중의 생명존중 가치 사이의 충돌은 국제원자력기구(IAEA)의 노후 핵발전소 재가동 결정과 그에 대한 주민의 반발에서 드러난다. 중·저준위 방폐장의 부지 선정과 노후 핵발전소 고리 1호기의 수명연장 결정 당시에도 국제원자력기구가 안전점검을 수행했다. 하지만 경주 방폐장 부지는 연약한 지반에 하루 3천여 톤의 지하수가 나오는 문제로 당초 30개월의 공사기간이 세 차례에 걸쳐 연기되며 8년 이상 지났지만 언제 완공될지 불확실해졌다. 2008년 수명연장 결정으로 재가동에 들어간 고리 1호기는 전체 핵발전소 사고 · 고장의 20%가 집중될 정도로 고장이 잦았다. 그 결과 핵발전 안전을 책임지는 국제원자력기구가 그 위험을 문제 삼기보다 핵발전 확장의 지원 역할을 한다는 의혹이 제기됐고, 국제원자력기구에 대한 신뢰는 급격히 하락했다.

사실 핵발전소의 방사능오염과 석면, 화학합성 제품 등에 대한 위험예방조치는 구조되는 인명수를 고려한다면 엄청나게 높은 비용을 지불한다(Ramsberg and Sjöberg, 1997). 재난 상황에서 현존하는 자원이 최적으로 투입된다는 것은 과학적 측면에서도 기술적 측면에서도 불가능하다. 그럴진대 현실에서 구조되는 인명은 예측 가능한 것보다 더 적을 것이다. 그래도 정부는 공중으로부터 안전에 대한 공감을 얻기 위해 위험예방조치가 별 효과가 없더라도 재정적 수단을 계속 투입할 수밖에 없다. 그리고 공중은 크고 작은 사고들을 경험할 때마다 위험예방조치를 항상 불충분한 것으로 간주해 점점 더 민감한 반응을 보이게 된다.

최근의 잦은 핵발전소사고는 그 원인을 지난 40년 동안 핵발전의 진흥과 핵위험의 감시 · 규제를 동일 부서에서 맡는 구조적 결합에 귀속시키게 한다. 핵발전은 정책결정부터 기술개발과 안전 · 감시에 이르기까지 전 과정이 전문지식을 필요로 하기 때문에, 한국은 원자력공학과 출신 인물들이 정부의 핵발전 진흥부서와 감시 · 규제부서, 대학과 핵관련 연구소, 한국수력원자력과 핵발전 설계 · 건설 · 정비 · 안전검사 업체를 모두 장악해 폐쇄적인 연결망을 구축하고 있다. 소위 '핵마피아'가 핵발전의 전 과정을 지배하다보니, 핵전문가들은 이웃나라 일본에서 핵발전소 재앙이 일어났는데도 핵발전의 안전보다 그들 자신의 이익을 내세우거나 보호하는 데 더 관심을 가지고 있었다. 공기업인 한국전력이 독점적 지위를 갖는 핵산업의 원·하청 간 예속관계가 미래의 불확실성을 높이고 있다.[9] 핵기술은 고도의 전문성을 요구하기 때문에, 비록 후쿠시마 핵발전소사고 직후 대통령 직속으로 '원자력안전위원회'가 설립됐지만 공중의 접근이 용이하지 않다. 그 결과 핵발전소의 주요 부품들이 불량품으로 채워졌으며, 중대사고나 관리부실이 발생하더라도 외부로 알려지지 않고 은폐되거나 축소 조작되는 경향이 강하였다.[10] 이것은 발주처인 한국수력원자력부터 시험성적서 승인권한을 가진 한국전력기술과 발급기관인 한국원자력연구원, 성능평가기관, 납품업체에 이르기까지 핵산업 전체가 비리와 관리부실로 만연됐기에 가능한 일이었다.

수만 개의 부품이 들어가는 핵발전소는 단 하나의 부품이 고장을 일으

9) 미국과 유럽은 다수의 민간업체가 핵발전소를 운영하기 때문에 업체 간 경쟁이 비리 등에 대한 견제기능을 한다.

10) 2012년 2월 초 고리 1호기에서 공급전력이 12분간 완전 상실되는 블랙아웃(black out) 사고를 주민들이 밝혀낼 때까지 한국수력원자력은 1달여 간 은폐했다. 2012년 11월 영광 핵발전소 5, 6호기의 품질검증서 위조부품 비리사고가 계기가 되어 원자력안전위원회는 전체 핵발전소를 대상으로 부품조사에 들어갔고, 그 결과 납품업체 20곳이 13,700여 개의 위조부품을 전체 28기 중 23기에 설치한 것으로 확인되었다(「경향신문」, 2013.7.11.).

켜도 연쇄적으로 안전이 위협받을 수 있기 때문에, 핵발전소 위조부품사건이 끊이질 않고 터질 때마다 핵발전의 파멸적 위험에 대한 우려가 증폭되면서 '핵마피아'의 비리사슬의 근절에 대한 요구는 커진다. 불량부품을 걸러내야 할 기관이 되레 부정을 저지른 것으로 드러나면서 핵발전소 안전시스템 전반에 대한 불신은 가중된다. 대부분의 핵발전소가 불량부품으로 가동되는 상황에서 비로소 공중의 불신은 핵발전소의 단계적 폐쇄와 에너지 절약, 재활용에너지의 활성화를 요구하는 탈핵운동의 확산으로 현실화되고 있다.

5. 탈핵운동으로의 전환가능성

핵발전 유치경쟁에 나선 주민들은 현재에서 얻는 이익을 위해 미래에 생겨날지도 모르는 핵발전의 위험을 기꺼이 감수하려고 한다. 그에 저항하는 주민들은 인간을 대상으로 직접 실행할 수 있는 핵발전의 기술적 조건의 결여, 위험성 평가조건의 부재, 위험을 처리하는 제도적 조건의 미비 등으로 인해 최소한의 위해회피를 택하는 NIMBY 성격의 반핵운동의 틀을 벗어나지 못하고 있다. 따라서 반핵운동은 지역적 제한성, 직접적인 위해회피, 빈곤탈피의 범주를 벗어나지 못하였을 뿐만 아니라 정부 및 핵산업계와 갈등상황을 연출하면서 물리적인 충돌로 치달았다. 그에 반해 탈핵운동 세력은 핵발전을 미래세대, 아직 존재하지 않는 미래의 위해에 대한 우려에서, 그래서 과학이 쉽게 무력화시킬 수 없는 우려에서 현실 사회에 가해지는 잠재적 위협으로 간주한다. 탈핵운동은 현재의 결정이 미치는 미래의 결과를 고려하는 것이며, 아직 존재하지 않는 미래의 재난에 준거해 현재의 결정에 영향을 미치기 위해 구성된 소통사건이다. 따라서 공중은 핵발전에 대한 지식이 축적되어 가면 갈수록, 공중은 오히려 미래의 불확실성에 대한 불안에 휩싸인다.

정부의 방폐장 입지선정 정책은 18년 동안 9차례에 걸쳐 '계산된 위험'에 대한 불안을 해소하기 위해 다양한 합리적 조처들을 취했는데도 주민의 불신과 반핵운동에 직면해 속수무책으로 무너졌다. 방폐장 후보지에 대한 환경영향평가는 전문가들도 가치판단으로부터 자유로울 수 없다는 것을 확인시켰다. 부안 주민들은 정부가 보상, 재정지원 등 온갖 약속을 했지만 자신들의 주거지역이 방사능오염의 최종처리장으로 낙인찍힐 가능성이 높은 상황에서 거리시위, 반핵집회, 촛불집회 등을 감행하며 장장 280여 일에 걸쳐 격렬히 저항했다. 주민들의 불안과 불신은 과학기술자와 전문가가 핵물질을 안전하게 폐기할 수 있는 기술을 보유하고 있다고 믿는 신뢰와 강한 대조를 이루었다. 방폐장 입지에 대한 주민 저항요인의 경로분석(최미옥, 1999)에 따르면, 주민들의 높은 불안이 환경단체들의 반핵 주장에 관심을 갖게 했으며 결정을 주도한 정부에 대한 신뢰 하락에 영향을 미쳤다. 그로 인해 정부의 정책수행 능력을 불신한 주민들이 입지를 거부했다. 정부 측의 전문가와 관료들은 후보지 선정이 "확고한 과학적 증거에 기초하여" 결정됐음을 강조했다. 그들은 핵재앙을 경고하는 다른 전문가들보다 핵발전의 기술적 측면을 훨씬 더 낙관적으로 평가했을 뿐만 아니라 위험관리기술에 대해서도 객관적으로 안전하다는 평가를 내렸다. 평가는 과학적 분석을 통해 이루어졌지만 정부 측 전문가와 반핵단체 전문가 사이에 평가가 상반된다는 사실은 과학에 대한 신뢰를 하락시켰다. 비록 과학적인 조사연구와 정책자문은 정부 측의 전문가집단이 했지만, 주민들은 결정에 따른 '계산된 위험'의 책임을 결정자인 정부에게 귀속시켰다.

하지만 2004년 정부가 주민투표 형식으로 당사자의 자기결정을 제도화하고, 특별법 제정으로 각종 보상과 재정지원 등에 대한 행정집행의 불확실성을 해소하자, 과거 저항했던 후보지역들이 갈등의 역사를 망각한 듯이 오히려 방폐장 유치경쟁에 나섰다. 정부는 유치신청을 한 4개 지역 주민들을 대상으로 주민투표를 실시해 가장 찬성률이 높은 월성을 선정했다. 피해보상 및 자기결정 형식의 법제도화에 의한 복잡성 축소가 정부에 대한 신뢰를 형성했고, 처분장 위해에 대한 주민들의 태도가 이해관계를 쫓아 저항에서 위험인수로 바뀐 것이다(노진철, 2006). 하지만 반핵운동에서 탈핵운동으로의 전환은 아직 일어나지 않았다.

이명박 정부는 과거 반핵운동이 격렬했던 후보지역의 주민들이 오히려 핵시설 유치를 선호하는 역설적인 상황에서 핵발전 확대정책을 적극적으로 추진했다. 에너지정책은 수출경제의 활성화에 지향된 산업용 전기의 안정적 공급 보장뿐만 아니라 국가 차원의 집중적 지원을 통한 핵발전의 미래 전략산업화에도 맞추어졌다. '제1차 국가에너지 기본계획(2008~2030)'에서 핵발전의 비중은 설비 기준으로 2008년 24%에서 2030년 41%로, 발전량 기준으로 2008년 36%에서 2030년 59%로 확대되는 목표치가 제시되었다. 그리고 기존 핵발전소 밀집지역 이외에 1998년 포기했던 2~3개의 신규 부지 확보에 나섰다. 2010년 11월 정부는 발전사업자인 한수원을 내세워 삼척, 영덕, 해남, 고흥을 신규 핵발전소 유치 지역으로 선정하고 지방의회의 동의를 조건으로 해당 지자체의 유치 신청을 받았다.[11] 고흥과 해남은 후보지 선정 발표 직후 '고흥핵발전소저지대책위원회'와 '해남핵발전소반대대책준비위원회'를 결성해 후보지 지정 철회를 요구했으며 지자체의 유치 신청을 무산시켰다. 반면 동해안 지역은 삼척, 영덕 외에 울진까지 유치 경쟁에 가세를 했다. 영덕은 과거 방폐장 반대운동, 울진과 삼척은 과거 방폐장과 신규 핵발전소 반대운동을 강력하게 전개했던 곳이었는데도, 지자체의 신규 핵발전소 유치 신청에 반대하는 반핵운동은 일어나지 않았다.

특히 울진은 당시 가동 중인 핵발전소가 6기이고 2기가 건설 중이며 2

11) 주관 부서인 지식경제부는 관계부처 협의조직인 '전원개발사업추진위원회'를 두어 핵발전소 후보지 부지의 최종 승인만 담당하였다.

기가 계획 중인 지역인데도, 주민들은 지역경제의 발전에 대한 기대에서 추가적인 신규 핵발전소 유치에 나섰고 반핵운동은 일어나지 않았다. 삼척은 2010년 6월의 지방선거에서 LNG생산기지, 종합발전단지 조성과 함께 제2 원자력연구원 설치를 공약으로 제시했던 후보가 시장으로 당선되었다. 2011년 1월 '원자력산업유치협의회'가 원자력클러스터 구축과 핵발전소 유치를 목적으로 발족했으며, 삼척시연합번영회, 여성단체협의회, 중앙시장조합이 참여하고 이장 · 통장 · 반장의 행정 하부조직과 새마을단체 관계자 · 자유총연맹 회원 등을 실행조직으로 구성했다. 성직자와 지역사회단체들이 중심이 되어 원전유치를 반대하는 '삼척핵발전소유치백지화위원회'[12]가 결성되었지만, 주민들을 조직화할 만한 영향력을 행사하지는 못했다. 그 반면 '원자력산업유치협의회'는 후쿠시마 핵발전사고 직전인 3월 7일까지 경쟁에서 우위를 유지하기 위한 각종 결의대회를 개최할 정도로 활발한 활동을 벌였다.

후쿠시마 핵발전소사고는 핵발전에 대한 신뢰와 위험인지의 관계에 급격한 변화를 야기하였다. 한반도에서도 이 상상을 초월하는 핵재난은 반핵운동을 탈핵운동으로 전환하는 계기로 작용하였다. 우선 핵재난의 여파로 전국 수준에서 도시의 지식인들이 중심이 되어 탈핵에너지교수모임, 핵없는세상을위한의사회, 탈핵법률가모임 해바라기, 탈핵에너지전환 국회의원모임, 탈핵기초의원모임, 핵없는세상을위한교사학생학부모연대, 핵없는사회를위한공동행동 등 20여 탈핵단체들이 만들어져 핵발전소의 단계적 폐쇄를 골자로 하는 탈핵운동을 전개하였다. 이들 탈핵운동단체들은 삼척과 영덕, 울진 등 핵발전소 유치 경쟁이 벌어진 지역의 반핵운동단체들과 연대해 신규 핵발전소 부지를 추가적으로 확보하려는 정부의 행동을 저지하

---

12) '삼척핵발전소유치백지화투쟁위원회'는 천주교 신부, 한국농업경영인 삼척시연합회, 공무원 노조, JC특우회, 삼척여고동문회 등 종교계, 농민, 노동계, 사회단체가 두루 참여했다.

는 한편, 에너지정책의 근간을 핵발전에서 재생에너지로 전환하는 에너지 정책의 변화 등을 요구하고 나섰다.

후쿠시마 핵발전소사고 이후 핵발전소의 안전에 대한 주민들의 의식은 급격히 변화하고 있다. 여론조사기관 '더 플랜'이 사고 후 보름이 지난 3월 29일 실시한 핵발전소 관련 여론조사에 따르면, 삼척에서 반대 57.6%, 찬성 36.1%, 인근 동해에서 반대 65%, 찬성 25.9%로 나타났다. 그해 4월 재보선 강원도지사 보궐선거에서는 신규 핵발전소 유치 문제가 정치 쟁점화되었고, 반대를 주장한 민주당 후보가 도지사로 당선되었다. 이를 전후해 삼척에서는 핵발전소 유치를 지지하는 '삼척원자력산업유치협의회'와 '삼척시안보단체협의회', 위생단체협의회, 자유총연맹 삼척시지회, 도계읍 · 남양동번영회, 남양동 · 교동 · 성내동 개발자문위원회 등이 한 축이 되고, 핵발전소 유치의 철회를 주장하는 '삼척핵발전소유치백지화투쟁위원회', '근덕면원전반대투쟁위원회', '삼척환경시민연대', 민주노총 동해 · 삼척지부, 삼척장애인인권연대, 국민참여당 동해시지역위원회, 민주노동당 동해시 · 삼척시위원회, 진보신당 동해삼척당협위원회 등이 다른 한 축이 되어 핵발전의 위험과 안전을 놓고 격렬한 논쟁을 벌였다(시민사회신문, 2011/03/30). 그해 연말에는 전국 수준의 '탈핵에너지교수모임', '동해안탈핵 천주교연대', '핵없는사회를위한공동행동' 등의 탈핵운동단체들과 진보 정치세력의 '탈핵 희망버스'가 삼척지역의 반핵운동단체들과 결합해 전국 수준으로 투쟁을 조직화했다.

이처럼 삼척이 찬핵과 반핵의 차이에 따른 소통이 활발하게 진행되고 있는 것과는 달리, 경북 영덕과 울진은 지자체에서 신규 핵발전소 유치를 추진하는 데 대한 주민들의 찬성과 반대의 입장이 뚜렷하지 않다. 후쿠시마 핵발전소사고 이전 이미 영덕은 신규 핵발전소 예정부지 일대 83가구의 이주 동의서와 인접부지 251가구의 유치 동의서를 제출했으며, 군의회가 만장일치로 핵발전소 유치에 동의해 군내 전 읍·면을 대상으로 순회 설명회를 마무리한 상태였다(내일신문, 2011/03/15). 후쿠시마 핵발전소사고 이후에도 지역 주민들은 핵발전소 유치에 따른 경제적 지원과 건설과정 및 운영과정의 고용효과 등에 대한 기대에서 찬성의사가 압도적으로 많다. 그 해 5월 20일 '영덕핵발전소유치백지화 투쟁위원회'가 결성되고 유치반대 활동을 벌이고 있지만 영향력은 미약하다. 울진에서도 후쿠시마 핵발전소 사고 이전에 울진군번영회연합회장단, 이장협의회장단, 청년연합회단이 유치 건의서를 제출하고 군의회가 동의해 울진군이 유치 신청서를 낸 상태였다. 후쿠시마 핵발전소사고 이후 '핵으로부터 안전하게 살고 싶은 울진사람들'[13]과 '울진시민단체연합'이 결성되어 핵발전소 유치 신청 철회를 촉구하는 촛불시위와 핵발전소 반대집회를 매주 개최되는 등 주민들의 반대여론이 비등해지고 있다. 울진신문사가 그해 5월 30일 여론조사를 한 결과에 따르면, 신규 핵발전소 유치에 반대하는 여론이 62.3%에 달하는 것으로 나타났다.

후쿠시마 핵발전소사고 이후 핵재난의 위험에 대한 인지가 고조되면서 반핵운동이 부활하고 탈핵운동으로 전환되고 있다. 핵발전에 대한 주민들의 신뢰는 부단히 일상의 친숙성과 존재론적 확실성에 준거해 작동한다. 현재의 결정이 미치는 미래의 결과를 위험으로 문제시하는 신뢰 상황에서는 주민들은 불안해하며 저항도 하지만, 후쿠시마 핵재난이 일어나기 이전처럼 별 문제가 없다면 '원전안전 신화'가 지배하기도 한다. 하지만 우리의 삶이 핵발전에 의존하면 할수록 과학적 지식을 생산하는 전문가집단은 '핵마피아'로 호명되는 등 그 권위가 점점 더 떨어진다. 핵발전의 부정적인 결과들은 추후 개선될 수는 있겠지만 쉽게 무시될 수 있는 것이 아니기 때문이다. 핵발전으로부터 파생되는 미래의 위험은 피할 수 없는 것이기 때문에, 결과적으로 잠재적 당사자인 공중은 과학적 객관성과 전문가의 능

13) '핵으로부터 안전하게 살고 싶은 울진사람들'은 울진사회정책연구소, 참여자치연대, 울진군 농민회, 전교조 울진지회 등으로 구성되었다.

력을 불신하게 된다.

공중은 대체로 논란이 되는 핵발전의 이익과 위험을 가늠하는 데 필요한 지식과 검토할 시간, 이해관계를 모두 결여하고 있다. 그것을 취재하는 기자도 취재원을 전문가에게 전적으로 의존하고 있다. 핵발전에 대한 공중의 판단이 전문가의 진술에 의존할 수밖에 없는 상황은 과학에 대한 신뢰가 사회구조적으로 강제된다는 의미이다. 후쿠시마 핵발전소사고 직후 제기된 노후화된 고리 1호기의 안전성 논쟁에서도 핵발전의 이익과 위험에 대한 합리적인 논쟁보다는 특정 전문가에 대한 신뢰 혹은 불신, 그리고 이와 접목된 이데올로기가 평행선을 달렸다. 공중이 사회문제로 쟁점화된 핵발전의 부작용에 대한 평가에 참여하는 전문가를 선별하는 데서도 바로 과학에 대한 신뢰가 작동한다. 공중은 쟁점화된 사태를 자신과 유사한 방식으로 해석하는 전문가집단에게 신뢰를 보낸다. 그런 점에서 가치의 공유는 공중이 신뢰를 보낼 전문가를 선별하는 유일한 기준이다. 따라서 불가피하게 공중의 신뢰에서 중요한 기능을 하는 것은 가치에 대한 신념이다.

현재의 행위가 미치는 미래의 결과를 위험으로 문제시하는 신뢰상황에서는 사람들이 불안해하며 저항도 하지만, 별 문제 없이 다른 사람들과 교류하기도 한다. 우리의 삶이 핵발전에 의존하면 할수록 역설적으로 과학적 지식을 생산하는 전문가집단의 권위는 점점 더 떨어진다. 핵발전의 부정적인 결과들은 추후 개선될 수는 있겠지만 쉽게 무시될 수 있는 것이 아니다. 핵발전으로부터 파생되는 핵재앙은 피할 수 없는 것이기 때문에, 결과적으로 잠재적 당사자인 공중은 과학적 객관성과 전문가의 능력을 불신하게 된다. 공중은 지난 10여 년 동안 핵 관련 전문가들의 결탁 속에 불량부품을 탑재한 핵발전소가 가동되어 왔다는 경천동지할 사실로부터 정부 측 핵 관련 전문가와 핵산업계, 즉 '핵마피아'에 대한 불신에서 탈핵운동에 동기화되어 있다. 하지만 탈핵운동이 과연 독일을 비롯한 유럽국가들처럼 핵발전소의 단계적 폐쇄와 에너지 절약, 재활용에너지로의 전환으로 현실화될 수 있는지는 오로지 생태학적 가치, 즉 '지속가능 발전'에 대한 신념에서 빈곤탈피와 세대 간 형평성이 탈핵문제와의 동시적 해결을 지향해 정치 쟁점화될 수 있느냐에 달려 있다.

제 9 장

지구화의 복합성과 아시아 사회운동[1]

| 이정옥(대구가톨릭대 사회학과) |

1. 지구화의 복합성과 '세계체계'

1989년 베를린 장벽이 붕괴된 이후 정부의 실패에 대한 구원투수로 '시장'이 등장하였다. '시장' 주도의 사회가 되면서 자유무역주의, 공기업 민영화, 탈규제가 지구촌 사회를 이끄는 담론이 된 것이다. 자본이동, 상품 이동의 자유의 흐름에 대한 반성이 본격적으로 제기된 것은 1997년 아시아 금융위기가 초래되면서부터이다. 인터넷의 발달로 클릭 한번으로 이동되는 엄청난 자본의 이동이 가져오는 후유증과 파급은 상상을 초월하는 것이었다. 단지 자본의 이입과 이출에 따라 임금, 기업가치 등이 등락을 거듭하면서 자본이동에 세금을 부여하자는 '토빈세' 부과운동이 거세게 일어났다. 그러나 각국이 경쟁적으로 자본유치에 매달리는 상황에서 토빈세 부과는 고양이 목에 방울을 다는 쥐를 찾지 못한 채 표류하였다. 자본이동의 자유의 문제에 이어 문화가 상품이 되어 무역의 대상이 되는 것에 대한 문제제기가 프랑스에서 일어났다. 소위 '문화적 예외'에 대한 주장이 제기된 것이다. 문화적 예외에 대한 주장은 공공 서비스의 민영화에 대한 비판적 논의까지 확대되었다. 이른바 자유무역의 대상의 적합성에 대한 논쟁이 제기되면서 탈규제에 대한 재검토가 이루어지고 사회적 규제에 대한 논의가 촉발되었다.

금융자본의 자유이동이 가져오는 문제가 아시아에서 멈출 줄 알았다. 그러나 투기자본에 제동을 걸지 못한 채 2008년 금융위기가 신자유주의의 본토인 미국을 강타하기에 이르렀다. 금융자본의 위기가 고조되면서 정부에 대한 구제금융을 요청하게 되었고 자유와 책임의 괴리가 부각되게 되었

---

1) 이 글은 이정옥, 2010, "세계체계 속의 한국과 한국의 국제이해교육," 『국제개발협력과 국제이해교육』 제11차 국제이해교육 학술대회 자료집, 59-84에 게재된 논문과 이정옥, 2007, "세계화 시대에 아시아 시민사회의 역할," 『사회과학 논총』 6호에 실린 두 편의 논문을 요약 발췌한 내용으로 구성되었음.

다. 구제금융을 통한 정부의 개입으로 금융부문이 자발적으로 국가규제의 틀 안으로 들어가게 된 것이다. 1989년에서 2008년이라는 약 20여 년의 기간 동안 자유와 탈규제에 대한 주장이 구제와 보호를 요청하는 상황으로 돌변한 것이다.

국제사회의 변화는 우리에게는 늘 예기치 못한 방식으로 닥쳐오는 것이었다. 국제사회를 전체로서 분석하는 일은 분과학문에서는 학문의 경계를 넘는 일이었다. 그렇지만 우리 주변에 일어나는 일들은 시대에 따라 비슷한 양상으로 나타난다. 탈냉전 이후 동구권을 비롯한 아시아 여러 나라들이 군부독재에서 탈피하고 문민정부를 만들어 낸 일, 신흥공업국이 수출지향적 공업화를 앞세우고 경쟁적으로 나타난 일, 제2차 대전 이후 신생국들이 독립한 일, 더 거슬러 올라가면 유럽 열강들의 식민지 쟁탈전 등등 국제사회는 특정의 역사적 국면에 따라 유사한 담론에 의해 구조가 짜여지고 변동의 흐름을 보이는 것을 감지할 수 있다. 패러다임 또는 국면이라고 표현되는 상황에 따라 지구촌 사회의 흐름은 특정 방향으로 변화가 주도된다. 변화를 주도하는 측과 주도당하는 측으로 나뉘면서 주어진 틀 내에서 적응의 양상을 드러낸다. 식민지 쟁탈전이라는 역사적 국면에서 영국, 프랑스, 네덜란드, 일본 등은 조금씩 다른 방식의 식민통치방식을 자신의 스타일에 맞게 만들어 내는 것이다. 냉전기라는 국면의 틀 안에서 열전을 치르는 나라도 있고 냉전의 틀을 정당의 형식으로 포섭하여 통합에 성공한 나라도 있다. 국면이라는 틀 속의 제한된 자율성이 작동하는 것이다.

국제사회를 독자적인 분석의 단위로 설정한 것은 월러스타인(Immanuel Wallerstein)이었다. 월러스타인은 근대의 세계경제는 경제통합이라는 면에서 정치 군사적 정복으로 이루어지는 세계제국과 구별되며 세계경제는 세계체계라는 '체계'를 구성하고 있다고 보았다. 월러스타인은 세계체계 안에서 전 지구적으로 일어나는 현상을 세계경제의 콘트라디에프 주기와 연결지어 100년 단위 정도로 분석할 것을 제안하였다. 분석의 단위로 세계체계를 제안한 점, 세계체계 내의 사회현상을 100년 단위의 주기적 흐름과 관련하여 분석하려고 했던 월러스타인의 야심적인 시도는 오늘날 국제사회를 이해하는 데 새로운 관점을 시사해 준다. 월러스타인의 세계체계론적 접근은 사실은 페르낭 브로델(Fernand Braudel)의 장기지속 구조, 중기적 구조, 정치적 사건의 삼중구조 모델을 사회과학적으로 체계화한 것이다. 오늘날의 국제사회를 하나의 분석단위로 이해하기 위해서는 월러스타인의 세기적 단위의 주기론적 접근보다는 페르낭 브로델의 3중구조 모델이 더 적합한 것으로 보인다. 왜냐하면 유럽의 세계적 팽창으로 시발된 근대의 국제사회의 질서는 보다 장기 지속적이며 또는 주기적으로 변동하기보다는 장기지속적인 구조, 중기적 국면, 단기적 사건이 중층적으로 얽혀 있기 때문이다.

페르낭 브로델의 장기지속의 관점에서 본다면 현재의 국제질서는 콜럼버스의 신대륙 발견까지 거슬러 올라간다. 1492년 후부터의 세계는 '유럽'의 세계적 팽창이 장기 지속되고 있다. 유럽의 세계적 팽창은 '식민지 쟁탈기', '냉전기', '탈냉전기'라는 과정을 통해 중기적 차원에서 변화하고 있지만 유럽의 세계적 확장이라는 장기지속구조가 유지되고 있다고 볼 수 있다.[2)]

이런 장기지속적인 구조의 관점에서 본다면 비유럽국가인 '중국'이 국제무대에 새로운 주역으로 등장하게 되었다는 것은 혁명적이다. 이에 화답이라도 하듯 최근 중국은 콜럼버스 이전의 '정화'의 대항해를 올림픽 개막식 때부터 상징으로 사용하는가 하면 드라마를 통해 정화의 대항해를 중국사회와 국제사회에 부각시키면서 중국문명이 서구의 르네상스에 미친 영향, 정벌은 하지 않았던 중국 주도의 국제적 교류라는 새로운 대안적 사례

---

2) 페르낭 브로델은 물질문명과 자본주의 구조는 장기지속 구조, 중기적인 사회사적 흐름 그리고 표면적인 정치적 사건사의 삼중구조로 이루어져 있다고 보고 있다. 브로델의 원 개념과는 다르지만 그의 개념을 원용하여 국제사회의 구조를 살펴보았다.

를 국제사회에 발신하고 있다. 지난 500여 년 동안 장기지속되었던 세계체계의 질서가 변화할지 모르는 운명적인 시기라는 징후 발견적인 예측이 산발적으로 제기되고 있지만 체계적인 분석은 아직 이루어지지 않고 있다. 오늘날 국제사회에 대한 분석이 어려운 이유는 표면적인 사건의 차원뿐 아니라 장기지속적인 구조 차원까지 변화의 조짐이 보이기 때문이다.

이에 더하여 국제사회를 관통하고 있는 담론 또는 지배적인 질서는 규범적인 차원과 실질적인 차원, 보편과 특수 등이 중첩되어 다중적이며 때로는 현상과 본질이 다른 것은 물론 서로 정반대의 흐름이 동시에 작용하기도 한다. 예를 들면 약육강식의 제국주의의 시대에서 탈냉전시대인 오늘날에 이르기까지 국제사회를 이해하는 화두 또는 키워드는 '힘'과 '권력'의 위계서열을 반영하는 논리와 '평화공존', '인권존중'이라는 당위 사이를 천칭의 추처럼 왕복하고 있다. 다렌돌프(R. Dahrendorf)가 주장했던 것처럼 변증법적인 변화를 주기적으로 보이고 있다. 즉 힘의 논리가 과하게 되어 생긴 '역사적 반성' 속에서 평화공존과 인권존중의 당위의 논리가 힘을 얻게 되면서도 다시 그 속에서는 힘의 서열이 은연중에 작동하게 된다. 특히 열강의 식민지 쟁탈전, 냉전시대, 탈냉전시대라는 국제질서의 중기적 변화의 흐름을 보면 식민지 쟁탈전 과정에서는 약육강식의 논리가 적나라하게 관통되었던 데 비해 냉전기에는 이데올로기 대립을 통해 보다 나은 발전의 방식에 대한 냉전적 경쟁의 구도를 만들어 내었으며 탈냉전시대에는 자유무역주의와 더불어 민주주의와 인권의 글로벌 스탠더드가 만들어지는 복합적인 상황이 만들어지고 있다. 특히 지난 20년간의 탈냉전기의 새로운 국제질서는 초강대국 미국과, 다자간기구로서 유엔, 정부간기구와 비정부기구가 함께 만들어 내는 다양한 협약과 선언 등으로 한층 복합적인 틀을 보이고 있다.

이러한 복합성을 설명하기가 현실적으로 어렵기 때문에 국제사회를 이해하고자 하는 시도는 설명보다는 현상에 대한 단편적인 기술 또는 묘사,

사회과학적으로 표현한다면 계층론적 접근이 되는 경우가 일반적이다.[3] 더욱이 현상에 대한 묘사는 경향성을 스케치하는 차원에서 짙은 정밀묘사까지 가능하기 때문에 끝없이 덧칠을 할 수 있게 된다. 이런 정황이 국제사회에 대한 이해를 때로는 동어 반복적으로 만든다.

2. 인권과 글로벌 거버넌스

2010년 서울에서 G-20라는 이름으로 세계경제를 주도하는 20개국의 정상들이 모이기까지 수많은 G의 조합이 있었다. 현재 일어나는 사안에 대해 그만큼 공동의 정책대응이 불가피하게 되었다는 뜻이다. '세계경제'의 흐름을 장기적으로 주도했던 유럽에서 일어나고 있는 변화를 본다면 지역단위의 경제통합에 이어 정치통합을 보다 구체적으로 실현해 나가는 것을 볼 수 있다. 세계경제는 지리적인 확장과 영역의 확장(공산품에서 공공서비스까지)을 통해 자유무역의 구도를 관철시켜 나가고 있으며 그에 발맞추어 인권과 민주주의에 대한 지구적 합의를 만들어 가고 있다. 즉, 유럽연합에서 앞서 주도했던 경제통합과 정치통합, 지구시민이라는 새로운 아이덴티티의 형성 등의 방향으로 나아가고 있는 것이다. 물론 이러한 방향에는 저항도 많고 영역에 따라 변화의 속도와 폭이 다른 것도 사실이다. 이미 수많은 NGO에서 제기한 대로 돈의 이동속도, 상품의 이동속도, 사람의 이동속도는 다 다르며 그에 대한 규제의 방식도 다르게 나타난다. 빈국의 빈민에게는 거주이전에 따른 법적 통제와 규제가 높은 반면 부국의 부유층은 전 세계를 활동무대로 삼을 수 있다. 돈의 이동에 대한 속도 조절과 규제가 없었기 때문에 1997년 아시아 금융위기, 2008년 미국발 금융위기가 초래

3) 월러스타인과 브로델의 접근도 현상을 설명하기보다는 기술하는 계층론적 설명으로 여겨지고 있다.

되었고 자본이동의 자유, 금융상품 선택의 자유가 초래한 금융위기의 문제는 정치적 차원에서 대책(구제금융)을 세우지 않으면 안 된다는 현실에 직면하면서 '자유'와 '책임'의 고전적인 명제를 다시 되돌아보지 않을 수 없게 되었다.

지난 20년 동안 국제사회는 전 지구적 차원에서 글로벌 스탠더드를 만들고 그에 따라 국제사회의 신질서를 만들어 내려는 방향으로 변화해 왔다. 특히 개발의 문제를 인권이라는 글로벌 스탠더드에 통합하려는 새로운 흐름에 주목하고자 한다.

UN은 WTO를 통해 자유무역기조를 규율화하면서 동시에 국제사회에 인권에 대한 글로벌 스탠더드를 제도화해 왔다.[4] 1997년 코피 아난 유엔 사무총장이 유엔의 핵심 목표를 '인권의 실현'으로 선언하면서 유엔의 전문기구들은 각자의 프로그램을 인권이라는 개념에 통합하기에 이르렀다. 현재 유엔개발기구를 비롯한 유엔아동기금, 유엔식량농업기구, 세계보건기구, 국제노동기구 등과 같은 유엔의 전문기구들은 기존의 활동을 인권이라는 개념과 통합하게 되었다. 아동인권, 노동권 등의 개념은 인권 개념에 쉽게 통합될 수 있는 개념인 데 비해 여기서 주목되는 것은 개발[5]과 인권의 개념이 결합하게 되는 것이다. 지금까지 경제개발은 인권과는 분리되는 개념으로 여겨져 왔다는 점에서 개발이라는 개념을 인권과 통합한다는 것은 주목할 만한 새로운 변화이다.

이러한 통합노력에 기초하여 유엔은 2003년 HRBAD(Human Right

4) 세계인권 선언(1948), 집단학살죄의 예방과 처벌에 관한 협약(1951), 모든 형태의 인종차별 철폐에 관한 국제 협약(1969), 경제 사회문화적 권리에 관한 국제조약(1976), 시민 정치적 권리에 관한 국제조약(1976), 모든 형태의 여성차별 철폐에 관한 국제협약(1981), 고문 및 잔혹한 비인도적인 혹은 굴욕적인 대우나 처벌의 방지에 관한 협약(1987), 아동의 권리에 관한 협약(1990).

5) 개발이라는 개념의 원문은 Development이다. 그런데 Development를 발전이라고 해석하게 되면 경제발전과 사회발전, 정치발전을 다 아우르는 포괄적인 개념으로 해석되는 데 비해 개발이라고 해석하게 되면 경제개발을 의미하는 것으로 한정되는 경향이 있다. 우리 사회에서는 맥락에 따라 비체계적으로 발전 또는 개발로 해석되어 왔다.

Based Approach to Development)에 대해 합의하기에 이르렀고 2006년에 유엔 고등판무관실은 '빈곤감축 전략에 대한 인권적 접근을 위한 원칙과 가이드라인'을 발표하기에 이르렀다. 즉 빈곤이라는 경제적 문제가 인권과 불가분의 관계라는 것을 밝히게 된 것이다.

경제개발의 문제를 인권과 통합하여 접근하는 입장은 경제협력개발기구의 원조의 실효성에 대한 2005년의 파리선언에 이어 2007년에는 인권과 개발에 관한 실행 정책서를 만들어 내기에 이르렀다. 이에 보조를 맞추어 스웨덴, 영국, 노르웨이, 덴마크 등의 개발협력기관들도 HRBAD를 점차 수용하는 경향을 보여주고 있다. 물론 개발과 인권을 개념적 차원에서든 실천적 차원에서든 통합하려는 새로운 기획은 아직 갈 길이 멀다. 유엔의 기구 내에서도 저마다 인권 중에 강조하는 측면이 다른 것은 물론 인권이라는 개념 자체도 가치적 차원과 수단적 차원을 내재하고 있는 복합적인 개념이기 때문이다. 유엔 고등판무관실은 공정, 평등, 반차별, 약자의 세력강화 등을 인권체제의 핵심 개념으로 설정하고 있다.[6] HRBAD는 개발의 모델을 제시하는 것이 아니라 개발정책을 수립하고 정책을 이행하는 과정에서 고려되어야 할 원칙과 가이드라인을 제시한다. HRBAD는 유엔 인권법이 규정하고 있는 규범과 가치에 기초를 두고 있다.[7]

---

6) 학자에 따라서는 권리에 기초한 접근(RBA)과 인권접근(HRA)을 구분하고 있다. RBA가 존엄 · 공정 · 정의와 같은 도덕적이고 규범적인 원칙과 가치를 강조하는 반면 인권접근은 법적 체계화에 초점을 둔 실증주의적 접근을 하는 것으로 구분하고 있다. Celestine Nymu-Musembi and W. Andrea Cornwall, 2004, p.14, "What is Right Based Approach All about? Perspectives from International Development Agencies," Working Paper of Institute of Development Studies. Sussex: IDA(한국인권재단, 2007, 『ODA 정책이 수원국의 인권에 미치는 영향』, pp.18-20에서 재인용).

7) 먼저 1945년 「유엔헌장」 55조 가항은 "사람의 평등권 및 자결원칙의 존중에 기초한 국가간의 평화롭고 우호적인 관계에 필요한 안정과 복지의 조건을 창조하기 위하여 유엔은 보다 높은 생활수준, 완전고용, 그리고 경제적 및 사회적 진보와 발전의 조건을 촉진한다"고 하고 있으며, 1948년 「세계 인권 선언문」 25조 2항에서 "모든 인간은 의식주와 의료, 필수적인 사회보장제도를 포함하는 자신과 가족의 건강과 안녕을 위해 적합한 생활수준을 누릴 권리와 실업 · 질병 · 불구, 배우자와의 사별, 노령 또는 그 밖에 자신이 통제할 수 없

물론 국제 인권법의 이행 메커니즘은 그 자체가 강제적인 것은 아니다.[8] 또한 HRBAD에 대해 공여국의 입장에서는 수원국의 정부와 NGO들이 인권법과 협약사항을 준수할 것을 강조하는 반면 수원국의 입장에서는 비정부기관 약자들의 원조자원에 대한 직접적 접근권을 강조하고 있다. 이와 같이 HRBAD를 둘러싸고 다양한 이견이 표출되고 있지만 대체로 HRBAD가 기존의 개발원조와 다른 점은 참여의 원칙, 설명책임의 원칙, 약자의 세력강화의 원칙, 차별금지의 원칙을 기본으로 설정하고 있다는 점이다.[9]

HRBAD의 기본원칙은 원조의 실효성을 제고하기 위한 파리선언에서 한층 구체화된다. 파리선언은 2005년 2월 파리에서 22개의 공여국과 57개의 수원국의 합의로 26개의 다자간기구가 참여한 가운데 채택되었다.[10]

는 상황에서의 생계의 결핍의 경우에 보장제도를 누릴 권리를 갖는다"라고 규정하고 있다. 1986년 개발권 선언 전문에서 "발전은 포괄적인 경제적 · 사회적 · 문화적 그리고 정치적 과정으로서 발전과 그로부터 산출되는 이익의 공정한 분배에 있어서의 자유롭고 적극적이며 의미 있는 참여의 기초 위에서 전 인구와 모든 개인들의 복지의 부단한 향상을 목표로 하는 것임을 인식한다." 또한 1조 1항에서 "발전의 권리는 양도할 수 없는 인권이기에 모든 인간은 경제적 · 사회적 · 문화적 · 정치적 발전에 참여하고 이에 기여하며 이를 향유할 수 있는 자격을 갖는다. 그 속에서 모든 인권과 기본적 자유가 완전히 실현될 수 있다"고 규정하고 있다.

나아가 1996년 경제 · 사회 · 문화적 권리 협약 11조 1항은 "이 규약의 당사국은 모든 사람이 적당한 식량, 의복 및 주택을 포함하여 자기 자신과 가정을 위한 적당한 생활수준을 누릴 권리와 생활조건을 지속적으로 개선할 권리를 가지는 것을 인정한다. 당사국은 그러한 취지에서 자유로운 동의에 입각한 국제적 협력의 본질적 중요성을 인정하고 그 권리의 실현을 확보하기 위한 적당한 조치를 취한다고 하여 인간개발을 권리로 인정하고 있으며 개발협력을 당사국의 의무로 규정하고 있다.

8) Edwin Anita Cheria and Sriprapha Petcharamesree, 2003, pp.55, *A Human Right Approach to Development: A Source Book, Books For Change*(한국 인권재단 ODA 연구팀, 「2007년도 국가 인권위원회 연구 용역 보고서」, pp.20-33).

9) HRBAD는 욕구와 결핍에 대한 충족의 차원을 넘어 소외된 약자들에게 권리에 대한 인식을 심어줌으로써 이들의 정치적 세력화를 지원한다.

10) 파리선언은 1996년의 DAC의 21세기의 형상화를 비롯하여 2002년 몬테레이 합의와 2003년 로마 선언, 2004년 마라케시 각서를 종합적으로 포괄하고 있는 ODA에 관한 최종 기본 합의서라고 할 수 있다.

파리선언은 수원국의 소유권 또는 자립을 목표로 해당 목표를 달성하기 위해 수원국의 개발전략과 공여국의 원조의 방향의 일치, 공여국 간의 활동의 조화, 원조성과 관리, 상호 설명책임을 설정하고 있다.[11]

인권과 개발의 개념을 통합하는 시도는 인권의 개념을 정치적 자유뿐 아니라 경제 · 사회적 권리, 문화적 권리, 평화권까지 확대하려는 NGO들의 노력 덕분이기도 하지만 지난 20년간의 신자유주의적 세계화의 흐름 속에서 양극화의 심화, 인권에 대한 위협이 국내적 차원에서든 국제적 차원에서든 외면할 수 없는 '현상'이 되었다는 점과도 관련이 있다. 빈국들은 점점 늘어나는 부채로 선진국에 대해 부채탕감을 요구하기에 이르렀다. 유엔은 일찍이 밀레니엄 개발목표를 정하고 2015년까지 세계 절대빈곤층을 절반으로 낮추겠다는 구체적인 목표를 설정하고 경제협력개발기구(OECD)의 개발원조위원회(DAC)의 소속 국가들에게 GNI 기준 0.7%의 ODA 비율을 달성하도록 압박을 가하고 있다. 최근 2015년 이후에 대해 유엔에서는 빈곤의 문제를 불평등의 문제와 연계하는 움직임을 보이고 있다.

3. 글로벌 거버넌스와 NGO

NGO의 등장은 울리히 벡(Ulrich Beck)의 표현대로 글로발리제이션이라는 물결에 20세기 국민국가를 통해 달성한 복지국가라는 성과가 휩쓸려 물거품이 되는 것을 경계하는 시민사회의 대응물인 것이다. 즉 생산의 세계화를 통해 임금과 근로조건에 있어서 각종 규제조치를 마련한 서구의 복지국가의 성과물이 무력화되면서 외국인 노동자의 인권, 지구촌을 위험사

11) 이런 다차원적인 포괄적 접근에도 불구하고 현재 대부분의 공여국은 수원국의 거버넌스 개혁에 초점을 맞추는 경향이 두드러지고 있다.

회로 몰고 가는 환경오염, 관료적인 국가기구의 비능률과 부패에 대응하기 위한 방편으로 등장한 것이다.

1990년대부터 국내외적으로 NGO의 영향력은 급증해 왔다. 비엔나 인권회의, 리우 환경회의, 베이징 여성회의에서 NGO는 국가와 나란히 유엔을 향하여 메시지를 발신할 수 있었고 세계화의 흐름에 참여, 주류화, 개입이라는 전략을 다양하게 구사하면서 중요한 거버넌스의 파트너로 부상하게 되었다.

국제사회에 관심을 집중시키고 있는 NGO가 1990년대 들어 약 6천 개에서 2만 6천 개로 늘어났다. 숫자만 늘어난 것이 아니라 그들이 엄청난 예산을 해마다 집행하고 있다. '자연을 위한 세계기금(World Wide Fund for Nature)' 과 같은 것은 연간 예산이 500만 달러에 이르고 여기서 일하는 사람 수가 1천 142명이나 된다. '앰네스티 인터내셔널(Amnesty International)' 은 세계 162개국 지부에 예산이 120만 달러, '지구의 친구들' 은 58개국 지부에 100만 달러이다. NGO의 예산이 한 국가의 예산을 넘는 경우도 나타났다.

수와 규모뿐 아니라 NGO의 실질적인 활동은 각국의 정책결정보다 상위에 서는 경우도 있다. 1997년 12월, 대인지뢰 금지를 위한 오타와 협정은 세계 60개국 NGO 대표들의 지칠 줄 모르는 노력의 결과이다. 그 뿐인가? 1992년 리우 환경정상회담 이후 NGO는 세계은행의 금융전략의 궤도 수정을 강요했고 유엔에 고등인권판무관의 자리를 마련했으며 경제개발협력기구(OECD)의 다자간투자협정(MAI) 조인을 저지하는 한편, 1999년 시애틀에서 열린 세계무역기구(WTO)의 밀레니엄라운드 승인을 유보시킨 바 있다. 인권과 개발환경 등의 문제에 대한 글로벌 거버넌스의 실질적인 축으로 부상하고 있는 것이 NGO이다.

한국에서도 2012년 등록된 단체가 7,923개에 이르고 미등록 단체까지 포함하면 25,000개에 달하는 것으로 집계되었다. 또한 NGO는 일반 사법

행정은 물론 드디어 국제개발협력의 분야까지 개입하고 있다.

NGO의 영향이 커지면서 NGO가 비난의 대상으로 삼았던 다국적 기업, 정부, 국제기구와 같은 잘못을 범하고 있다는 지적이 조심스럽게 제기되고 있다. 투명성, 책임성, 대표성의 문제를 비롯하여 NGO를 감시하는 또 다른 NGO의 등장문제까지가 조심스럽게 거론되고 있다.

국가, 시민사회, 시장의 삼자 간 균형관계에서 NGO가 취하는 입장은 국가에 따라 다르게 나타난다. 정당, 노동조합, 이익단체 등의 시민사회기구를 토대로 한 거버넌스체제를 갖추고 있는 서구의 민주국가에서 NGO는 시장에 의해 포위당하고 있는 국가에 힘을 더하기 위해 기존에 조직되지 않은 부분을 확대 강화하는 방식으로 나타난다. 반면에 국가가 시민사회의 동의에 기반을 두지 않고 있는 권위주의적 국가인 경우 대부분 시민사회는 국가기구의 민주화를 목표로 하면서 국가기구와 시민사회가 대립적이 되게 된다.

4. 세계체제 속의 아시아

1492년 신대륙 발견으로 모습을 드러내기 시작한 근대 세계체제의 형성과정에서 아시아는 유럽에서 발신하는 새로운 세계화의 흐름에 수세적으로 대응하는 입장이었다. 그 결과 아시아에서의 근대화는 식민지 경험과 동반되었기 때문에 근대화의 경험이 때로 '서구화' 또는 식민통치의 잔재로 이해된 나머지 배척의 대상이 되거나 또는 집권세력에 의해 지나치게 미화되는 경향이 있다. 근대화에 대한 이런 상반된 평가는 전통에 대한 평가에서도 마찬가지로 나타난다. '전통'이 무비판적인 것으로 미화되거나 전통이 근대적 발전에 걸림돌로 해석되어 무조건 배척되는 이분법적인 상황이 자주 연출된다. 아시아에서 근대화에 성공적이라고 평가되는 일본의 경우를 보자. 일본은 극동에 있었기 때문에 상대적으로 유럽으로부터 발신되는 식민화의 물결에서 인도 등 남아시아나 동남아시아 여러 나라들보다는 상대적으로 자유로웠다. 지정학적 위치가 준 '상대적 자유'를 일본은 '적극적 근대화'를 위한 시간 벌기로 사용한 결과 '탈아입구'를 선언하고 서구 문물을 적극적으로 받아들였다. 소위 경제대국으로 성장한 일본의 모델은 아시아는 물론 전 세계적으로 비서구국가의 근대화의 모델로 작용하였으며 그것은 아시아의 네 마리 용의 신화로 공고해졌다.

때로는 서구의 식민지 경험을 통해, 때로는 주체적인 모방의 대상이 되면서 서구는 아시아 속에 들어와 있으며 아시아인들은 아시아의 역사, 아시아의 제도, 아시아의 경험보다 서구의 그것에 사실상 더 친숙하다. 오늘날 지방에 사는 사람들이 서로 서울에 와서 만나는 것처럼 아시아인들은 서구를 통해 서로 만나 왔다. 그런 의미에서 아시아는 세계체계의 한 부분으로 존재해 왔다는 사실을 다시 확인하게 된다.

1990년대의 아시아는 경제적 차원에서 시장주의를 받아들였다는 점에서는 글로벌리제이션의 새로운 흐름에 편입되어 간 것이 사실이지만 정치적 차원에서는 오히려 민족주의가 대두되었고 냉전시대의 이념적 지형도 그대로 유지된 상태이다. 더욱이 문화적으로는 '전통'을 강조하면서도 탈근대적인 소비문화는 다른 어느 지역보다 빠르게 확산되어 아시아 도시 전체가 급속하게 거대한 쇼핑몰이 되어 가고 있는 실정이다. 더욱이 '중국', '인도'라는 초거대국가, 일찍이 탈아입구를 선택함으로써 스스로 아시아를 벗어나 세계 경제대국으로 부상한 일본이 있는가 하면 방글라데시, 네팔 등 세계 최빈국가가 아프리카대륙 다음으로 많은 곳이 아시아이다.

세계화의 새로운 흐름은 지역통합을 강조하고 있고 그런 흐름은 자연 아시아에도 영향을 미쳐 최근 한국 안에서뿐만 아니라 아시아 전역에서 아시아에 대한 관심이 고조되고 있는 것만은 사실이다. 유럽연합과 마찬가지로 아프리카연합, 라틴 아메리카에는 통합된 역내 기구가 있는 반면 아시아에서는 상대적으로 통합된 기구를 만들거나 합의를 만들기가 어렵다. 식민지, 냉전, 신자유주의에 대한 입장이 서로 다르기 때문이다. 아시아 국가들은 유색인종이지만 식민지 가해국이 있고 아시아 국가에 의해 식민통치를 당한 경험이 있는 국가가 공존하고 있다. 1989년을 계기로 잇달아 동구권이 탈냉전구도로 편입된 반면, 아시아는 중국 · 베트남 등 정치적 차원의 냉전구도가 해체되지 않은 상태로 있다. 자유무역을 강조하는 입장과 보호무역을 강조하는 입장이 공존한다.

그러나 여기서 다시 한 번 짚고 넘어가야 할 부분은 식민지 경험, 냉전시대의 경험, 탈냉전시대의 경험이 밖으로부터 온 지진파였고 그에 대해 대응하는 사회운동의 논리도 밖으로부터 주어졌다는 사실이다. 탈식민담론, 전통의 재발견, 아시아의 재발견에 대한 논의가 오늘날 다시 부상하는 것 역시 글로벌리제이션 시대의 새로운 대안을 찾기 위한 서구 사회운동의 흐름과 맥이 닿아 있다.

세계체계의 변화의 흐름에서 아시아가 변화의 주체가 아니라 대상이기 때문에 아시아 사회에서 일어난 변화는 서구와 다를 뿐 아니라 변화의 흐름도 중층적이라는 사실을, 심지어 사회운동의 차원에서도 자주 간과하게 된다. 식민지 경험, 냉전의 경험, 탈냉전의 경험이 주체적으로 해소되지 못한 채 새로운 문제가 덮쳐오기 때문에 식민지 잔재 청산에 매달리는 사회운동의 흐름, 냉전시대의 문제에 대응하는 사회운동, 탈냉전시대를 맞아 새롭게 제기되는 사회운동의 흐름이 아시아 사회에서는 서로 협력하여 합력을 만들어 내지 못하고 서로 경쟁적이 되거나 배타적이 되는 사례까지 나타난다. 또는 아시아 사회운동의 연대라는 맥락에서 여성운동의 연대, 노동운동의 연대, 환경운동의 연대, 인권운동의 연대가 자주 거론되지만 아시아 각 사회의 특수성에 따라 해당 운동단체의 성격이 서로 다르게 규정될 수 있다는 맥락읽기를 종종 간과한다. 당연하지만 잊고 있는 사실, 즉 세계체제라는 맥락 속에 아시아보다 구체적으로 아시아 NGO의 활동을 다시 자리매김해야 할 것이다.

5. 아시아의 시민사회와 NGO

1990년대에 등장하게 된 시민사회와 시민운동을 아시아적 맥락에서 다시 성찰해 보고자 한다. 유럽에서 시민사회는 시민혁명과 불가분의 관계를 지니며 근대국가의 등장, 근대국가의 민주적 기반으로 여겨져 왔다. 시민사회는 국가를 견제할 수 있는 더 큰 범위의 독자적인 공공의 영역을 의미한다. 시민사회는 국가기구를 견제하거나 시민사회의 요구에 맞게 길들여가려는 의지를 담게 된다. 시민사회의 요구는 때로 정당을 통해 제도화되기도 하고 국가기구에 의해 수용되기도 하지만 시민사회는 국가와 구별되는 독립적이고 자율적인 영역을 구축함으로써 존재의 기반을 얻는 경계선에 위치하고 있다.

한국에서 시민운동은 문민정부의 출범, 민주화운동과 궤적을 같이한다. 시민운동단체로 여성단체연합이 1987년에 결성되었으며 그 후 환경운동, 경제정의, 참여민주주의, 반부패 등의 다양한 의제를 설정하며 급속하게 발전하였다. 시민단체는 권력감시, 정책제안 등을 통해 감시자이자 때로는 국가권력의 협치자로 성장해 왔다. 아시아 각국의 민주화의 정도에 따라 시민운동의 위상은 다르게 읽힐 수 있다.

특히 우리와 다른 상황에서 시민사회의 개념을 맞이하게 된 중국에서의 시민사회에 대한 해석은 주목의 대상이 된다. 1990년대의 중국에서 시민사회 담론은 국가와 구별되는 영역으로 부상하여 국가와 시민사회에 대한 이분법적 담론이 유행하게 되었지만 시민사회라는 개념이 미디어에 의해 소비사회로 치환되어 버렸다는 한 중국 지식인의 고백은 시민사회 담론의 등장의 맥락을 다시 읽게 만든다. 즉 중국에서는 신자유주의, 시장주의가 진보, 전복, 반제도, 시민사회에 속하는 것으로 읽혀지고 있다(Dai Jin Hwa, 2007). 1990년대에 '시민사회'에 대한 담론이 부상하게 된 이유가 국가권력에 대항했던 폴란드 자유노조운동에 대한 이론적 지원을 위한 것이었다는 지적은 눈여겨 볼 만하다. 또한 시민사회라는 개념 자체는 서구 근대국가의 산물이라는 점에서 아시아의 맥락에서는 다르게 해석되어야 하며, 서구에서도 '시민'은 시민이 되지 못한 계층을 배제하는 선택적인 의미를 담고 있었기 때문에 오늘날에도 '시민', '시민권'의 개념에는 외국인 이주 노동자 등에 대한 배제적 의미가 내포될 수 있다는 성찰을 담아야 한다는 지적은 옳다고 본다(Ichiyo, 2007).

시민사회의 논의와 함께 1990년대에 새롭게 부상된 개념이 NGO이다. NGO는 UN이 주관하는 국제회의에서 정부대표와 나란히 비정부대표로서 발언의 공간이 주어져 왔다. NGO의 국제성 때문에 아시아에서 NGO는 영어를 잘 구사하고 외국기금 지원을 받는 것과 연계된 이미지를 지니고 있다.

시민단체나 NGO에 대한 사회적 이미지가 국가마다 다른 것은 물론 사회운동의 맥락도 다르다. 서구의 사회운동은 노동운동, 정당운동, NGO운동, 소비자운동 등으로 변화해 오면서 구사회운동과 신사회운동이 서로 누진적으로 발전해 오고 있는 데 비해 아시아에서의 사회운동은 시대적 과제가 다른 사회운동이 동시대에 공존하기도 하고 때로는 경쟁하기도 한다. 유럽에서는 구사회운동의 한계영역이었던 여성운동과 환경운동이 보완적 의미를 띠면서 등장한다. 탈근대의 개념이 미완의 근대 프로젝트를 성찰하면서 등장하였기 때문에 신사회운동은 구사회운동과 협력공존의 방식으로 나타난다. 소비자운동이 생산자운동과 연계하여 나타나며, 탈근대의 흐름은 거대담론을 생활세계 영역에 안착시키며 생활세계의 민주화 담론으로 발전해 간다. 따라서 소비자운동, 생활세계의 민주화운동이 거대담론을 해체하는 듯하지만 재구성하는 방향으로 작동하여 신자유주의에 대한 대안

운동으로 발전해 가고 있다. 구사회운동과 신사회운동이 결합하면서 나타난 공정무역운동, 윤리적 소비자운동이 대표적인 사례이다. 소비행위라는 일상생활의 실천행동이 거시적인 신자유주의적 경제질서 자유무역제도에 대한 도전의 의미로까지 연결되어 있다.

반면 아시아에서는 구사회운동과 신사회운동이 분화되어 있고 신자유주의 시대에 대응하는 대안운동, 사회운동의 틀을 형성하는 것과 유기적으로 통합되지 못하고 있다. 중국에서는 1980년대의 이상주의가 1990년대의 소비주의로 이어지고 있다고 한다. 일본에서는 구사회운동이 지역에서의 개발주의에 반대하는 생존권운동으로, 다시 생활협동조합운동, 정치참여운동으로의 발전으로 계승되고 있다.

아시아 각국의 시민사회는 민주화운동단체, 신자유주의적 세계화로 인해 생존권을 지키려는 노동자 · 농민의 민중운동, 신사회운동인 여성운동, 환경운동 등으로 분화되어 있다. 이들 사회운동단체들은 ① 해당 국가의 정부에 대한 입장, ② 세계화에 대한 입장, ③ 인권에 대한 입장에서 각각 견해를 달리하거나 상호 충돌하는 경우가 많다. 아시아에서 민주화운동을 통해 민주정부가 탄생한 것은 1980년대 후반 1990년대에 들어서면서부터이다. 민주정부는 절차적 민주화를 수용하고 있지만 동시에 신자유주의 정책을 수용하고 있다. 이러한 입장은 민주화운동단체와 신자유주의에 반대하여 생존권 투쟁을 벌이는 민중운동단체와의 대립을 초래하기도 한다. 또한 전통과 공동체적 의리를 앞세우는 기존의 사회운동단체들은 여성을 근대적 개인으로서의 주체로 앞세우는 여성운동에 대해 '서구적'이라는 낙인을 찍기도 한다. 민족주의적 부국강병의 논리를 지지하는 입장은 환경보호론과 충돌하기도 한다.

뿐만 아니라 아시아 대부분의 국가들은 근대에 들어서 새로운 사회변동의 주체가 아니라 대상이었기 때문에 과거와 현재 · 미래의 문제를 동시에 끌어안게 된다. 식민지시대와 냉전시대의 문제가 논의의 대상이 되기도

전에 세계화의 과제가 부과된다. 이른바 비동시성의 동시적 교착상태에 빠지게 된다. 비동시성의 동시성이라는 교착상태에 빠지게 되면 각각의 문제를 해결하고자 하는 주체적 대응의 논리가 각 부문의 우리에 갇힌 채 전체에 대한 방향을 잃게 된다. 더구나 이런 독백상태를 '다양성'의 공존이라는 포스트 모던적인 정당화를 통해 당연시하는 위험에 빠지게 된다. 이러한 무간섭의 공존을 벗어나는 방법은 사회운동의 연대이다.

6. 아시아에서의 시민사회의 발전과 사회운동의 연대

1) 민주화운동

아시아 사회운동은 민족독립운동, 민주화운동 등의 역사를 통해 국가권력과 대립적인 입장을 취해 왔다. 민족해방운동, 독립운동의 차원에서 국제연대가 활발히 이루어졌으나 '민주화운동'에 대한 아시아 차원의 연대는 각국의 민주화의 정도에 따라 제약을 받아 왔다. 아시아에서의 민주화운동 연대는 권위주의 정권에 의해 양산된 양심수에 대한 지원과 권위주의 정권 해체를 촉진시키는 운동으로 집약되었다. 필리핀의 마르코스 대통령의 하야와 코라손 아키노 대통령의 집권, 한국에서의 김영삼 정권을 필두로 한 문민정권의 탄생, 대만에서의 정권교체, 인도네시아에서의 수하르토 정권의 퇴진, 스리랑카에서의 정권교체 등의 아시아 민주화 운동의 가시적인 성과는 1980년대 후반을 기점으로 하여 현재까지 진행 중인 상태이다.

짧은 기간 동안 급격하게 이루어지고 있는 아시아에서의 문민정권, 민주화운동 정권의 탄생은 그러나 세계화의 거센 흐름 속에 다가오고 있는 시장개방의 압력에 대한 대응의 면에서는 아직 그 성과가 가시화되지 않고 있는 상태이다. 아시아 시민사회의 입장은 초기에는 민주화 등 다른 사회적 과제가 우선하였기 때문에 신자유주의에 대한 대응에 대해 상대적으로 소홀하였다. 그러나 1997년 아시아 사회에 닥친 외환위기를 계기로 세계화의 폐해에 대한 관심이 고조되기 시작하였다.

세계화의 문제점에 대응하고 있는 서구 각국이 국가와 정당, 의회, 노동조합, 시민사회의 협력을 통해 적절한 규제를 마련해 가고 있는 데 비해 아직 아시아에서는 세계화에 대해 국가기구와 시민사회 영역이 협력적인 입장에 있지는 않다. 게다가 아시아 각국은 아직은 권위주의 정권에서 민주정권으로의 이행이라는 사회적 과제를 달성해야 하는 상황에 있고 민주정권을 이룩한 나라들은 국가기구의 효율성, 부패 등의 보다 실질적인 차원의 민주화라는 거대한 과제를 눈앞에 두고 있다.

2) 노동운동

공업화의 정도와 비례하는 노동운동의 발달은 아시아의 공업화가 국가주도적인 기획에 의해 이루어졌다는 점에서 상대적으로 국가의 통제력의 영향이 큰 영역이다. 특히 수출지향적 공업화를 통해 신흥공업국으로의 변화를 국가 차원에서 주도했던 나라들은 국가가 노동운동을 적극적으로 억압하고 통제하는 것이 일반적이다. 외국자본이 유입된 자유무역지대에서의 노조설립을 허용하지 않는 것이 중요한 투자조건으로 제시되고 있으며, 아시아각국은 자유무역지대 외에서도 민주적인 노동조합운동이 억압되고 있는 실정이다. 아시아의 네 마리 용 중의 하나였던 한국에서는 1987년 이후에야 비로소 마산 · 창원 등의 수출자유지역에서 민주노조 설립이 가능해졌고 민주노조의 합법화를 위한 운동은 1990년대 이후의 중요한 과제였다. 1997년 외환위기 이후에 구조 조정으로 인한 대량 실업 문제가 대두하면서 민주 노동조합은 세계화, 시장 개방과 관련한 정책의 면에서 민주 정부와 가장 첨예하게 대립되고 있는 부문이다.

한국에서의 노동운동을 통한 노동조건의 향상과 노동조합 설립이 합법화되자 한국의 많은 공장들은 저임 노동력을 찾아 아시아로 이전하게 되었다. 즉, 아시아 내의 특정 국가에서의 노동운동과 노동조건의 향상은 다른 나라로의 자본철수로 이어지는 것을 볼 수 있으며 특정 국가에서의 노동운동의 과제는 아시아 전체의 노동운동의 과제와는 다르게 진행하는 것을 알 수 있다. 한국, 대만, 일본 등에서 외국인 노동자의 인권문제가 중요한 시민운동으로 자리 잡았지만 그것이 노동운동의 과제로 편입되지는 않았다. 대체로 외국인 노동자의 문제나 나라 밖의 다국적 기업의 노동인권과 환경침해에 대한 감시는 시민운동의 차원에서 제기되고 노동조합운동은 노동조건의 향상, 노동조합운동의 합법화에 모아지고 있는 실정이다.

아시아 지역 내의 해외진출 기업 또는 아시아 다국적 기업의 등장은 1980년대 후반부터 가속화되었다. 고속성장을 거듭해 온 아시아의 신흥공업국 내에서 노동운동에 대한 요구를 더 이상 효율적으로 국가가 통제할 수 없게 되자 아시아에서 상대적으로 공업화의 수준이 낮은 국가로의 공장이전이 활발하게 이루어졌다. 1980년대부터 중국과 베트남 등이 사회주의 경제로부터 시장경제로 이행하면서 공장이전은 더욱 가속화되었다. 저임 노동력을 찾아 이루어진 세계적 차원의 분업의 촉진은 한편으로 공장 이출국에서는 실업이라는 사회문제를 낳게 되고 공장 이입국에서는 저임금 · 장시간 노동이라는 노동인권 탄압의 문제를 만들어 내었다.

자유무역지대에서의 노동인권 탄압이 가시화되고 아동노동의 문제, 노동복지의 문제 등이 지속적으로 제기되면서 아시아 지역 내에서도 노동인권에 대한 관심이 고조되게 되었다. 특히 아시아 지역 내에서 이루어지는 공장이전에 따른 체불임금의 문제, 고용의 안정성의 문제에 대한 경각심이 높아지면서 아시아 지역 내의 노동자들의 연대가 활발해지고 있다. 아시아 지역 내의 연대의 사례로는 우선 다국적 기업 진출국의 시민단체 또는 민주적인 노동조합과 자유무역지대의 노동자들과의 연대의 사례를 들 수 있다.

다국적 기업의 해외진출은 아시아 지역 내의 연대를 어렵게 하기도 한다. 상대적으로 노동인권과 환경친화성에 대한 사회적 감시가 소홀한 지역으로의 공장이전은 특정 국가 내에서 기존의 노동운동 성과를 약화시킬 가능성이 있다. 그러나 아시아 지역 내에서의 노동운동의 발달은 상대적으로 단기간에 압축적으로 강도 높은 저항을 동반하며 이루어진 것이 보통이기 때문에 신흥공업국으로 발돋움하는 다른 나라와 갈등적이거나 적대적인 경우보다는 협동적인 사례가 더 많이 나타난다. 노동운동의 역사가 짧고 아직은 노동운동의 제도화, 노동운동의 정치화가 이루어지지 않은 상태이기 때문에 초기 노동조합운동을 하고 있는 나라들에 대한 이해와 연대가 앞서는 편이다. 일본의 시민운동단체인 진출기업을 생각하는 모임에서는 한국에 진출한 일본 기업의 자본철수에 따르는 임금과 퇴직금 체불 등에 항의하는 연대운동을 공동으로 조직하여 연대활동을 성공적으로 이끈 사례가 여럿 있다. 일본 이외에도 한국과 대만에서도 아시아 다른 지역에서의 노조설립을 위한 갈등이 발생했을 때 기꺼이 연대한 경우를 보인다.

3) 환경운동

신흥공업국 붐이라고 일컬을 수 있는 흐름이 아시아 각국을 사로잡았기 때문에 환경문제에 대한 관심은 초기에는 환경오염에 따른 산업재해에 대한 관심으로 한정되었다. 공업화의 선두주자였던 일본에서 1970년대의 미나미타, 이따이 이따이 병이 발병하면서 오염에 따른 산업질병의 문제가 사회운동의 관심으로 대두되었다. 일본의 뒤를 이어 한국도 온산 · 울산 지역 등에서 공해병에 대한 보고가 이루어지면서 공해문제에 대한 사회적 관심이 고조되었다. 초기의 환경운동은 산업재해로 이어지는 공해추방의 차원이었다. 산업재해에 대한 관심은 대기오염, 수질오염에 대한 경각심을 높였으며, 환경 파괴적인 개발 일반에 대한 시민사회의 관심을 고조시켰다. 따라서 노동인권의 문제와 마찬가지로 처음에는 구미와 대립적인 입장을 보였던 그린 라운드 등의 채택에 대해서 아시아 시민사회운동에서 수용해 가는 입장으로 선회하고 있다.

최근에는 아시아 각국에서 댐건설 반대운동에 환경운동단체들이 앞장서고 있다. 한국에서는 자연자원과 역사자원 보호를 위해 동강댐 건설을 반대하여 시민의 힘으로 정부에서 입안된 정책에 개입하여 댐건설을 유보시킨 사례가 있다. 한국 외에도 태국의 박문댐, 인도의 나르마다 댐 건설에 반대하는 주민들의 거센 시위가 아시아 지역에 가시화되고 있다. 특히 나르마다 댐의 경우에는 댐에 의해 수몰될 마을 사람들 자신들이 마을의 역사와 삶을 보존하기 위해 목숨을 걸고 투쟁하고 있으며, 그러한 마을 사람들의 투쟁의지가 전 세계적인 이목을 집중하여 환경 파괴적인 개발정책 일반에 대한 반성을 촉구하였다는 점에서 시사적이다.

댐건설 문제 이외에 최근에 고조되는 문제는 정부 주도적인 개발계획 실행에 대한 문제가 광범위하게 나타나고 있다. 개발계획에 대한 설명 책임의 문제, 정책결정과정의 투명성 등의 문제가 아시아 전역에서 제기되고 있다. 특히 국제개발협력의 프로젝트의 환경친화성에 대한 문제에 대해서는 공여국과 수원국의 시민단체의 공조를 만들어 내고 있다.

4) 여성인권 연대와 평화운동

아시아에서 안보 · 평화 문제는 시민사회가 넘볼 수 없는 국가의 영역이었다. 유럽에서는 1989년을 기점으로 탈냉전기가 전개되면서 헬싱키 선언 등 군축과 평화에 대한 관심이 시민사회에서 고조되고 있을 때조차 아시아에서는 아직 시민사회 내에서 평화운동이 일반화되지 않은 실정이었다. 아시아에서 반전평화운동의 물꼬를 튼 것은 '국가 성폭력의 피해자'로서 가장 오랫동안 억압당해 왔던 여성들이었다. 아시아에서의 평화운동의 시작은 원폭피해에 대한 일본 시민사회의 반핵운동을 시작으로 이루어졌다. 일본에서의 반핵평화운동이 아시아에서의 평화운동의 선두였지만 전쟁 가해국이 가해의 대가로 당한 폭력에 대해 특히 아시아 사회의 연대는 냉담한 편이었다. 일본의 반핵평화운동의 연대가 주로 유럽과 이루어지고 아시아에서의 연대에 한계가 있었던 이유는 일본 자신이 가해자로서의 책임에 대한 아시아 시민사회에서의 일정한 입장정리가 이루어지지 않았기 때문이다.

제2차 세계대전의 가해국에 대한 민간인 차원의 배상 요구, 책임 있는 당국자의 사과 요구가 범아시아 차원의 연대를 이룩하고 세계적 차원의 주목을 받게 된 것은 '일본군 군위안부(정신대)' 여성들의 연대를 통해서 비로소 가능했다. 성폭력 반대에 대한 페미니즘의 관심이 국제사회에서 고조된 가운데 국가 차원에서 이루어진 성폭력의 문제는 국제사회의 이목을 집중시키는 데 성공(?)하였다. '일본군 군위안부(정신대)' 여성들에 대한 일본의 국가 차원의 배상과 사죄를 요구한 운동을 통해 제2차 대전의 피해여성들 간의 아시아 연대가 형성되어 1995년 베이징 여성대회, 2000년 베이징+5(베이징 플러스 파이브) 세계여성대회 등에서 지속적으로 문제제기를 하고 있다. 또한 '일본군 군위안부(정신대)' 여성에 대한 배상과 일본 당국의 전쟁책임에 대하여 국제사법재판소, 유엔 인권위원회 등에 제소해 놓고 있는 상태이다. 아시아에서의 피해를 세계적 차원의 운동인 여성운동의 언어인 성폭력의 문제로 번역했을 때 비로소 세계 언론의 주목을 받게 된 것이다. 아시아 여성 연대가 가능했던 배경 역시 각국 내의 여성운동계의 지원에 의해 전쟁과 성폭력에 대한 반감의 확산이라는 사회적 분위기와 맞물려 제기되고 있다.

제2차 대전 당시에 일어난 국가 성폭력의 문제가 오랫동안 억압당해 왔던 이유는 세계체계의 변화가 외부로부터 주어졌기 때문이다. 제2차 세계대전의 피해국이 전승국이었기 때문에 구미에서의 전후처리는 적극적으로 이루어진 반면 아시아에서의 제2차 대전은 피해국이 전승국이 되는 상황이 아니었다. 가해국이었던 일본이 아시아 전체에서 전후에도 아시아에서 경제발전의 선두자리를 차지하고 점령국인 미국과 공조체제를 구축했기 때문에 사실상 일본은 아시아에서 전승국의 입장에 있었던 셈이다. 게다가 아시아의 전쟁 피해국들이 수출 지향적 공업화의 과정에서 가해국에 대해 경제적으로 의존적이었기 때문에 문제가 제기되지 않거나 혹은 시민사회의 대표성과는 관계없는 권위주의 정부는 일본 정부와의 협상을 통해 식민지 피해와 전쟁피해 보상문제를 일괄 타결하였는데, 한국이 그 대표적인 사례이다.

참고문헌

제1장

강문구. 1995. "변혁 지향 시민사회운동의 가능성과 한계, 그리고 일전망." 유팔무 · 김호기 편. 『시민사회와 시민운동』. 한울.

경실련. 1989. 『경실련발기선언문』. 경실련. http://www.ccej.or.kr/ccej/docs/발기선언문. pdf

———. 1995. 『경실련 출범5주년 기념자료집』. 경실련.

김광식. 1985. "미군정과 분단국가의 형성." 최장집 편. 『한국현대사: 1945-1950』. 열음사.

김동노. 1997a. "민란과 노동운동, 그리고 국가." 『전통과 현대』 1(2): 112-135.

———. 1997b. "국가의 정당성결여와 생활세계의 왜곡." 『현상과인식』 21(1): 71-96.

———. 1998. "미 군정기의 농민조직과 농민운동." 『사회와 역사』 54: 121-164.

———. 2007. "일제시대 식민지 근대화와 농민운동의 전환." 『한국사회학』 41(1): 194-220.

———. 2009. 『근대와 식민의 서곡』. 창비.

———. 2013. "시민운동의 정치 참여를 통해 본 시민운동의 성장과 한계." 『현상과 인식』 37(3): 59-85.

김동춘. 1995. 『한국사회 노동자연구』. 역사비평사.

김양식. 1990. "고종조 민란연구." 『한국사의 이해: 근현대편』. 문학과 지성.

金允植. 1960(189?). 『續陰晴史』. 국사편찬위원회.

김진봉. 1970. "진주민란에 대하여." 『백산학보』 8: 427-458.

노동부. 1992. 『노동백서』.

류석춘. 2000. "운동권은 왜 말이 없나." 「문화일보」(2000.9.18.)

박형준. 2001. 『성찰적 시민사회와 시민운동』. 의암출판사.

서경석. 2002. "한국의 시민운동, 전환기인가?" 중앙일보 시민사회연구소 시민사회포럼 편. 『한국의 시민운동, 전환기인가?』. 중앙일보.

오승용. 2001. "시민운동 단체의 정체성 비판." 김인영 외. 『NGO 시민운동바로보기: 한국 시민운동을 다시 생각한다』. 21세기북스.

吳知泳. 1940. 『東學史』. 영창서관.

유팔무. 1995. "시민사회의 성장과 시민운동." 유팔무 · 김호기편. 『시민사회와 시민운동』. 한울.

이대훈. 2003. "시민불복종과 법치주의적 상상력." 『시민과 세계』 3: 115-133.

이종회. 1999. "자본의 신자유주의적 공세와 한국의 시민운동." 『진보평론』 2: 56-74.

이혜숙. 1988. "미군정기 농민운동의 성격과 전개 과정." 한국사회사연구회 편. 『해방 직후의 민족문제와 사회운동』. 문학과 지성사.

장상환. 2001. "4·13 총선, 진보정당과 시민운동." 유팔무 · 김정훈 편. 『시민사회와 시민운동 2』. 한울.

「**전봉준 판결문(全琫準判決文)**」

鄭喬. 1960(1910). 『大韓季年史』. 국사편찬위원회.

조대엽. 2007. 『한국의 사회운동과 NGO』. 아르케.

조희연. 1993. "민중운동과 시민사회, 시민운동." 『실천문학』 32: 232-270.

———. 2002. "시민 · 사회운동과 정치: 한국정치와 NGO의 정치개혁운동." 시민사회포럼 · 중앙일보 시민사회연구소 편. 『참여민주주의 실현을 위한 시민사회와 시민운동』. 아르케.

주성수. 2011. "시민사회의 영향력에 관한 경험적 분석: 정부와 시민사회의 관계를 중심으로." 『시민사회와 NGO』 9(1): 3-29.

총선시민연대. 2001. 『총선시민연대백서』. 총선연대.

최장집. 1988. 『한국의 노동운동과 국가』. 열음사.

「**프레시안**」. 2005. "국회 앞둔 민주노동당의 고민."(2005.2.5.)

한국기독교교회협의회. 1984. 『노동현장과 증언』. 풀빛.

한국노총. 1988. 『1987년의 노동쟁의』.

한국민주노동자연합. 1994. 『1970년대 이후 한국노동운동사』. 동녘.

리얼미터 사회기관 신뢰도조사
(http://www.realmeter.net/Issue/view.asp?Table_Name=S_News2&N_Num=768&file_name=20101210093600.htm)

Deth, Jan W. Van, 2007. "Citizen Participation in Civil Society around the World." pp.217-234 in *CIVICUS Global Survey of the State of Civil Society* Vol. 2 edited by V. Finn Henrich and Lorenzo Fioramonti. Bloomfield CT: Kumarian Press.

Kim, Dong-No. 2007. "Social Grievances and Social Protests against the Oppressive State." pp.179-204 in *Modern Korean Society: Its Development and Prospect*, edited by Hyuk-Rae Kim and Bok Song. Berkeley, CA: Institute of East Asian Studies, University of California at Berkeley.

Koo, Hagen and Eun-Mee Kim. 1992. "The Developmental State and Capital Accumulation in South Korea." pp.121-149 in *States and Development in the Asian Pacific Rim*, edited by Richard Appelbaum and Jeffrey Henderson. Newbury Park: Sage Publications.

United States Armed Forces in Korea. *HUSAFIK 1946~48, Vol. Ⅲ(History of United States Armed Forces in Korea)*. United States Armed Forces in Korea.(『주한미군사 3』).

제2장

시민의 신문. 1999.『한국민간단체총람 2000』.

————. 2003.『한국민간단체총람 2003』.

임희섭. 1999.『집합행동과 사회운동의 이론』. 고려대학교 출판부.

정나리. 2011. "온라인 유연자발집단의 사회운동 참여과정에 관한 연구-2008년 미국산 소고기 수입반대 촛불집회를 중심으로." 고려대학교 대학원 사회학과 석사학위논문.

정철희. 1995. "한국 민주화 운동의 사회적 기원: 미시동원맥락과 프레임의 형성."『한국사회학』 29: 501-532.

———. 1996. "중위동원과 6월항쟁: 사회운동조직의 구조적 · 문화적 통합." 『한국사회학』 30: 65-91.

조대엽. 1995. "한국의 사회운동과 조직유형의 변화에 관한 연구: 1987-1994." 고려대학교 대학원 사회학과 박사학위논문.

———. 1999. 『한국의 시민운동-저항과 참여의 동학』. 나남.

———. 2002. "대중과 시민." 계간 『비평』 8.

———. 2007. 『한국의 사회운동과 NGO-새로운 운동주기의 도래』. 아르케.

———. 2010. "4월 혁명의 순환구조와 6.3항쟁-역사주기론의 시각. 『한국과 국제정치』 26(2): 1-36.

———. 2012. "시민사회와 시민운동의 성장." 박인휘 외 편. 『탈냉전사의 인식-세계화 시대 한국사회의 문제의식』. 한길사.

———. 2013. 『한국 시민운동의 전망-생활공공성운동과 생활민주주의』. 시민사회단체연대회의 비전위원회 제 2차 비전포럼 및 워크숍 자료집.

조희연. 1999. "종합적 시민운동의 구조적 성격과 변화전망에 대하여." 『당대비평』 9: 320-346.

Diani, Mario. 1992. "The Concept of Social Movement." *The Sociological Review* 40(1): 1-25.

Gerhards, Jurgen and Dieter Rucht. 1992. "Mesomobilization: Organizing and Framing in Two Protest Campaigns in West Germany." *American Journal of Sociology* 98(3): 555-596.

Kreisi, Hanspeter. 1996. "The Organizational Structure of New Social Movements in a Political Context." pp.152-184 in *Comparative Perspectives on Social Movements: Political Opportunities, Mobilizing Structure, and Cultural Framing*, edited by D. McAdam, John D. McCarthy, and Mayer N. Zald. Cambridge, UK: Cambridge University Press.

McAdam, D. 1982. *Political Process and the Development of Black Insurgency*, 930-1970. Chicago, IL: University of Chicago Press.

McAdam, D., J. D. McCarthy, and M. N. Zald. 1988. "Social Movements." pp.695-738 in *Handbook of Sociology*, edited by N. J. Smelser. Beverly Hills, CA: Sage.

McCarthy, J. D. and M. N. Zald. 1973. *The Trend of Social Movements in America:Professionalization and Resource Mobilization*. Morristown, NJ: General Learning Co.

————————————. 1977. "Resource Mobilization and Social Movement: A Partial Theory." *American Journal of Sociology*. 82(6): 1212-1241.

Mellucci, A. 1981. "Ten Hypothesis for the Analysis of New Movements." pp.173-194 in *Contemporary Italian Sociology: a Reader*, edited by P. Pito. New York, NY: Cambridge University Press.

Putnam, R. 1995. "Bowling Alone: America's Declining Social Capital." *Journal of Democracy* 6(1): 65-78.

제3장

구은정. 2008. "사회운동 참여자들의 구술생애사를 통해 본 운동정체성의 변화." 『경제와 사회』 78: 107-132.

김경희. 2002. "90년대 정부와 여성운동의 여성정책 프레임에 대한 분석." 『젠더와 사회』 1: 11-139.

김두식. 2003. "광주항쟁, 5월운동, 다중적 집단정체성." 『민주주의와 인권』 3(1): 99-133.

김진균 편. 2003. 『저항, 연대, 기억의 정치 (1), (2)』. 문화과학사.

나간채 외. 2004. 『기억 투쟁과 문화운동의 전개』. 역사비평사.

박영신. 2005. "'운동문화'의 사회학: 집합 열광의 공간과 '운동 노래'." 『사회이론』 27: 57-90.

박인혜. 2011. 『여성운동 프레임과 주체의 변화』. 한울.

박형신 · 조대엽 · 김종길 · 문형욱. 2000. 『새로운 사회운동의 이론과 현실』. 문형.

신진욱. 2007. "사회운동의 연대형성과 프레이밍에서 도덕감정의 역할." 『경제와 사회』 73: 203-245.

———. 2011. "한국사회에서 저항의 고조기의 정체성 정치의 특성." 『경제와 사회』 90: 226-260.

이승훈. 2005. “한국 사회운동가들의 정체성 형성과정.” 『경제와 사회』 66: 12-38.

이신행 · 장동진 · 고상두 · 이진원 · 양기호 · 오문환. 1994. 『시민사회운동-이론적 배경과 국제적 사례』. 법문사.

이항우. 2012. “소셜 미디어, 사회운동의 개인화, 그리고 집합 정체성 구성.” 『경제와 사회』 95: 254-287.

임희섭 · 양종회 공편. 1998. 『한국의 시민사회와 신사회운동』. 나남.

정근식. 2007. “광주 민주항쟁에서의 저항의 상징 다시 읽기: 시민적 공화주의를 중심으로.” 『기억과 전망』 16: 143-182.

정근식 · 나간채 · 박찬식 외. 2006. 『항쟁의 기억과 문화적 재현』. 선인.

정철희. 2003. 『한국 시민사회의 궤적』. 아르케.

정철희 · 고동현 · 박병영 · 이희영 · 신진욱. 2007. 『상징에서 동원으로: 1980년대 민주화운동의 문화적 동학』. 이학사.

조대엽. 2007. 『한국의 사회운동과 NGO: 새로운 운동주기의 도래』. 아르케.

조희연 편. 2004. 『한국의 정치사회적 저항담론과 민주주의 동학』. 함께읽는 책.

최인이. 2007. “노동조합 운동전략으로서의 프레이밍과 정체성 구성.” 『동향과 전망』 70: 273-313.

최종욱 편. 1994. 『현대의 위기와 새로운 사회운동』. 문원.

Benford, Robert D. 1993. “Frame Disputes within the Nuclear Disarmament Movement.” *Social Forces* 71(3): 677-701.

———. 1997. “An Insider's Critique of the Social Movement Framing Perspective.” *Sociological Inquiry* 67(4): 409-430.

Benford, Robert D. and David A. Snow. 2000. “Framing Processes and Social Movements: An Overview and Assessment.” *Annual Review of Sociology* 26: 611-639.

Bernstein, Basil. 1964. “Elaborated and Restricted Codes: Their Social Origins and Some Consequences.” *American Anthropologist* 66(6): 55-69.

———. 1972. “A Sociolinguistic Approach to Socialization.” pp.465-497 in J. Gumperz and D. Hymes(eds.). *Directions in Sociolinguistics*. New York, NY: Holt, Rinehart and Winston.

Brand, Karl-Werner. 1987. “Kontinuität und Diskontinuität in den neuen sozielen Bewegungen.” pp.30-44 in R. Roth and D. Rucht(eds.) *Neue* *soziale Bewegungen in der Bundesrepublik Deutschland*. Frankfurt/M. and New York, NY: Campus.

———. 1990. "Cyclical Aspects of New Social Movements: Waves of Cultural Criticism and Mobilization Cycles of New Middle-Class." pp.23-42 in R. J. Dalton and M. Kuechler(eds.). *Challenging the Political Order*. New York, NY: Oxford University Press.

Brewer, Marilynn B. and Michael D. Silver. 2000. "Group Distinctiveness, Social Identification, and Collective Mobilization." pp.153-171 in Sheldon Stryker, Timothy J. Owens, and Robert W. White(ed.). *Self, Identity, and Social Movements*. Minneapolis and London : University of Minnesota Press.

Buechler, Steven M. 1990. *Women's Movements in the United States*. New Brunswick: Rutgers University Press.

Calhoun, Craig. 1993. "'New Social Movements' of the Early Nineteenth Century." *Social Science History* 17(3): 385-427.

Cohen, Jean L. 1982. *Class and Civil Society*. Amherst: University of Massachusetts Press.

———. 1985. "Strategy or Identity: New Theoretical Paradigms and Contemporary Social Movements." *Social Research* 52(4): 663-716.

Cohen, Jean L. and Andrew Arato. 1992. *Civil Society and Political Theory*. Cambridge: MIT Press.

Crossley, Nick. 2002. *Making Sense of Social Movements*. Buckingham and Philadelphia: Open University Press.

Della Porta, Donatella and Dieter Rucht. 1995. "Left-Libertarian Movements in Context: A Comparison of Italy and Germany, 1965-1990." pp.229-272 in J. C. Jenkins and B. Klandermans(eds.). *The Politics of Social Protest*. London: University of College London Press.

Gamson, William A. 1975. *The Strategy of Social Protest*. Belmont: Wadsworth.

———. 1988. "Political Discourse and Collective Action." pp.219-244 in B. Klandermans, H. Kriesi and S. Tarrow(eds.). *From*

Structure to Action. London and Greenwich: JAI Press.

――――――――――. 1992. *Talking Politics*, Cambridge: Cambridge University Press.

Gamson, William A., Bruce Fireman, and Steven Rytina. 1982. *Encounters with Unjust Authority*. Homewood: Dorsey Press.

Goodwin, Jeff, James M. Jasper, and Francesca Polletta. 2001. "Introduction: Why Emotions Matter." pp.1-24 in J. Goodwin, J. Jasper, and F. Polletta(eds.). *Passionate Politics. Emotions and Social Movements*. Chicago and London: University of Chicago Press.

Habermas, Jürgen. 1973. *Legitimationsprobleme im Spätkapitalismus*. Frankfurt/M.: Suhrkamp.

――――――――――. 1981. *Theorie des kommunikativen Handelns*. Frankfurt/M.: Suhrkamp.

――――――――――. 1992. *Faktizität und Geltung*. Frankfurt/M.: Suhrkamp.

Hunt, Scott A., Robert D. Benford, and David A. Snow, 1994. "Identity Fields: Framing Processes and the Social Construction of Movement Identities." pp.185-208 in E. Laraña, H. Johnston, and J. R. Gusfield(eds.). *New Social Movements: From Ideology to Identity*. Philadelphia: Temple University Press.

Jasper, James M. 1997. *The Art of Moral Protest*. Chicago: University of Chicago Press.

Klandermans, Bert and Marga de Weerd, 2000. "Group Identification and Political Protest." pp.68-90 in S. Stryker, T. J. Owens, and R. W. White(eds.). *Self, Identity, and Social Movements*. Minneapolis: University of Minnesota Press.

Koopmans, Rudd and Paul Statham. 1999. "Ethnic and Civic Conceptions of Nationhood and the Differential Success of the Extreme Right in Germany and Italy." pp.225-251 in Marco Giugni, Doug McAdam, and Charles Tilly(ed.). *How Social Movements Matter*. Minneapolis and London : University of Minnesota Press.

McAdam, Doug. 1982. *Political Process and the Development of Black*

Insurgency, 1930-1970. Chicago: University of Chicago Press.

________________. 1995. "'Initiator' and 'Spin-off' Movements: Diffusion Processes in Protest Cycles." pp.217-239 in Mark Traugott(ed.). *Repertoires and Cycles of Collective Action*. Durham and London: Duke University Press.

McCarthy, John D. and Mayer N. Zald. 1977. "Resource Mobilization and Social Movements: A Partial Theory." *American Journal of Sociology* 82(6): 1212-1241.

Melucci, Alberto. 1985. "The Symbolic Challenge of Contemporary Movements." *Social Research* 52(4): 789-816.

________________. 1988. "Getting Involved: Identity and Mobilization in Social Movements." pp.329-348 in B. Klandermans, H. Kriesi, and S. Tarrow(eds.). *From Structure to Action*. Greenwich: JAI Press.

________________. 1989. *Nomads of the Present*. London: Hutchinson.

________________. 1994. "A Strange Kind of Newness: What's 'New' in New Social Movements?." pp.101-130 in E. Laraña, H. Johnston, and J. R. Gusfield(eds.). *New Social Movements*. Philadelphia: Temple University Press.

________________. 1996. *Challenging Codes*. Cambridge: Cambridge University Press.

Myers, Daniel J. 2008. "Ally Identity: The Politically Gay." pp.167-188 in J. Reger, D. J. Myers, and R. L. Einwohner(eds.). *Identity Work in Social Movements*. Minneapolis: University of Minnesota Press.

Noakes, John A. and Hank Johnston. 2005. "Frames of Protest: A Road Map to a Perspective." pp.1-29 in J. A. Nokes and H. Johnston(eds.). *Frames of Protest*. Lanham: Rowman & Littlefield.

Offe, Claus. 1985. "New Social Movements: Challenging the Boundaries of Institutional Politics." *Social Research* 52(4): 817-868.

Pichardo, Nelson A. 1997. "New Social Movements: A Critical Review." *Annual Review of Sociology* 23: 411-430.

Roth, Silke. 2008. "Dealing with Diversity: The Coalition of Labor Union

Women." pp.213-232 in *Identity Work in Social Movements*, edited by J. Reger, D. J. Myers, and R. L. Einwohner. Minneapolis: University of Minnesota Press.

Rucht, Dieter. 1994. *Modernisierung und neue soziale Bewegungen*. Frankfurt/M. and New York: Campus.

————. 1999. "Gesellschaft als Projekt-Projekte in der Gesellschaft. Zur Rolle sozialer Bewegungen." pp.15-27 in A. Klein, H.-J. Legrand, and Th. Lief(eds.). *Neue soziale Bewegungen*. Opladen: Westdeutscher Verlag.

Schwalbe, Michael L. and Douglas Mason-Schrock. 1996. "Identity Work as Group Process." *Advances in Group Processes* 13: 113-147.

Snow, David A. 2007. "Framing Processes, Ideology, and Discursive Fields." pp.380-412 in D. A. Snow, S. A. Soule, and H. Kriesie(eds.). *The Blackwell Companion to Social Movements*. Malden, MA and Oxford, UK: Blackwell Publishing.

Snow, David A. and Doug McAdam. 2000. "Identity Work Processes in the Context of Social Movements: Clarifying the Identity/Movement Nexus." pp.41-67 in S. Stryker, T. J. Owens, and R. W. White(eds.). *Self, Identity, and Social Movements*. Minneapolis: University of Minnesota Press.

Snow, David A. and Robert D. Benford. 1988. "Ideology, Frame Resonance, and Participant Mobilization." pp.197-217 in B. Klandermans, H. Kriesie, and S. Tarrow(eds.). *From Structure to Action*. Greenwich: JAI Press.

————. 1992. "Master Frames and Cycles of Protest." pp.133-155 in A. D. Morris and C. McClurg Mueller(eds.). *Frontiers in Social Movement Theory*. New Haven: Yale University Press.

Snow, David A., E. Burke Rochford, Jr., Steven K. Worden, and Robert D. Benford. 1986. "Frame Alignment Processes, Micromobilization, and Movement Participation." *American Sociological Review* 51: 464-

481.

Steinberg, Marc W. 2002. "Toward a More Dialogic Analysis of Social Movement Culture." pp.208-225 in David S. Meyer, Nancy Whittier, and Belinda Robnett(ed.). *Social Movement. Identity, Culture, and the State*. Oxford: Oxford University Press.

Stryker, Sheldon. 2000. "Identity Competition: Key to Differential Social Movement Participation?." pp.21-40 in S. Stryker, T. J. Owens, and R. W. White(eds.). *Self, Identity, and Social Movements*. Minneapolis: University of Minnesota Press.

Tarrow, Sidney. 1992. "Mentalities, Political Cultures, and Collective Action Frames: Constructing Meanings through Action." pp.174-202 in A. D. Morris and C. McClurg Mueller(eds.). *Frontiers in Social Movement Theory*. New Haven and London: Yale University Press.

Taylor, Verta and Nancy E. Whittier. 1992. "Collective Identiy in Social Movement Communities: Lesbian Feminist Mobilization." pp.104-132 in A. D. Morris and C. McClurg Mueller(eds.). *Frontiers in Social Movement Theory*. New Haven and London: Yale University Press.

Tilly, Charles. 1978. *From Mobilization to Revolution*. Reading: Addison-Wesley.

――――――. 1986. *The Contentious French*. Cambridge, Mass. and London: The Belknap Press of Harvard University Press.

Touraine, Alain. 1965. *Sociologie de l'action*. Paris: Seuil.

――――――. 1981. *The Voice and the Eye*. Cambridge: Cambridge University Press.

――――――. 1984. *Le Retour de l' acteur. Essai de Sociologie*. Paris: Fayard.

――――――. 1992. *Critique de la modernité*. Paris: Fayard.

Ward, Jane. 2008. "Diversity Discourse and Multi-Identity Work in Lesbian and Gay Organization." pp.233-256 in J. Reger, D. J. Myers, and R. L. Einwohner(eds.). *Identity Work in Social Movements*. Minneapolis: University of Minnesota Press.

Weber, Max. 1988[1922]. *Gesammelte Aufsätze zur Wissenschaftslehre*. Tübingen: J.C.B. Mohr(Paul Siebeck).

Williams, Raymond. 1976. *Keywords. A Vocabulary of Culture and Society*. London: Flamingo.

Williams, Rhys H. 2007. "The Cultural Contexts of Collective Action: Constraints, Opportunities, and the Symbolic Life of Social Movements." pp.91-115 in David A. Snow, Sarah A. Soule, and Hanspeter Kriesie(ed.). *The Blackwell Companion to Social Movements*. Malden, MA and Oxford: Blackwell Publishing.

Zald, Mayer N. 1996. "Culture, Ideology, and Strategic Framing." pp.261-274 in D. McAdam, J. D. MacCarthy, and M. N. Zald(eds.). *Comparative Perspectives on Social Movements*. Cambridge University Press.

제4장

김금수. 1989. "7월-9월 노동자투쟁의 성격과 노동조합운동의 전망." 김용기 · 박승옥 편. 『한국노동운동논쟁사』. 현장문학사.

김동춘. 1995. 『한국사회 노동자연구-1987년 이후를 중심으로』. 역사비평사.

김용기 · 박승옥 엮음. 1989. 『한국노동운동논쟁사-1980년대를 중심으로』. 현장문학사.

김유선. 1998. "노동운동의 혁신을 위한 제언." 『노동사회』 25호.

김진균. 2008. "87년 이후 민주노조운동의 구조와 특징 : 전국노동조합협의회의 전개 과정과 주요 활동을 중심으로." 조돈문 · 이수봉 편. 『민주노조운동 20년』. 후마니타스.

김창우. 2007. 『전노협 청산과 한국노동운동』. 후마니타스.

김태현. 2010. "OECD 특별감시과정 종료 이후 악화된 노동기본권." 전국민주노동조합총연맹 『이명박정부의 노동기본권 탄압토론회 발표자료: 노동기본권 보장이 민주주의다』. (2010.4.16.)

김형기. 1988. 『한국의 독점자본과 임노동』. 까치.

김호기. 1993. "조절이론과 국가이론 : 제솝의 전략-관계적 접근." 『동향과 전망』

19: 237-257.

노동부. 1988.『1987년 여름의 노사분규 평가보고』.

노중기. 1995. "국가의 노동통제전략에 관한 연구 : 1987-1992." 서울대학교 사회학과 박사학위논문.

———. 1997a. "한국의 노동정치체제 변동: 1987-1997."『경제와 사회』 36: 128-156.

———. 1997b. "6월민주항쟁과 노동자대투쟁." 학술단체협의회 편.『6월 민주항쟁과 한국사회 10년』. 당대.

———. 2005. "민주노조운동과 구로동맹파업 : 그 내적 연관에 관한 시론."『산업노동연구』 11(2): 321-346.

———. 2008a.『한국의 노동체제와 사회적 합의』. 후마니타스.

———. 2008b. "1987년 노동자대투쟁과 노동운동의 미래."『민주사회와 정책연구』 13: 225-253.

———. 2010, "한국 노동정치와 국가프로젝트 변동 : 이명박정부 노동통제전략에 대한 해석."『산업노동연구』 16(2): 1-33.

———. 2012a. "87년 노동자대투쟁의 역사적 의의와 현재적 의미."『경제와사회』 96: 178-209.

———. 2012b. "새로운 노동정치를 위한 혁신과 과제." 학술단체협의회.『6월 항쟁의 의의와 한국민주주의의 과제(6월항쟁 25주년 기념토론회 자료집)』(2012.6.29.)

박준식. 2001.『세계화와 노동체제』. 한울아카데미.

손호철. 2002. "밥 제솝의 '전략-관계적' 국가론-맑스주의 국가론의 최후의 보루?."『근대와 탈근대의 정치학』. 문화과학사.

———. 2010. "민주주의와 신자유주의 사이에서."『기억과 전망』 22: 6-37.

엄주웅. 1994. "노동운동의 폭발적 고양과 민주노조운동의 구축." 한국민주노동자연합 편.『1970년대 이후 한국노동운동사』. 동녘.

이상훈. 2006.『산별노조건설, 어떤 방향이어야 하는가?』. 민주노동당 정책토론회 자료집.

임영일. 1989. "7, 8월 노동자대투쟁과 대중운동의 고양-7, 8월 평가 논쟁." 김용기 · 박승옥 편.『한국노동운동논쟁사』. 현장문학사.

———. 1997. "한국의 노동운동과 계급투쟁(1987-1995): 변화를 위한 투쟁, 협상

을 위한 투쟁." 부산대학교 사회학과 박사학위논문.

———. 1998. "한국노동체제의 전환과 노사관계 : 코포라티즘 혹은 재급진화." 『경제와사회』 40: 102-124.

———. 2002. "신자유주의 하 노동의 위기와 노동체제의 전환." 경상대 사회과학연구소 편. 『신자유주의 구조조정과 노동체제의 변화』. 한울아카데미.

———. 2008. "민주노조운동 20년, 산별노조 건설운동의 성과와 과제." 조돈문 · 이수봉 편. 『민주노조운동 20년』. 후마니타스.

장석준. 2008. "진보정당운동의 반성과 새로운 출발." 『진보평론』 36: 160-180.

———. 2011. 『신자유주의의 탄생 : 왜 우리는 신자유주의를 막을 수 없었나?』. 책세상.

장홍근. 1999. "한국 노동체제의 전환과정에 관한 연구, 1987-1997." 서울대학교 사회학과 박사학위논문.

정대화. 1995. "한국의 정치변동, 1987-1992: 국가–정치사회–시민사회의 관계를 중심으로." 서울대학교 정치학과 박사학위논문.

정이환. 2011. 『경제위기와 고용체제: 한국과 일본의 비교』. 한울아카데미.

제솝, 밥(Jessop, Bob). 2000. 『전략관계적 국가이론』. 유범상 · 김문귀 역. 한울.

조돈문. 2008. "민주노조운동의 조건과 과제." 조돈문 · 이수봉 편. 『민주노조운동 20년』. 후마니타스.

———. 2011. 『노동계급 형성과 민주노조운동의 사회학』. 후마니타스.

조현연 · 김정훈. 2012. "진보정치의 위기와 진보의 재구성 : 2012년 통합진보당 사태를 중심으로." 『경제와사회』 95: 94-127.

조효래. 2010. 『노동조합 민주주의』. 후마니타스.

조희연. 2004. 『비정상성에 대한 저항에서 정상성에 대한 저항으로』. 아르케.

지주형. 2011. 『한국 신자유주의의 기원과 형성』. 책세상.

풀란차스, 니코스(Poulantzas, Nicos). 1994. 『국가, 권력, 사회주의』 박병영 역. 백의.

학술단체협의회 편. 1997. 『6월 민주항쟁과 한국사회 10년』. 당대.

한국노동연구원. 2012. 『임금관련 통계자료집(KLI 노동통계)』.

허명구. 1991. "87년 이후 노동조합운동의 현황과 과제." 전태일기념사업회 편. 『한국노동운동 20년의 결산과 전망』. 세계.

Hyman, Richard. 1994. "Changing Trade Union Identities and Strategies", in *New Frontiers in European Industrial Relations*, edited by R. Hyman and A. Ferner. Oxford, UK: Blackwell.

Jessop, Bob. 1990. *State Theory : Putting the Capitalist State in Its Place*, Cambridge: Polity.

————. 2002. *The Future of Capitalist State*. Cambridge, Cambridge: Polity.

Marsh, David. 1992. *The New Politics of British Trade Unionism : Union Power and Thatcher Legacy*. Ithaca, NY: ILR Press.

제5장

강가람, 2008. "한일 사회 내 일본군 '위안부' 문제와 초국적 여성연대의 가능성: 2000년 '여성국제법정'을 중심으로." 한일연대21 편.『한일 역사인식 논쟁의 메타히스토리 : '한일연대21의 시도'』. 뿌리와 이파리.

강선미 · 야마시타 영애. 1993. "천황제 국가와 성폭력–군위안부문제에 관한 여성학적 시론."『한국여성학』9: 52-89.

강성훈. 2012. "일본군 '위안부' 문제해결을 위한 경남지역 활동에 대한 제언."『2012 전국여성인권포럼 자료집』

강정숙. 2010. "일본군 '위안부'제의 식민성 연구: 조선인 '위안부'를 중심으로." 성균관대학교 대학원 사학과 박사논문.

———. 2013. "일본군 성노예제 문제해결을 위한 국제교류와 연대–아시아연대회의를 중심으로."『한국 여성의 글로컬 연대와 교류의 성과와 전망: 국가와 지역을 넘어』한국여성정책연구원–한국여성사학회 공동 심포지엄 자료집.

경남여성인권특별위원회. 2012.『경상남도–홋카이도 여성권익증진 국제교류사업을 위한 북해도 도청, NGO 포럼 및 방문』자료집.

경상남도교육청. 2013a.『나를 잊지 마세요!』. 일본군 '위안부' 피해자 문제 교수 · 학습자료집.

————. 2013b.『나를 잊지 마세요!』. 일본군 '위안부' 피해자 김복득 할머니 일대기.

김경영. 2012. “위안부 문제 해결을 위한 경남의 활동 보고.” 『여성권익증진 국제교류사업을 위한 북해도 도청. NGO 포럼 및 방문 자료집』. 경남여성인권특별위원회.

김미정. 2007. “한국 내 일본군 ‘위안부’ 연구동향.” 『국제고려학회 서울지회 논문집』 10: 111-126.

김수진. 2013. “트라우마의 재현과 구술사 : 군위안부 증언의 아포리아.” 『2013 여성학논집』 30(1): 35-72.

김은경. 2010. “일본군 ‘위안부’ 기념과의 ‘위안부’ 재현과 기억 정치.” 『한국학연구』 35: 177-203.

김은실. 1994. “민족 담론과 여성 : 문화, 권력, 주체에 관한 비판적 읽기를 위하여.” 『한국여성학』 10: 18-52.

송도자. 2012. “일본군 ‘위안부’ 문제해결을 위한 경남지역 활동과 모색.” 『2012 전국여성인권포럼 자료집』(일본군 ‘위안부’ 분과 : 제국주의 일본이 자행한 여성에 대한 폭력. 일본군 위안부 문제진단과 해결전망).

양현아. 2001. “증언과 역사쓰기 : 한국인 ‘군 위안부’의 주체성 재현.” 『사회와 역사』 60: 60-96.

——. 2006. “증언을 통해 본 한국인 ‘군위안부’들의 포스트식민의 상흔(Trauma).” 『한국여성학』 22(3): 133-167.

윤미향. 2012. “20년간의 수요일 : 일본군 ‘위안부’ 문제 해결을 위한 생존자들과 여성들의 연대.” 『한국여성신학』 74: 146-174.

이경희. 2012. “일본군 ‘위안부’ 문제의 성격에 대한 고찰.” 『2012 전국여성인권포럼 자료집』(일본군 ‘위안부’ 분과 : 제국주의 일본이 자행한 여성에 대한 폭력. 일본군 위안부 문제진단과 해결전망).

이나영. 2010. “일본군 ‘위안부’ 운동 : 포스트/식민국가의 역사적 현재성.” 『아세아연구』 3(3): 41-78.

이인순. 2012. “국내외 일본군 ‘위안부’ 문제해결을 위한 활동현황.” 『2012 전국여성인권포럼 자료집』(일본군 ‘위안부’ 분과 : 제국주의 일본이 자행한 여성에 대한 폭력. 일본군 위안부 문제진단과 해결전망).

이혜숙. 2008. “지역여성운동의 조직과 성격-경남여성단체연합을 중심으로.” 『한국여성학』 24(4): 175-218.

——. 2012a. 『지방자치와 지역여성의 전망』. 집문당.

——. 2012b. “지역여성운동의 조직과 세력화의 전망-경남여성회를 중심으로.” 『한국여성학』 28(4): 39-83.

——. 2013. “지방화 · 지구화 시대 지역여성운동과 여성연대의 전망-경남여성단체연합의 연대활동을 중심으로.” 『여성과 역사』 18: 39-81.

임현진 · 공석기. 1997. “한국의 신 사회운동 : 운동조직분석.” 『한국사회과학』 19(2): 90-121.

일본군 ‘위안부’ 할머니와 함께하는 통영거제시민모임. 2013a. 『경상남도 지방의회 일본군 ‘위안부’ 문제해결촉구 결의문 채택 현황』. 내부자료.

————————————. 2013b. 『주요사업 내용 및 실적(최근 3년간)』. 내부자료.

————————————. 2013c. 『2011 연혁 보고』. 내부자료.

장혜주. 2013. 『경남군위안부관련 인터뷰』. 인터뷰 자료(미간행).

전기택 외. 2012. 『2012년 일본군위안부 피해자 생활실태 및 정책만족도 조사 · 분석』. 여성가족부.

전진성. 2006. “기억의 정치학을 넘어 기억의 문화사로-‘기억’ 연구의 방법론적 진전을 위한 제언.” 『역사비평』 76: 451-483.

정진성. 1999. “민족 및 민족주의에 관한 한국여성학의 논의: 일본군 위안부 문제를 중심으로.” 『한국여성학』 15(2): 29-53.

——. 2001. “‘2000년 일본군성노예전범 여성국제법정’의 배경과 의의.” 『여성과 사회』 12: 163-179.

——. 2004. 『일본군 성노예제 : 일본군위안부문제의 실상과 그 해결을 위한 운동』. 서울대학교 출판부.

최명숙. 2012. “초국적 시민연대의 형성과 한계: 〈일본군 ‘위안부’〉를 위한 한 · 일 시민운동을 중심으로.” 『일본문화연구』 41: 559-576.

허성우. 2006. “지구화와 지역 여성운동 정치학의 재구성.” 『한국여성학』 22(3): 169-198.

황영주. 2006. “지역여성국제교류: 여성연대성의 실현.” 『세계지역연구논총』 24(1): 323-341.

Jekins, J. C. 1983. “Resource Mobilization Theory and the Study of Social Movements.” *Annual Review of Sociology* 9: 527-553.

McAdam, D. 1988. "Micromobilization Context and Recruitment to Activism." pp.125-154 in *International Social Movement Research*, Vol. 1, edited by B. Klandermans, B. H. Kriesi, and S. Tarrow. Greenwitch, Commectricut: JAI Press.

McCarthy. F. D. and Meyer N. Zald, 1977. "Resource Mobilization and Social Movement: A Practical Theory." *American Journal of Sociology* 82(6): 1212-1241.

「경남도민일보」. 2013.3.11.

―――――. 2013.6.25.

「경남신문」. 2013.8.12.

「경남일보」. 2013.5.16.

「여성신문」. 2012.7.20

―――――. 2012.12.21.

―――――. 2013.8.14.

「한겨레」. 2013.2.12.

「헤럴드 경제」. 2013.3.28.

제6장

강인철. 2007. 『한국의 개신교와 반공주의』. 중심.

―――. 2013. 『한국의 종교, 정치, 국가 : 1945-2012』. 한신대학교 출판부.

굿윈 · 재스퍼 · 폴레타(Goodwin, Jeff, James M. Jasper, and Francesca Polletta). 2012. "서론 왜 감정이 중요한가?" 『열정적 정치: 감정과 사회운동』. 박형신 · 이진희 역. 한울.

김미영. 2004. "대형교회 "구국기도회 만사제치고 참석하라."「한겨레신문」. 2004.10.4.

김지방. 2007. 『정치교회 : 권력에 중독된 한국 기독교 내부 탐사』. 교양인.

김진호. 2007. "민주화 시대의 '미학화된 기독교' 와 한국 보수주의." 당대비평 편집위원회 편. 『더 작은 민주주의를 상상한다』. 웅진 지식하우스.

듀이, 존(Dewey, John). 1982. 『인간성과 행위』. 신일철 역. 삼성출판사.

류대영. 2009. 『한국 근현대사와 기독교』. 푸른역사.

미드, 조지 허버트(Mead, George Herbert). 2010. 『정신, 자아, 사회』. 나은영 역. 한길사.

바바렛, 잭. 2010. "서론: 왜 감정이 중요한가." 바바렛 편. 『감정과 사회학』. 박형신 역. 이학사.

박선웅. 1998. "문화, 의례와 정치변동: 한국의 민주적 변환." 『한국사회학』 32: 29-61.

박영신. 2005. "'운동 문화'의 사회학: 집합 열광의 공간과 '운동 노래'." 『사회이론』 27: 57-92.

베레진, 마벨. 2010. "안전국가 : 감정의 정치사회학을 위하여." 바바렛 편. 『감정과 사회학』. 박형신 역. 이학사.

블루머, 허버트(Blumer, Herber). 1990. 『사회과학의 상징적 교섭론』. 박영신 역. 민영사.

서우석. 1994. "중산층 대형교회에 관한 사회학적 연구." 『한국사회학』 28: 151-174.

슈타인, 알렌. 2012. "수치심을 느낀 사람들의 복수 : 기독교 우파의 감정문화전쟁." 굿윈 · 재스퍼 · 폴레타 편. 『열정적 정치: 감정과 사회운동』. 박형신 · 이진희 역. 한울.

신진욱. 2007. "사회운동의 연대 형성과 프레이밍 과정에서 도덕 감정의 역할: 5 · 18 광주항쟁 팸플릿에 대한 내용 분석." 정철희 편. 『상징에서 동원으로: 1980년대 민주화운동의 문화적 동학』. 이학사.

아렌트, 한나(Arendt, Hannah). 2002. 『칸트 정치철학 강의』. 김선욱 역. 푸른숲.

이민정. 2007. "단식, 삭발, 낙선운동 … 보수 기독교계 "사학법 재개정하라". 「오마이뉴스」. 2007.04.06.

이승훈. 2002. "한국 사회의 '시민됨' 형성 과정-자발 결사체 참여 경험을 중심으로." 연세대학교 사회학과 박사학위 논문.

———. 2010a. "한국 사회운동가들의 정체성 형성과정." 박영신 · 이승훈 편. 『한국의 시민과 시민사회』. 북코리아.

———. 2010b. "공공 영역과 '시민됨'의 문화적 조건." 『사회이론』 37: 101-130.

———. 2011. "공공의 시민만들기." 한국공공사회학회 편. 『시민성과 통치성 그리고 공공성』. 백산서당.

———. 2012. “다양성, 동감, 연대성.” 『동양사회사상』 25: 5-33.

조현연. 2010. “시민사회의 ‘갈등적 분화’ 와 ‘뉴라이트’.” 조희연 · 김동춘 · 김정훈 편. 『거대한 운동에서 차이의 운동들로: 한국 민주화와 분화하는 사회운동들』. 한울.

칼훈, 크레익(Calhoun, Craig). 2012. “감정을 제자리에 위치시키기.” 굿윈 · 재스퍼 · 폴레타 편. 『열정적 정치: 감정과 사회운동』. 박형신 · 이진희 역. 한울. pp.74-92.

콜린스, 랜달(Collins, Randall). 2012. “사회운동과 감정적 관심의 초점.” 굿윈 · 재스퍼 · 폴레타 편. 『열정적 정치: 감정과 사회운동』. 박형신 · 이진희 역. 한울.

한기총신문. 2013. “차별금지법 반대.” 「한기총신문」. 2013.03.26.

호네트, 악셀(Honneth, Axel). 2006. 『물화: 인정이론적 탐구』. 강병호 역. 나남.

———. 2011. 『인정투쟁』. 문성훈 · 이현재 역. 사월의 책.

Aboulafia, Mitchell. 2001. *The Cosmopolitan Self: George Herbert Mead and Continental Philosophy*. Chicago, IL: University of Illinois Press.

Dewey, John. 1958. *Experience and Nature*. New York: Dover Publications INC.

Darnovsky, Marcy, Barbara Epstein, and Richard Flacks. 1995. “Introduction.” pp.vii-xxiii. in *Cultural Politics and Social Movements*, edited by Dranovsky, Marcy, Barbara Epstein, and Richard Flacks. Philadelphia: Temple University Press.

Emirbayer, Mustafa and Chad Alan Goldberg. 2005. “Pragmatism, Bourdieu, and Collective Emotions in Contentious Politics.” *Theory and Society* 34: 469-518.

Goodwin, Jeff, James M. Jasper, and Francesca Polletta. 2000. “The Return of The Repressed: The Fall and Rise of Emotions in Social Movement Theory.” *Mobilization: An International Journal* 5(1): 65-83.

Gross, Neil, Thomas Medvetz, and Rupert Russell. 2011. “The Contemporary American Conservative Movement.” *Annual Review of Sociology* 37: 325-354.

Jasper, M. James. 1998. “The Emotions of Protest: Affective and Reactive

Emotions In and Around Social Movements." *Sociological Forum*, 13(3): 397-424.

Krause, Sharon R. 2008. *Civil Passions: Moral Sentiment and Democratic Deliberation*. Princeton: Princeton University Press.

Lo, Clarence Y.H. 1982. "Countermovements and Conservative Movements in the Contemporary U.S." *Annual Review of Sociology* 8: 107-134.

Snow, David A. and Robert D. Benford. 1992. "Master Frames and Cycles of Protest." pp.133-155 in *Frontiers in Social Movement Theory*, edited by Aldon D. Morris and Carol McClurg Mueller. New Haven and London: Yale University Press.

Williams, Rhys H. 2003. "Religious Social Movement in the Public Sphere: Organization, Ideology, and Activism." in Michele Dillon(ed.). *Handbook of the Sociology of Religion*. Cambridge University Press.

Wolfe, Alan. 1989. *Whose Keeper*? California: University of California Press.

Wuthnow, Robert. 1996. *Christianity and Civil Society: The Contemporary Debate*. Valley Forge, PA: Trinity Press International.

제7장

김진균. 1983. "테크놀로지적 사회구조론." 『비판과 변동의 사회학』. 한울

밀, 존 스튜어트(Mill, John Stuart). 1992. 『자유론』 김형철 역. 서광사.

베리, 존(Bury, John). 1975. 『사상의 자유의 역사』 양병우 역. 박영사.

조현석 편. 2013. 『빅 데이터와 위험정보사회』. 커뮤니케이션북스.

홍성태. 2002. 『현실 정보사회의 이해』. 문화과학사.

———. 2005. 『지식사회 비판』. 문화과학사.

———. 2009a. 『민주화의 민주화』. 현실문화.

———. 2009b. 『현실 정보사회와 정보사회운동』. 한울.

Beniger, James. 1986. *The Control Revolution*. Cambridge, MA: Harvard University Press.

Boyle, James. 1996. *Shamans, Software, and Spleens-Law and the*

Construction of the information society. Cambridge: Harvard University Press.

Dandeker, Christoper. 1990. *Surveillance, Power and Modernity: Bureaucracy and Discipline from 1700 to the Present Day*. Cambridge, UK: Polity.

Hauben, Michael and Ronda Hauben. 1997. *Netizens.* Hoboken, NJ: Wiley-IEEE Computer Society Press

Lyon, David. 1994. *The Electronic Eye: The Rise of Surveillance Society*. Minneapolis, MN: University of Minnesota Press

정보사회운동 관련 주요 인터넷 사이트들

전자변경재단 https://www.eff.org/
진보넷 http://www.jinbo.net/

프리덤 하우스 http://www.freedomhouse.org/
프리 프레스 http://www.freepress.org/
프라이버시 인터내셔널 https://www.privacyinternational.org/
프라이버시 http://privacy.org/

정보공유연대 http://ipleft.or.kr/
크리에이티브 커먼스 http://creativecommons.org/
씨앗과 식량의 자유 http://seedfreedom.in/

한국정보화진흥원 http://www.nia.or.kr/
한국인터넷진흥원 http://www.kisa.or.kr/
개인정보보호 종합지원 포털 http://www.privacy.go.kr/
개인정보보호위원회 http://www.pipc.go.kr/
개인정보보호 포털 http://www.i-privacy.kr/

제8장

고유경. 2009. "그것은 역사이다. 고향의 역사이자 세계의 역사이다!: 뷜 반핵운동에 나타난 지구지역성."『이화사학연구』39: 287-318.

과학기술정책연구원. 2011.『후쿠시마 원전사고 이후 원자력발전을 둘러싼 당면과제와 발전방안』.

김지연. 2002. "일본 핵에너지 정책의 이중성에 대한 분석."『국제정치논총』42(2): 131-150.

노진철. 2004. "위험시설의 입지정책과 위험갈등: 부안 방사성폐기물처분장 사태를 중심으로."『ECO』6: 188-219.

———. 2006. "방사성폐기물처분장 입지선정을 둘러싼 위험소통과 자기결정."『경제와사회』71: 102-125.

———. 2010.『불확실성 시대의 위험사회학』. 한울.

벡, 울리히(Beck, Ulrich). 1997.『위험사회: 새로운 근대성을 향하여』. 홍성태 역. 새물결.

성균관대 서베이리서치센터. 2003.『원자력발전에 대한 국민인식의 국제비교연구』. 과학기술부.

슬로빅, 폴(Slovic, Paul). 2008.『위험판단 심리학』. 이영애 역. 시그마프레스.

원동필. 2012. "전후 영국 반핵운동의 주도 세력들(1958~1964): 이념과 노선을 중심으로."『역사학연구』47: 145-170.

임성호. 1996. "미국에서의 반핵운동과 의회정치."『평화연구』1: 109-134.

정수복. 1994. "프랑스 반핵운동의 의미구성."『경제와사회』23: 162-182.

조성경. 2003. "방사성폐기물관리시설 정책에 대한 정부와 지역주민의 수용행태 비교분석: 지식 · 신뢰 · 인식 · 수용성 그리고 참여."『공공정책연구』1: 59-77.

최미옥. 1999. "핵폐기물처분장입지정책 수용방안과 주민저항요인에 관한 실증적 분석: 위험인지, 정부불신, 반핵주의를 중심으로."『한국정책학회보』8(1): 47-66.

평화문제연구소. 1986. "서구의 핵공포와 반핵운동의 추이."『통일한국』4(6): 38-42.

Eiser, J. R., R. Spears, and P. Webley. 1989. "Nuclear Attitudes Before and After Chernobyl: Change and Judgment." *Journal of Applied Social Psychology* 19: 689-700.

Jasper, J. M. 1988. "The Political Life Cycle of Technological Controversies." *Social Forces* 67: 357-377.

Luhmann, Niklas. 1968. *Vertrauen: Ein Mechanismus der Reduktion sozialer Komplexität*. Stuttgart: Enke.

____________. 1991. *Soziologie des Risikos*. Berlin: de Gruyter.

Plous, Scott. 1991. "Biases in the Assimilation to Technological Breakdowns: Do Accidents Make us Safer?" *Journal of Applied Social Psychology* 21: 1058-1082.

Ramsberg, J. A. L. and L. Sjöberg. 1997. "The Cost-Effectiveness of Lifesaving Interventions in Sweden." *Risk Analysis* 17: 467-478.

Renn, Ortwin and D. Levine. 1991. "Credibility and Trust in Risk Communication." pp.175-218 in *Communicating Risks to the Public*, Edited by R. E. Kasperson and P. J. M. Stallen. Dordrecht: Kluwer.

Siegrist, M. 2000. "The Influence of Trust and Perceptions of Risks and Benefits on the Acceptance of Gene Technology." *Risk Analysis* 20: 195-203.

Zucker, Lynne G. 1986. "Production of Trust: Institutional Sources of Economic Structure 1840-1920." *Research in Organizational Behavior* 8: 53-111.

제9장

박은홍. 2005. "아시아적 가치와 아시아 시민사회." 조효제 · 박은홍 역, 『한국, 아시아 시민사회를 말하다』. 아르케.

이신화. 1997. "국제기구의 동반자: 탈 냉전시대의 구제 NGO의 위상과 역할." 『세계화와 한국 NGO의 발전방안』. 경실련 연구 보고서.

Brett, Rachel. 1995. "The Role and Limits of Human Right NGOs at the United Nations." *Political Studies* 43(1): 96-100.

Dai, Jin Hwa. 2007. Presentation for the Workshop for the Alter Globalisation. Organized by Haoran Foundation, Taiwan.

Gellner, Ernest. 1983. *Nation and Nationalism*. Oxford: Blackwell.

Hewison, K. 2003. "Crafting a New Social Contract : Domestic Capitalist Responses to the Challenge of Neoliberalism." pp.120-151 in *Radicalizing Thailand: New Political Perspectives*, edited by Ji Gils Ungpakorn. Institute of Asian Studies, Chulalongkorn University.

Hobsbawm, Eric. 1983. *Nation and Nationalism since* 1780. Cambridge, UK and New York: Cambridge University Press.

____________. 1995. "Inventing Traditions." in *The Invention of Tradition*, edited by Hobsbawm E. and Ranger, T. Cambridge, UK: Cambridge University Press

Ichiyo, Muto. 2007. Presentations for the Workshop for the Alter Globalization. Organized by Haoran Foundation, Taiwan.

John, Sidel. 2004. "Bossism and Democracy in the Philippines, Thailand, and Indonesia: Towards an Alternative framework for the study of Local strong men." pp.51-74 in *Politicizing Democracy: The New Local Politic of Democratization*, edited by John Harris, Kristian Stokke and Olle Tornquist. NY: Palgrave Macmillan.

Jung Ok, Lee. 1997. "Sustaining Ecology, Equity and Plurality in the Age of Globalization: From The Gender Balanced Perspective." *Asian Exchange* 13(1): 26-36.

____________. 2004. "The Global Standardization of Human Rights and The Human Security of Women in Sex Industry-With Special Focus on the Geopolitical Dynamics among Global/National/Local Sectors for the Women's Security in Korean Village near a U.S. Base." *Journal of Korean Women's Studies* 20(1): 195-228.

Moon, Katharine. 1997. *Sex among Allies*. NY: Columbia University.

Rodan, G. 1997. "Civil Society and Other Political Possibilities in Southeast

Asia." *Journal of Contemporary Asia* 27 (2): 156-178.

Scholte, Jan Aart. 2000. "Global Civil Society." pp.173-201 in *The Political Economy of Globalization*, edited by Ngaire Woods. Basingstoke: Macmillan.

UN. 2001. *Millenium Development Goals*. NY: UN.

Wallerstein, Immanuel. 1996. *After Liberalism*. NY: The New York Press.

Yamamoto Tadashi. 2000. *Emerging Civil Society in the Asia Pacific Community*. Japan.

Conference Presentations

2006 Asian Civil Society Education Forum: Cooperation and Networking for Civil Society Education in Asia, 9th-10th, Nov. 26, Organized by Graduate School of NGO Studies in SungKongHoe University

Ginkel, Hans van. 2007. "Better Future for All: Roles of Education and Broadening Understanding to Promote Global Peace and Sustainable Development." Key note Speech on Global seminar on Education for Global Peace and Sustainable Development Organized by UN University, Korean National Commission for UNESCO and Handong Global University

Guang, PAN. 2007. "Peace and Community Building in North East Asia." in Presented at Global seminar on Education for Global Peace and Sustainable Development Organized by UN University, Korean National Commission for UNESCO and Handong Global University

Kinhide, Mushakoji. 2004. "Human Security as a tool of Governance." in Keynote Speech, International Conference on Human Security Now: Strengthening Policy Networks in South East Asia, March 4th-5th2004 at Saranites Conference Room, Chulalongkorn University, Bangkok, Thailand

〔저 자 약 력〕

김동노

University of Chicago 사회학 박사
University of California, Berkeley 방문교수
Freie Universitat 방문교수
연세대 국가관리연구원장
현 연세대학교 사회학과 교수

〈저서 및 논문〉

『근대와 식민의 서곡』(창작과 비평, 2009), "민족주의의 다원화와 이념 갈등"(2012), "국가와 사회의 권력관계의 양면성: 국가 자율성과 국가 역량의 재검토"(2012), "시민운동의 정치 참여를 통해 본 시민운동의 성장과 한계"(2013), "National Identity and Class Interest in the Peasant Movements of the Colonial Period"(2013) 등

노중기

서울대학교 사회학 박사
진보신당 정책연구소장
경기 지방노동위원회 공익위원
현 한신대학교 사회학과 교수
　비판사회학회 부회장
　한국산업노동학회 운영위원
　전국교수노동조합 부위원장
　전국민주노동조합총연맹 정책자문위원

〈저서 및 논문〉

『한국의 노동체제와 사회적 합의』, 『한국의 노동정치와 노동운동』, "국가의 노동통제전략에 관한 연구" 외 다수

노진철

독일 빌레펠트대학교 사회학 박사
한국환경사회학회 회장
한국NGO학회 부회장
민주화를 위한 전국교수협의회 상임공동의장
현 경북대학교 사회학과 교수
　경북대학교 사회과학대학장
　한국이론사회학회장

국가위기관리학회장
탈핵에너지교수모임 공동대표
운하반대전국교수모임 공동대표

〈저서 및 논문〉

『환경과 사회: 환경문제에 대한 사회체계들의 적응』(한울, 2001), 『불확실성 시대의 위험사회학』(한울, 2010), 『환경사회학 이론과 환경문제』(한울, 공저, 2013), 『문화 환경 탈물질주의 사회정책』(오름, 공저, 2013), "핵발전과 위험사회에서의 정치적 결정: 후쿠시마 핵발전 사고를 중심으로"(2011), "2008년 촛불집회를 통해 본 광우병 공포와 무지의 위험소통"(2009) 등

신진욱

베를린자유대학교 사회학 박사
베를린자유대 방문교수
알렉산더 폰 훔볼트 펠로우 역임
현 중앙대학교 사회학과 교수

〈저서〉

Modernisierung und Zivilgesellschaft in Südkorea(2005), 『시민』(2008) 등

이승훈

연세대학교 사회학 박사
현 숙명여자대학교 리더십교양교육원 조교수

〈저서 및 논문〉

『한국의 시민과 시민사회』(북코리아, 공저, 2010), "근대와 공공성 딜레마: 개념과 사상을 중심으로"(2008), "공공 영역과 '시민됨'의 문화적 조건"(2010), "다양성, 동감, 연대성"(2012), "동일성의 폭력, 차이의 동감"(2012) 외 다수

이정옥

서울대학교 사회학 박사
미국 하버드대, 일본 와세다대 방문교수
한국 NGO 학회 회장
에코 피스 아시아, DMZ 평화생명 동산, 한국 투명성 기구 이사
현 대구가톨릭대 사회학과 교수
ARENA(Asia Regional Exchange for New Alternatives) 국제위원

〈저서〉

『민주주의 국제 협력 기관: 지구화와 공공 외교의 지형도』(2009, 리북), *Global Citizens in Charge*(2009), *Hopes and Realities of Democracy Promotion in Asia*(2008), 『직접 민주주의로의 초대』(2008, 역서, 리북), 『한국의 공업화와 여성노동』(2001, 솔넷), *Women and Alternatives in the age of Globalization*(2001, 솔넷) 등

이혜숙

서울대학교 사회학 박사
미국 UCLA 사회학과 방문교수
미국 워싱턴대학교(UW) 사회학과 방문교수
경상대학교 여성연구소 소장
현 경상대학교 사회학과 교수

〈저서 및 논문〉

『일본현대사의 이해 — 전후 일본사회와 미국의 점령정책』(경상대학교 해외지역연구센터, 2003), 『미군정기 지배구조와 한국사회: 해방 이후 국가-시민사회 관계의 역사적 구조화』(선인, 2008), 『여성과 사회』(知& you, 개정판, 2010), 『지방자치와 지역여성의 전망: 지역여성정책과 지역여성운동의 동학』(집문당, 2012), "여성의 지방정치 참여와 지역여성운동—경상남도를 중심으로"(2009), "지역여성운동의 조직과 세력화의 전망—경남여성회를 중심으로"(2012), "지구화 지방화 시대 지역여성운동과 여성연대의 전망—경남여성단체연합의 연대활동을 중심으로"(2013) 외 다수

조대엽

고려대학교 사회학 박사
한국정치사회학회 부회장
한국 NGO학회 부회장
현 고려대학교 문과대학 사회학과 교수
　고려대학교 한국사회연구소장
　한국비교사회학회장(2014-15)

〈저서〉

『현대 한국인의 세대경험과 세대문화』(집문당, 공저, 2005), 『한국사회 어디로 가나? 권위주의 이후의 권위구조, 그 대안의 모색』(굿인포메이션, 공저, 2005), 『한국 시민운동의 구조와 동학』(집문당, 공저, 2007), 『한국의 기업과 시민사회』(굿인포메이션, 공저, 2007), 『한국의 사회운동과 NGO-새로운 운동주기의 도래』(아르케, 2007), 『시민참여와 거버넌스』(오름, 공저, 2009), 『한반도 통일론의 재구상』(선인, 공편, 2012) 등

홍성태
서울대학교 사회학 박사
민주화를 위한 전국교수협의회 중앙집행위원
현 상지대 문화콘텐츠학과 교수
　참여연대 상임집행위원

〈저서〉
『생태문화도시 서울을 찾아서』(현실문화, 2005), 『현대 한국사회의 문화적 형성』(현실문화, 2006), 『대한민국 위험사회』(당대, 2007), 『현실 정보사회와 정보사회운동』(한울, 2009), 『생명의 강을 위하여』(현실문화, 2010), 『토건국가를 개혁하라』(한울, 2011), 『사회로 읽는 건축』(진인진, 2012) 등

사회학총서 5

한국사회의 사회운동

2013년 12월 15일 제1판 1쇄 인쇄
2013년 12월 19일 제1판 1쇄 발행

저 자 김 동 노 외
발행인 강 희 일 · 박 은 자

발행처 **다 산 출 판 사**
서울특별시 마포구 용강동 494 - 85
등 록 1979. 6. 5. 제 3-86 호(윤)
전 화 717-3661~2, 718-1751~2
FAX 716-9945
조 판 민 하 디 지 탈 아 트

정가 18,000원 파본은 바꾸어 드립니다.

http://www.dasanbooks.co.kr
ISBN 978-89-7110-417-0 94330
ISBN 978-89-7110-412-5(세트)